《三明红色文化读本》编委会 编

三明红色文化读本

——大学版——

南京大学出版社

图书在版编目(CIP)数据

三明红色文化读本：大学版 /《三明红色文化读本》编委会编. —南京：南京大学出版社，2019.1(2021.3重印)
ISBN 978-7-305-21525-4

Ⅰ.①三… Ⅱ.①三… Ⅲ.①革命史－三明 Ⅳ.①K295.73

中国版本图书馆 CIP 数据核字(2019)第 012302 号

出版发行	南京大学出版社		
社　　址	南京市汉口路 22 号	邮编	210093
出 版 人	金鑫荣		

书　　名　三明红色文化读本(大学版)
编　　者　《三明红色文化读本》编委会
责任编辑　顾其兵　　　　　　　　编辑热线　025-83597087
照　　排　南京开卷文化传媒有限公司
印　　刷　南京理工大学资产经营有限公司
开　　本　787×1092　1/16　印张 14　字数 260 千
版　　次　2019 年 1 月第 1 版　2021 年 3 月第 6 次印刷
ISBN　978-7-305-21525-4
定　　价　39.00 元

网　　址：http://www.njupco.com
官方微博：http://weibo.com/njupco
官方微信号：njupress
销售咨询热线：(025)83594756

＊版权所有，侵权必究
＊凡购买南大版图书，如有印装质量问题，请与所购
　图书销售部门联系调换

在革命根据地的创建和发展中,在建立红色政权,探索革命道路的实践中,无数革命先辈用鲜血和生命铸就了以坚定信念、求真务实、一心为民、清正廉洁、艰苦奋斗、争创一流、无私奉献等为主要内涵的苏区精神。

——习近平

(2011年11月4日在纪念中央革命根据地创建暨中华苏维埃共和国成立80周年座谈会上的重要讲话)

《三明红色文化读本》(大学版)
编委会

主　　任：兰明尚

副 主 任：赖锦隆　张君诚

成　　员：曾令超　纪其昌　魏秀兰

　　　　　刘晓迎　陈德钦　王周仲

　　　　　冯德兰　廖海花　李玉珠

　　　　　余佳樱

主　　编：曾令超　纪其昌

审　　稿：王仁荣　伍旭东　郑德兴

前 言

习近平总书记强调:"我们不能忘记自己是从哪里来的,永远都要从革命历史中汲取智慧和力量。"党的十八大以来,习总书记多次视察革命老区,并做出"要把红色资源利用好、把红色传统发扬好、把红色基因传承好,让红色基因代代相传"等一系列重要指示。

三明是一块极具革命传统的红色土地,全市12个县(市、区)都属于革命老区,有着丰富的红色文化资源。在土地革命战争时期的历次反"围剿"战争中,毛泽东、朱德、周恩来、彭德怀、刘伯承、陈毅、罗荣桓、聂荣臻、叶剑英、杨尚昆等无产阶级革命家曾多次率领中国工农红军在这块土地上展开过艰苦卓绝的革命斗争,谱写了光辉的诗篇。萧劲光、罗瑞卿、黄克诚、粟裕、谭政、刘亚楼、李克农、杨成武、杨得志等中国革命的先驱者,也曾经在这里浴血奋战,践行革命理想。三明市辖区内的12个县(市、区),均属于革命老区,其中建宁、宁化、泰宁、清流、明溪是《毛泽东选集》第四卷《抗日战争胜利后时局和我们的方针》一文中注释载明的21个中央苏区县中的5个。2008年2月,乐县、沙县被中央党史研究室确认为中央苏区发展和鼎盛时期的"原中央苏区范围"。2013年7月,中央党史研究室又确认三元区、梅列区、永安市、尤溪县、大田县为"原中央苏区范围"县(市、区)。

三明红色历史是革命先辈们留下的一笔宝贵的精神财富,是进行理想信念和爱国主义教育的珍贵教材。系统梳理三明红色历史脉络、全面挖掘三明红色文化资源、深入开展三明苏区红色文化研究、生动讲好三明红色文化"故事",是三明学院作为三明地方唯一本科高校的责任和使命,也是学校发挥"服务社会""文化传承与创新"功能的生动鲜活的内容。为此,学校专门出台了《三明学院开展三明红色文化传承弘扬工作方案》,包括打造三明红色文化教育"两个课堂"、开展三明红色文化课题研究与理论研讨、宣传三明红色文化讲好"红色故事"、创作一批三明红色文化"好作品"、开辟三明红色文化研究专栏和宣传专区、开展三明红色文化旅游研究工作、借力红色文化宣传助推青马工程等举措，大力推进三明红色文化保护、传承与弘扬工作。

习近平总书记在2016年全国高校思想政治工作会议上特别强调，高校要加强革命文化教育和党史教育，要引导学生"认识和把握中国特色社会主义的历史必然性，不断树立为共产主义远大理想和中国特色社会主义共同理想而奋斗的信念和信心"。为了深入贯彻落实习总书记的重要指示精神，认真落实全国、全省高校思想政治工作会议精神，我们专门组织力量，以中共三明市委党史研究室所著的《中国共产党三明历史》第一卷（1921—1949）《中国共产党三明历史概览》（1921—1949）为基本依据，编写了这本教程，旨在用三明红色历史文化精神以及马克思主义中国化理论成果武装青年，让红色精神涵养当代大学生的爱国情怀，引导大学生树立科学理想信念，践行社会主义核心价值观，坚定"四个自信"，积极投身到实现中华民族伟大复兴"中国梦"的实践中。

本书的编写分工为：第一章由纪其昌、陈德钦、王周仲编写，第二章由曾令超、李玉珠编写，第三章由李玉珠、纪其昌编写，第四章由冯德兰、廖海花编写，第五章由余佳樱编写，第六章由曾令超、刘晓迎编写，第七章由王周仲编写。曾令超、纪其昌对全书进行了统稿。

本书编写过程中，得到了原中共三明市委党史研究室的大力支持和热情帮助，特别是原党史研究室王仁荣主任、伍旭东副主任、郑德兴科长在百忙之中审阅了全书，提出了许多宝贵的意见，在此表示衷心的感谢！

《三明红色文化读本》编委会

2019年1月

目 录 Contents

第一章 概述 (1)

第一节 三明基本概况 (1)
 一、历史悠久 (2)
 二、文化多元,底蕴深厚 (2)
 三、红色的热土 (3)
 四、新兴的城市 (3)
 五、全国闻名的文明城市 (4)

第二节 我国新民主主义红色历史文化概述 (4)
 一、红色文化概念 (4)
 二、我国新民主主义革命历史概述 (5)
 三、我国新民主主义革命主要精神 (8)

第三节 三明红色历史文化概述 (12)
 一、三明革命斗争历史 (12)
 二、三明革命斗争在全国的地位与作用 (15)
 三、三明红色文化精神 (17)
 四、三明红色文化的当代价值 (20)

第二章 风展红旗闽山碧 (25)

第一节 坚定理想,革命低潮时纷纷建立党组织 (25)
 一、沙县率先建立特别支部 (25)
 二、宁化、清流、归化和大田相继建立党的组织 (26)

第二节 红军三次入闽,播下革命火种 (28)

一、出击闽中，为古田会议召开打下基础 ………………………………… (29)
　　二、严明军纪，以实际行动感动了大田新区百姓 ……………………… (29)
　　三、挥师赣南，红军在锅蒙山取得古田会议后第一场大胜仗 ………… (30)
　　四、跋山涉水，毛泽东在宁清归和建宁宣传革命道理 ………………… (32)
　　五、三明境内首次成功暴动——宁化西南五乡农民武装暴动 ………… (33)
　　六、趁热打铁，建立第一个县级红色政权和第一支红色革命武装 …… (34)
第三节　三次反"围剿"胜利，三明苏区不断发展 ……………………………… (36)
　　一、挺进建宁，开辟西北游击区 ………………………………………… (36)
　　二、建宁大捷，取得第二次反"围剿"收官战役的胜利 ………………… (37)
　　三、进驻建宁，决策部署第三次反"围剿" ……………………………… (39)
　　四、乘胜赤化，形成建泰将和宁清归两个连片苏区 …………………… (42)
　　五、装上"千里眼"，建立红军第一个无线电总队 ……………………… (43)
第四节　红军东方军两次入闽，红色苏区拓延全境 …………………………… (44)
　　一、开辟新战场，取得一系列军事胜利 ………………………………… (45)
　　二、赤化新辟区域，三明苏区拓延至全境 ……………………………… (52)

第三章　壮怀激烈映山红 …………………………………………………… (54)

第一节　苏区后期，三明是许多重要事件发生地 ……………………………… (54)
　　一、三明是远殖游击战争重要战场 ……………………………………… (54)
　　二、三明是北上抗日先遣队的集结地和转战地 ………………………… (56)
　　三、三明是中央红军长征的重要出发地 ………………………………… (60)
　　四、三明是闽赣省机关主要驻扎地 ……………………………………… (62)
第二节　红军长征后，三明苏区艰苦卓绝的游击斗争 ………………………… (63)
　　一、红九团在三明的游击斗争 …………………………………………… (64)
　　二、闽北红军在三明的游击斗争 ………………………………………… (67)
第三节　三明苏区人民的贡献，彪炳史册 ……………………………………… (70)
　　一、中央苏区"乌克兰" …………………………………………………… (70)
　　二、土地革命的实践 ……………………………………………………… (71)
　　三、三明地方工农武装的英勇斗争 ……………………………………… (72)
　　四、三明籍红军血染湘江 ………………………………………………… (74)
　　五、胸怀理想铸英魂 ……………………………………………………… (75)

第四章　抗日救亡运动与东南抗战文化中心 (80)

第一节　恢复建立党的组织，开展抗日救亡运动 (80)
一、迅速恢复建立党组织 (80)
二、全力组织开展抗日救亡运动 (83)

第二节　精英荟萃，成就中国东南抗战文化中心 (89)
一、《老百姓》揭开永安抗战文化活动的序幕 (90)
二、巨子之作：《国际时事研究》周刊 (91)
三、影响广大：改进出版社 (92)
四、抗战后期进步文化主阵地：东南出版社 (93)
五、声势浩大：印刷声鸣、书店林立、歌声回荡 (94)
六、"永安大狱"事件震惊中外 (96)
七、永安抗战文化光芒绽放 (98)

第三节　坚持原则，抗日反顽 (100)
一、组建挺进队开通地下交通线 (101)
二、积极开展武装反顽斗争 (102)

第五章　为三明的全面解放而斗争 (105)

第一节　广泛开展游击战争 (106)
一、对敌力量估计不足：游击斗争遭遇挫折 (106)
二、重建中共闽西北特委和闽西北游击支队：迅速在南沙尤地区打开了新局面 (110)
三、开展统一战线工作：团结一切可以团结的力量 (118)
四、三明区域城工部组织：敌占区工作的重要力量 (120)

第二节　解放三明建立人民政权 (125)
一、解放前夕三明的政治军事形势 (125)
二、各县的解放 (126)
三、强渡沙溪武力解放沙县 (126)
四、福建省第一个和平解放的县——尤溪县 (127)
五、武力解放永安，成立永安专区 (128)
六、四次进击泰宁 (129)

第六章 革命领袖和著名将帅在三明的革命实践 …………… (131)

第一节 毛泽东、朱德、周恩来在三明的革命实践 ………… (131)
一、毛泽东在三明的革命实践 ……………………………… (131)
二、朱德在三明的革命实践 ………………………………… (141)
三、周恩来在三明的革命实践 ……………………………… (145)

第二节 著名将帅在三明的革命实践 ………………………… (147)
一、彭德怀在三明 …………………………………………… (147)
二、叶剑英在三明 …………………………………………… (152)
三、陈毅在三明 ……………………………………………… (153)
四、林彪、聂荣臻在三明 …………………………………… (154)
五、刘伯承在三明 …………………………………………… (157)
六、罗荣桓在三明 …………………………………………… (157)

第七章 三明红色文化旧址 ……………………………………… (159)

一、建宁县 …………………………………………………… (159)
二、宁化县 …………………………………………………… (163)
三、永安市 …………………………………………………… (165)
四、明溪县 …………………………………………………… (170)
五、清流县 …………………………………………………… (172)
六、大田县 …………………………………………………… (175)
七、尤溪县 …………………………………………………… (177)
八、沙　县 …………………………………………………… (178)
九、将乐县 …………………………………………………… (181)
十、泰宁县 …………………………………………………… (182)
十一、梅列区 ………………………………………………… (184)
十二、三元区 ………………………………………………… (185)
十三、首批 12 个中央红军村 ……………………………… (186)
十四、第二批 13 个中央红军村 …………………………… (198)

参考文献 ……………………………………………………… (211)

第一章 概 述

◆ 第一节 三明基本概况

三明市区域示意图

三明市地处福建省中部连接西北隅,北纬25°30′—27°07′,东经116°22′—118°39′之间。东依福州市,西界江西省,南邻德化县、永春县,北傍南平市,西南接长汀县、连城县、福建漳平市。现辖1市2区9县,即梅列区、三元区、永安市、明溪县、清流县、宁化县、建宁县、泰宁县、将乐县、沙县、尤溪县、大田县,总面积2.29万平方公里,户籍总人口284.3万人,常住人口253万人(见表1)。主要

表1 十二县(市、区)面积、人口概况(2015年)

名 称	面积(平方公里)	户籍人口(万人)	常住人口(万人)	名 称	面积(平方公里)	户籍人口(万人)	常住人口(万人)
梅列区	352.34	14.2	17.9	建宁县	1704.58	15.6	12.2
三元区	803.39	14.0	20.0	泰宁县	1535.16	13.7	11.2
永安市	2941.15	33.2	35.0	将乐县	2246.66	18.5	15.0
明溪县	1708.58	11.8	10.2	沙县	1794.70	26.7	23.0
清流县	1808.46	15.6	13.6	尤溪县	3425.33	44.1	35.5
宁化县	2381.28	37.7	28.1	大田县	2227.17	39.2	31.3

特点如下：

一、历史悠久

三明岩前万寿岩旧石器时代遗址是华东地区迄今发现最早的洞穴类型的旧石器时代早期文化遗址，把古人类在福建生活的历史推至18万年前。清流县狐狸洞发掘的"清流人"古人类牙齿化石，专家认定为更新世晚期，距今约1万年。

三明被誉为"闽人源"。

万寿岩

二、文化多元，底蕴深厚

三明在先秦时期就有闽越人作为原居民在此居住，从西汉开始，就不断有来自中原的人口迁徙至三明开基创业、建设家园。由于原居民人口少，生产力低下，基本上被融合、同化。由于山区阻隔，在包容融合中，又保存了各自的原居民特有的生活和民风特点，普遍存在着"五里不同音、隔河不同俗"现象。抗日战争时期，福建省会内迁三明永安；解放初期南下服务团支援三明；五十年代末开始工业建设，上海和福州等工厂迁入，又带来了大量的当代移民，使三明的移民成分，更是丰富多彩。不同的原居民特征、方言、习俗、宗教信仰、喜好，形成了五彩缤纷的民间多元文化。

杨时像

由于移民带来的先进文化，三明境内人杰地灵，历史上有名的史学家、哲学家、诗人、画家、音乐家、书法家就有200多人。特别是宋代，杨时"立雪程门、载道南归"后，通过罗从彦、李侗等先贤承上启下、薪火相传，朱熹集理学、儒学和中国传统文化之大成，建立了博大精深、体系严密、富于思辨的闽学(也称朱子学)，成就了中国传统文化的高峰。三明被誉为"闽学源"。

朱子像

三、红色的热土

20世纪二三十年代第二次国内革命战争时期,毛泽东、周恩来等革命领袖和朱德等10位开国元帅中的8位在三明从事革命实践活动,留下了永不磨灭的革命史诗。宁化县被誉为"苏区的'乌克兰'",是红军长征出发地之一。永安市是东南抗日战争文化中心。全境是中央苏区,12个县(市、区)都被纳入国务院《赣闽粤原中央苏区振兴发展规划》支持范围。

四、新兴的城市

现三明地区境内,三国东吴永安三年(公元260年)开始设立县建制,第一个为将乐县,之后先后有多地设立了县建制,随着朝代更迭,多个县皆有废与复,县称、县域与隶属关系也时有变化,如归化县1933年改为明溪县。新民主主义革命时期,为了有利于开展革命工作,三明境内增设过彭湃县(在现宁化安远镇)、泉上县(在现宁化泉上镇)、黎南县(现建宁县溪源乡)。历史上三明各县不是一个统一的行政区域,没有设立郡、州、道等行政层级,而是分属不同地区。

三明是一座因工业建设而兴起、因精神文明建设而闻名的新兴城市。1949年新中国成立后,三明被确定为福建省重工业建设基地。

20世纪50年代末,在党的领导下,来自全国各地的10万建设大军汇聚三明,拉

三明市沙溪河风光

开了工业建设的序幕,通过几年努力,钢铁厂、化工厂、重机厂等80多个大小工厂在沙溪两岸拔地而起。期间,中央和省又先后从上海、福州等地迁入一批企业支援三明工业建设,到20世纪70年代中期,形成了冶金、化工、煤炭、机械、纺织、印染、塑料、造纸、森工、建材、电子、医药等门类齐全的工业体系。在工业建设过程中,城市应运而生,1960年设立省辖的三明市,1963年设立三明专区,1970年12月成立三明地区,形成了现在的地域版图,1983年撤销三明地区,设立省辖地级市,将原三明市分设梅列、三元两区,形成了1市2区9县的格局。可以说,三明城市发展史,是一部三明人民艰苦奋斗、开拓进取的创业史,也是一部共产党员"听党话、跟党走"的教育史和一部共产党"发展为民、执政为民"的实践史。

五、全国闻名的文明城市

三明人民具有创新创先的传统,勇于实践、勇于探索,20世纪80年代初期,在全国率先开展群众性精神文明创建活动,是全国群众性精神文明创建活动的发源地,1984年6月,全国"五讲四美三热爱"活动工作会议在三明市召开后,提出了"向三明学习"的号召,三明建设文明城市经验迅速向全国推广,是全国闻名的文明城市。

◆ 第二节 我国新民主主义红色历史文化概述

一、红色文化概念

广义的红色文化,是指中国共产党领导人民在革命、建设、改革进程中创造的以中国化马克思主义为核心的先进文化。反映中国新民主主义革命时期和社会主义建设时期的文化形态和价值体系,体现了中国共产党人丰富的精神内涵和文化追求。狭义的红色文化是指在新民主主义革命中产生、形成的,在中国革命的红色土地上孕育出来的,由中国共产党人、先进分子和人民群众在革命过程中共同创造的具有中国特色的先进文化。

新民主主义文化是我国红色文化的主流、源泉。经过近百年的建设发展,红色文化已经形成一个博大精深的体系。中国特色社会主义先进文化是红色文化的传承、丰富与发展,社会主义核心价值体系是其富有概括性的表述,其中马克思主义是灵魂,中国特色社会主义共同理想是主题,以爱国主义为核心的民族精神和以改革创新为核心的时代精神是精髓,社会主义荣辱观是基础。这四个方面相互影响、相互渗透、相互作用,形成一个统一的整体,从而科学、完整地揭示了红色文化的本质特征。

我国红色文化博大精深、内涵丰富,本教材主要介绍新民主主义革命时期即1921年中国共产党成立至1949年中华人民共和国成立这一历史时期的红色历史文化。

二、我国新民主主义革命历史概述

新民主主义革命是指无产阶级领导的、人民大众的,反对帝国主义、封建主义和官僚资本主义的革命。1919年爆发的五四运动是中国新民主主义革命的开端;1949年10月1日,中华人民共和国中央人民政府成立,标志着新民主主义革命的基本胜利;1956年以公有制为基础的社会主义所有制三大改造基本完成,新民主主义革命取得完全胜利。这段历史是中国共产党诞生后,在艰难的探索中领导中国民主革命从胜利走向新的胜利的辉煌历程。主要分为四个阶段:

1. 第一阶段(1919.5~1927.7)——第一次国内革命战争时期

十月革命一声炮响,给中国送来了马克思主义。1919年5月爆发的"五四"爱国运动,是近代中国历史上第一次由学生、工人和其他群众掀起的反对帝国主义、反对军阀卖国的全国规模的革命斗争,无产阶级开始以独立的政治力量登上历史舞台,并由此引起一场广泛的深层次的马克思主义传播运动,加速了中国共产党建立的进程,是具有划时代意义的事件,标志着新民主主义革命的开始。

1921年7月,在上海法租界后移至浙江嘉兴南湖一艘游船上召开的中国共产党第一次全国代表大会,宣告了中国共产党成立,是近代中国革命历史上划时代的里程碑,自从有了中国共产党,灾难深重的中国人民就有了可以信赖的组织者和领导者,中国革命就拥有了坚强的领导核心。此后,中国共产党积极从事工人运动,反抗北洋政府的军阀统治,工人阶级的觉悟很快得到提高,工人运动此起彼伏,不断掀起高潮。同时,中国共产党也派出力量发动和领导农民运动、青年运动和妇女运动,使之出现新的面貌。

1924年国民党"一大"后,国民党与共产党实现第一次合作,建立黄埔军校,推动革命群众运动。1925年爆发了震惊中外的"五卅"运动,标志着第一次大革命高潮的到来,促成了1926年开始的北伐战争的顺利进行。

1927年，中国政治风云突变，蒋介石和汪精卫相继背叛革命，勾结中外反动势力策划发动"四一二"等一系列反革命政变，由于中共内部右倾错误思想的影响，中国共产党组织遭到严重打击，第一次国共合作破裂，国民大革命宣告失败。

2. 第二阶段(1927.8~1937.7)——第二次国内革命战争时期,史称土地革命时期

第一次大革命失败后，国民党建立政权，实行白色恐怖统治，革命形势转入低潮，中国共产党所领导的人民革命斗争进入最艰苦的年代。这个时期，是中国共产党领导人民以土地革命为核心，以建立红色政权为主要依托，以反"围剿"为主要斗争形式的反对国民党反动统治的革命斗争。

1927年8月1日，由中国共产党领导的南昌起义爆发，中国共产党代表人民群众打响了武装反抗国民党反动统治的第一枪。党的"八七"会议总结了大革命失败的教训，确立了实行土地革命和武装起义的方针，重新鼓起同国民党反动派斗争的勇气，为挽

南昌起义(油画)

救党和革命做出了巨大贡献，中国革命从此开始了由大革命失败到土地革命战争的历史性转变。"八七"会议后，全国各地党组织纷纷发动武装起义。

1927年9月举行了秋收起义。中国共产党总结经验教训，以毛泽东为主要代表的共产党人确立了建立井冈山根据地、实行武装割据的斗争策略，代表了中国革命的发展方向。随后各地党组织抓住军阀混战的有利时机发动农民开展游击战争，实行土地革命，建立革命政权，红军和根据地不断巩固和扩大，其中毛泽东、朱德领导开辟的赣南、闽西根据地影响最大，称为中央根据地或中央苏区。

1929年12月28日至29日在福建省龙岩市上杭县古田村召开的红4军第九次党的代表大会(即古田会议)，总结了南昌起义以来建军建党的经验，确立了人民军队建设的基本原则，重申了党对红军实行绝对领导，

毛泽东率领红军创建井冈山根据地(油画)

规定了红军的性质、宗旨和任务等事关党的事业兴衰成败的根本性问题。以毛泽东为代表的中国共产党人,在领导红军战争和根据地建设过程中,通过艰难的探索,逐步地解决了大革命失败后中国革命的道路问题,确定了"农村包围城市,武装夺取政权"的革命道路。

从1930年至1931年秋,中央根据地和红一方面军在毛泽东、朱德的指挥下,取得了三次反"围剿"斗争的胜利,根据地不断扩大,红军兵力不断增加。1933年由于王明"左倾"错误路线影响和军事冒险主义的错误指挥,导致第五次反"围剿"失败,1934年10月中央苏区的工农红军被迫开始进行战略转移,史称长征。部分红军和游击队留在南方根据地展开了艰苦卓绝的三年游击战争。

1935年1月,中央政治局在遵义召开扩大会议(即遵义会议),确立了毛泽东在党和红军中的领导地位,在极端危急关头,挽救了党,挽救了红军,挽救了中国革命。

1936年10月,三大红军主力会师甘肃会宁,标志着长征的胜利结束。红军到达陕北后,保卫和扩大西北根据地,准备直接对日作战的力量。

在此期间,日本发动"九一八"事变,侵占了中国东北并虎视眈眈、不断向南推进。中国共产党主张停止内战,一致抗战;而国民党为了稳固政权采取了"攘外必先安内"的不抵抗政策,最终导致国土沦丧。1936年12月西安事变和平解决后,国共第二次合作的抗日民族统一战线初步形成。

3. 第三阶段(1937.7~1945.8)——抗日战争时期

1937年7月7日,日本帝国主义者以制造卢沟桥事变(史称"七七事变")为起点,发动了全面侵华战争,中国人民进入了艰苦卓绝的八年全面抗战时期。在中国共产党的积极倡导和组织下,中华民族抗日救亡运动高潮不断,8月上旬国共达成协议,红军改编为国民革命军第八路军,9月下旬南方各红军游击队改编为国民革命军新编第四军,国共开始第二次合作,抗日民族统一战线正式形成。在这个旗帜下,全国人民团结一致,开始了中国近代史上空前规模的民族革命战争。全国抗战爆发后,共产党领导的人民军队,坚持独立自主的抗日游击战争,创建抗日民主根据地,发动人民战争,在争取抗日战争胜利的斗争中发挥着决定性作用。1945年4月23日至6月11日,党的七大在延安隆重召开,大会确立了毛泽东思想为党的指导思想。1945年9月2日,日本帝国主义投降,中国人民取得了近百年来第一次完全胜利的伟大的民族解放战争。

4. 第四阶段(1945.8~1949.9)——第三次国内革命战争时期,又称解放战争时期

1945年抗战胜利后,国共进行重庆谈判,签订关于和平建国问题的协定(即《双十协定》)。1946年,蒋介石撕毁《双十协定》,发动内战。在中国共产党的英明领导和人民群众的大力支持下,解放战争最终获得胜利,中国人民解放军解放了除台湾、西藏以及港澳以外的全部大陆领土(1951年西藏和平解放,香港和澳门分别于1997年、1999年回归祖国)。1949年10月1日,中华人民共和国中央人民政府成立,标志着新民主主义革命的基本胜利。

三、我国新民主主义革命主要精神

1. 第一次国内革命战争时期

从1919年五四运动到1927年第一次大革命失败,是中国人民艰难探索中国革命向何处去的时期。在这一时期,一批先进的知识分子和共产党人在中国革命实践活动中,先后塑造了五四精神、黄埔精神、北伐精神和红船精神等革命精神。其中,红船精神最具代表性,它是中国共产党人革命精神的开端。

1921年7月,中共一大在浙江嘉兴南湖的一条游船(后称"红船")上胜利闭幕,庄严宣告中国共产党的诞生。红船精神因此得名。习近平同志把红船精神的内涵精辟地概括为:"开天辟地、敢为人先的首创精神,坚定理想、百折不挠的奋斗精神和立党为公、忠诚为民的奉献精神。"其中,开天辟地、敢为人先的首创精神,是红船精神的核心内容。这是因为,20世纪20年代的旧中国是一个军阀混战、帝国主义列强横行的半封建半殖民地社会,在这样的时代背景下,中国共产党的缔造者们用马克思主义的科学理论指导中国革命,引领半殖民地半封建社会的中国人民走上崭新的革命道路,向人们昭示的正是"开天辟地、敢为人先"的革命气概。

2. 土地革命战争时期

以毛泽东为代表的中国共产党人在土地革命战争时期的革命实践活动中培育了一系列具有鲜明时代特征的革命精神。其中,以井冈山精神、古田会议精神、苏区精神和长征精神最具代表性。

井冈山精神是中国革命精神的源头。1927年10月,毛泽东率领秋收起义部队来到江西省宁冈县井冈山,创建了第一个农村革命根据地,点燃了中国革命的星星之火,开辟了中国革命的独特道路,也孕育了伟大的井冈山精神。胡锦涛多次论及井冈山精神,他指出,在新的历史条件下,发扬井冈山精神尤其要弘扬实事求是、敢闯新路的精神,矢志不移、百折不挠的精神和艰苦奋斗、勇于奉献的精神。其中,"敢闯新路"在由多个层次构成的井冈山精神这一统一体中居于核心地位。以毛泽东为代表的中国共产党人在中国革命的低潮时期(大革命失败后白色恐怖笼罩的形势下),坚持从中国革命的实际出发,把马克思主义的普遍原理与中国革命的具体实践相结合,创建了中国革命史上第一个农村革命根据地、第一个红色政权,制定了第一部土地法,首次实现了党对军队的绝对领导;并以大无畏的革命胆识,突破了苏俄"城市武装起义"的革命道路模式,"闯"出了一条适合中国国情的"农村包围城市,武装夺取政权"的独特革命道路,展现了中国共产党人"敢闯新路"的革命精神。

古田会议是中国共产党历史上的一次重要会议。古田会议根据临时中央"九月来信"的精神,总结红4军成立以来的经验教训,批评各种错误思想,订立了人民军队建设的基本原则,确定红军的性质、宗旨和任务,确立了党对红军实行绝对领导。会议通过的《中国共产党红军第四军第九次代表大会决议案》,回答和解决了在中国共产党的领导下建设新型人民军队的一系列重大问题,从思想上建党和从政治上建军的原则,为后来的农村包围城市、武装夺取政权思想的形成、发展和实践奠定了基础,为中国共产党领导下的人民军队的建设指明了方向。古田会议因此称为是党领导下的军队建设史上的重要里程碑。古田会议精神的内涵十分丰富,可以概括为思想建党、政治建军、团结奉献、求实创新,它的核心是思想建党、永葆先进,特色是政治建军、人民本色,灵魂是立足国情、实事求是,基础是团结奉献、永闯新路。古田会议解决了建党建军问题,初步形成了实事求是的思想路线,反对错误思想和倾向,实现了党内军内的团结统一,探索出思想建党、政治建军的光辉道路,新型人民军队由此走上了发展壮大的历史征程。古田会议历来受到党和国家领导人和社会各界人士的高度重视。1989年,江泽民亲临古田视察,挥毫写下了"继承和发扬古田会议精神,加强党和军队的建设"的题词。1999年6月21日,胡锦涛在参观古田会议会址和纪念馆后指出:"在跨世纪发展的征途上,我们要继承和发扬古田会议精神,充分发挥思想政治工作这个优良传统和政治优势,确保党的政治任务的顺利完成。"2014年10月31日,习近平总书记在福建省上杭县古田镇,出席正在这里召开的全军政治工作会议新古田会议时指出:"坚持从思想上政治上建设部队,是我军建设的一条基本原则,是能打仗、打胜仗的政治保证。过去我们是这么做的,现在也必须这么做。"

苏区精神是井冈山精神的发展和深化。中央苏区是土地革命战争时期毛泽东、朱德领导中国工农红军开创的全国最大的革命根据地。1929年1月到1934年10月,以毛泽东、朱德为代表的中国共产党人领导人民在苏区进行了建立苏维埃政府、坚持工农武装割据、开展武装斗争、推行土地革命等一系列革命实践活动,击退了国民党反动军队的多次军事"围剿",积累了宝贵的革命经验,也孕育形成了伟大的苏区精神。2011年11月4日,习近平在纪念中央革命根据地创建暨中华苏维埃共和国成立80周年座谈会上的讲话中明确提出:"在革命根据地的创建和发展中,在建立红色政权、探索革命道路的实践中,无数革命先辈用鲜血和生命铸就了以坚定信念、求真务实、一心为民、清正廉洁、艰苦奋斗、争创一流、无私奉献等为主要内涵的苏区精神。"其中,"一心为民"在苏区精神体系中居于核心地位。中央苏区时期,毛泽东曾多次教导广大党员干部:"应该深刻地注意群众生活的问题,从土地、劳动问题,到柴米油盐问题……一切这些群众生活上的问题,都应该把它提到自己的议事日程上。"在这一思想的指引下,苏区各级党政军干部自觉践行"一心为民"的宗旨。他们关心工农群众的切身利益,真心实意为人民群众谋利益,帮助群众解决身边的困难。

长征精神是中国共产党人革命英雄主义精神的生动体现。长征的胜利是中国革命史上的伟大创举,是世界军事史上的奇迹,也是中国革命转危为安的关键。长征途中培育出来的伟大长征精神,成为中国共产党人和人民军队革命风范的生动反映和中华民族自强不息的民族品格的集中体现。习近平在纪念红军长征胜利80周年大会上的讲话中指出:"长征精神,就是把全国人民和中华民族的根本利益看得高于一切,坚定革命的理想和信念,坚信正义事业必然胜利的精神;就是为了救国救民,不怕任何艰难险阻,不惜付出一切牺牲的精神;就是坚持独立自主、实事求是,一切从实际出发的精神;就是顾全大局、严守纪律、紧密团结的精神;就是紧紧依靠人民群众,同人民群众生死相依、患难与共、艰苦奋斗的精神。"其中,"不怕困难,不怕牺牲"是长征精神的核心内容。从1934年10月中央红军离开中央苏区开始长征到1936年10月三大红军主力在甘肃会宁会师,在整整两年的长征途中,红军将士凭借艰苦卓绝的拼搏精神,不怕困难、不怕牺牲的革命英雄主义气概,对革命前途充满必胜信心,克服了长征路上的重重困难,摆脱了数十万敌军的追击,赢得了长征的胜利,开创了中国革命的光明前景。因此,毛泽东说,红军长征集中体现了红军"一不怕苦,二不怕死"的精神,正是这种精神使得中国工农红军无往而不胜。

3. 抗日战争时期

1935年12月13日,中共中央到达瓦窑堡,1936年7月3日进驻保安,1937年1月3日中共中央机关迁到延安,至1948年3月23日中共中央东渡黄河转向华北,这一段时期史称"延安时期"。这一时期是中国革命由弱到强、逐步走向胜利的转折时期,也是中国共产党领导解放区军民进行艰苦卓绝的斗争,打败日本侵略者和国民党反动派,壮大自身力量,为中国革命走向全面胜利奠定坚实基础的时期。这一时期中国共产党人的革命精神特质得到了全方位的展现,形成了具有集大成意义的延安精神。

延安精神是党的性质和宗旨的集中体现,是中国共产党的优良传统和作风的集中体现,是中国共产党人的崇高品质和伟大情怀集中体现。中国共产党历代领导人都十分重视延安精神。1949年10月,毛泽东在给陕甘宁边区人民的复电中说:"全国一切革命工作人员永远保持过去十余年间在延安和陕甘宁边区的工作人员中所具有的艰苦奋斗的作风。"1980年12月,邓小平指出:"从延安到新中国,除了靠正确的政治方向以外,不是靠这些宝贵的革命精神吸引了全国人民和国外友好人士吗?"江泽民将延安精神的科学内涵概括为:坚定正确的政治方向,解放思想、实事求是的思想路线,全心全意为人民服务的根本宗旨,自力更生、艰苦奋斗的创业精神。其中,解放思想、实事求是在延安精神体系中居于核心地位。延安时期,中国共产党在解放思想、实事求是的思想路线的指引下,实施了一系列被实践证明了的科学、正确的政策、策略。如抗日战争时期,党根据革命形势的发展需要,及时将土地革命战争时期没收地主阶级土地归农民所有的土地政策变为减租减息的土地政策。在整风运动中,党坚持一切从实际出发、理论联系实际的原则,大兴调查研究之风,推进马克思主义中国化;认真总结历史经验、教训,引导广大党员、干部从思想根源上摆脱教条主义、主观主义的束缚,实现了思想认识的大进步,彰显了中国共产党人解放思想、实事求是的精神风貌。

4. 解放战争时期

1947年5月中共中央工作委员会来到河北省平山县西柏坡,到1949年3月中共中央进入北平,史称"西柏坡时期"。这一时期以毛泽东为核心的第一代中央领导集体制定了《中国土地法大纲》,公开举起了废除封建地主土地所有制的旗帜,指挥了平津、辽沈、淮海三大战役,召开了具有重大历史意义的中国共产党七届二中全会,并为未来新中国的建设、发展绘制了宏伟蓝图,实现了中国革命由农村到城市、由新民主主义革命向社会主义革命的伟大历史转折,也孕育了对新中国具有重要历史影响的西柏坡精神。

西柏坡精神是中国共产党由革命时期向建设时期、由革命党向执政党转变的历史背景下孕育形成的。同井冈山精神、长征精神、延安精神一样,它凝聚和体现着中国共产党人锲而不舍、艰苦奋斗的优良革命传统和作风。西柏坡精神概括为:"两个敢于",即敢于斗争、敢于胜利的精神;"两个善于",即"我们不但善于破坏一个旧世界,我们还将善于建立一个新世界";"两个务必",即"务必使同志们继续地保持谦虚、谨慎、不骄、不躁的作风,务必使同志们继续地保持艰苦奋斗的作风"。其中,"两个务必"是西柏坡精神的核心内容。这是因为,"两个务必"是毛泽东在中国革命全面胜利前夕,即中国共产党由革命时期向建设时期、由革命党向执政党转变的历史背景下,向全党全军提出的基本要求。它既是对我国历史上政权更迭的深刻经验教训的精辟揭示,也是对中国共产党长期革命实践经验的科学总结。它表明,以毛泽东为代表的中国共产党人已经为中国共产党取得全国执政地位后应对各种新考验做了充分的政治和思想准备,展现了中国共产党人政治上的高瞻远瞩和对执政后中国革命未来发展趋势的远见卓识。

第三节 三明红色历史文化概述

一、三明革命斗争历史

三明人民具有光荣的革命传统,在新民主主义革命历程中,主要在土地革命时期和抗日战争时期,三明人民在中国共产党领导下,铁心革命,矢志不渝,经受了血与火的严峻考验,为中国革命的胜利做出了巨大贡献,付出了重大牺牲。

1. 第一次国内革命战争时期

五四运动消息传到三明,三明学子纷纷组织声讨帝国主义列强罪行的游行集会,开展抵制日货运动,促进了新文化运动在三明的开展,使一批有志青年外出求学,寻求救国图强真理。中国共产党成立后,特别是第一次国共合作大革命时期,一批在外求学接受马克思主义思想的三明籍学子,积极投身到反帝反封建的大革命洪流中去。北伐大军入闽后,三明各地各阶层群众热烈欢迎北伐军,国民革命运动在三明各地如火如荼地普遍开展,播下了革命的火种。

2. 土地革命战争时期

在革命低潮时,一批在外地加入党组织的青年受组织委派,先后返乡开展革命活动和建立党组织工作,为土地革命斗争奠定了思想基础和组织基础。

1929年3月至1930年10月,由毛泽东、朱德领导的中国工农红军第4军四次入闽,先后进入三明的宁化、清流、归化和永安、大田、建宁等县开展武装斗争、土地革命和革命根据地的创建工作,扩大了中国共产党及其领导的革命武装在三明的影响,播下了革命火种,极大地鼓舞了三明各地劳苦大众的革命热情,许多热血青年自发参加红军,直接促进了三明革命力量的发展和工农武装斗争的兴起。红军第一次入闽,第4军由赣南经宁化的凤凰山、大王、隘门岭等地进入闽西开辟革命根据地,所到之处广泛宣传革命道理,一批青年参加红军;第二次入闽,红4军在反"三省会剿"中,出击闽中,攻占了宁洋、漳平县城,进军大田、德化、永春等地;古田会议胜利之后召开。第三次入闽,为粉碎敌人的第二次"三省会剿",在离开闽西、转战赣西南途中,朱德率红军主力于锅蒙山击溃设伏截击红军的敌马鸿兴部,取得了古田会议后的第一次胜利,毛泽东在深山密林中跋山涉水、翻山越岭,在清流、归化、宁化、建宁等广大乡村留下了光辉足迹,吟就了脍炙人口的光辉词(诗)篇《如梦令·元旦》;第四次入闽,红军支持宁化五乡农民武装暴动,促成建立了三明区域内第一个县级红色政权和第一支地方工农武装。

1930年冬到1931年秋,中央根据地和红一方面军胜利进行了三次反"围剿"斗争。在这三次反"围剿"斗争中,三明苏区得到了空前的发展。第一次反"围剿"取得胜利后,开辟了宁化、清流边区和建宁西北游击区;在第二次反"围剿"斗争中,红军攻克建宁城,毛泽东高兴地挥毫写下了《渔家傲·反第二次大"围剿"》,随即红一方面军司令部驻扎建宁,指挥红军解放全建宁,陆续分兵进入泰宁、将乐、宁化、清流、归化、永安、沙县各区域,占领泰宁县、将乐县、归化县、清流县城及所到各地的广大农村,建立红色政权,开展土地革命,形成了宁清归和建泰将连片苏区;红一方面军总司令部和总前委在建宁部署准备第三次反"围剿",组建了红一方面军第一支无线电总队和两个山炮连,转战赣南,在根据地腹地胜利打破第三次反"围剿"。第三次反"围剿"胜利后,赣南革命根据地和包括闽西北在内的闽西革命根据地连成一片,形成了以江西瑞金为中心的中央革命根据地。

为了粉碎国民党军队对中央苏区的第四次"围剿",1932年10月发起建(宁)黎(川)泰(宁)战役,迅速恢复了建黎泰苏区,1933年1月底向北发起金资战役,打通了中央苏区和闽北、赣东北苏区联络。同时,恢复了因主力红军挥师赣南参加第三次反"围剿"后被敌人进占的建泰将苏区。在第四次反"围剿"斗争中,三明苏区人民配合红军主力在区内和区外广泛开展游击斗争,打击敌人"进剿"军、驻军和反动民团。1933年5月设立闽赣省,三明的建宁、泰宁、宁化、清流、归化、彭湃、泉上、将乐、沙县、黎南等10个县苏区先后隶属闽赣省区划。

第四次反"围剿"斗争胜利后,自上海转移到中央苏区的中共临时中央,进一步排斥毛泽东的正确领导,推行"左"倾冒险主义,在蒋介石正大力准备"围剿"的时候,不进行反"围剿"准备,反而让红一方面军"分离作战",组建中央军和东方军,企图在两个战略方向上同时取胜。

1933年7月至1934年2月间,彭德怀率领东方军两次入闽作战,先后攻克清流、归化、泰宁、将乐、尤溪、沙县各县县城,在宁清归、泰宁、将乐、沙县等地恢复和新辟了大片苏区,并在宁化地域增设彭湃、泉上二县,地方武装得到较大发展,三明苏区逐渐进入鼎盛时期。

1933年9月,中央苏区第五次反"围剿"开始。11月闽赣省机关迁驻建宁县城,闽赣省军民全力投入第五次反"围剿"和各项战斗,努力生产,支援红军,支援前线,奋勇阻击国民党军队的进攻。1934年2—4月间,为了配合第五次反"围剿"斗争,福建军区独立第9团开展了攻打永安解放永安县城的战斗,开辟了地跨龙岩新罗、漳平、连城和永安,纵横300余里的岩连宁游击根据地。1934年夏,组建中国工农红军北上抗日先遣队,7月15日,6000余名北上抗日先遣队在永安小陶、洪砂一带集结,同日,中华苏维埃政府主席、中国工农红军革命军事委员会主席、副主席等领导在瑞金联名发布《为中国工农红军北上抗日宣言》,北上抗日先遣队发表《我们是中国工农红军抗日先遣队》《中国工农红军北上抗日先遣队告农民书》,随后抗日先遣队经大田、尤溪,渡过闽江北上,沿途消灭了敌人后方的部分敌军和反动民团,帮助永安、大田、尤溪一些地方建立了基层红色政权,开展了声势浩大的抗日宣传活动,加深了闽中人民对红军的认识,扩大了红军的影响。

在历次反"围剿"战争中,毛泽东、朱德、周恩来、彭德怀、刘伯承、陈毅、罗荣桓、聂荣臻、叶剑英、杨尚昆等无产阶级革命家多次率领工农红军在这块土地上展开过艰苦卓绝的革命斗争,谱写了光辉的诗篇。萧劲光、罗瑞卿、黄克诚、粟裕、谭政、刘亚楼、李克农、杨成武、杨得志等中国革命的先驱者,也曾经在这里浴血奋战,践行革命理想。

1934年10月,第五次反"围剿"失败,红军被迫进行战略转移,这期间,红3军团红4师及军团后方医院、红9军团后勤机关、少共国际师1个团、中革军委直属炮兵营等相继由宁化出发,开始长征。长征途中,三明籍人民子弟在湘江战役中,为掩护中央主力红军突围,担当后卫与敌人展开生死搏斗,以几乎全军覆没的伟大牺牲,换来中央主力红军的一线生机,成就了中国工农红军的凤凰涅槃。

中央主力红军长征之后,苏区军民转入艰苦卓绝的游击战争,在党组织和苏维埃政权的领导下,在境内坚持斗争的闽赣省军区第17、18两个团余部与在岩连宁坚持战斗的红9团汇合,直至第二次国共合作,开赴华中抗日前线。

在中国共产党领导下,在土地革命战争时期,三明人民艰苦卓绝,英勇奋斗,前赴后继,红旗不倒。他们把3万多名优秀儿女送进了红军的队伍,有1.44万余人参加红军游击队,有1.36万余人参加赤卫队,为中国革命斗争事业做出了重大贡献,付出了巨大的牺牲。

3. 抗日战争时期

1937年,随着以大田为中心的三明各县党组织的恢复和发展,三明人民在党的领导下,按照党的"抗日民族统一战线"方针,团结各界人士,积极开展广泛、形式多样的抗日救亡宣传活动,并逐步在全地区各阶层掀起抗日救亡运动的高潮。

1938年5月,国民党福建省政府机关内迁永安。永安成为福建战时政治、经济、文化的中心。一批中共地下党员、爱国进步人士,特别是许多教授、专家、学者、作家相继从各地云集永安,形成了一支广泛的抗战文化统一战线队伍。他们团结在中国共产党倡导的抗日民族统一战线的旗帜下,开展了轰轰烈烈的抗日救亡活动,在永安以至我国东南形成了抗日文化高涨、进步文化繁荣的局面。永安成为抗战时期我国东南抗战文化中心、东南文化重镇,与重庆、桂林遥相呼应。与此同时,在全民族抗战时期,中共三明地下组织开展了抗日反顽斗争,组织"南下挺进队",打通各基本地区路线,在斗争中不断壮大自己的力量。

抗日战争后期,面对国民党顽固派的疯狂"围剿"和血腥镇压,中共闽西北特委和闽西北游击队遵循"人不犯我,我不犯人;人若犯我,我必犯人"和"有理、有利、有节"的原则,以大田为中心展开反顽自卫斗争,有力地回击国民党反动当局的进攻,保存了党的组织和游击队武装,为此后开辟闽赣新区奠定了坚实的基础。

4. 解放战争时期

1945年10月,三明党组织以南(平)沙(县)尤(溪)工委为基础,重新组建了中共闽西北特委和闽西北游击支队。此后,三明革命斗争的活动中心由大田、永安边区转到沙县、尤溪、南平边区,南沙尤地区成为三明革命斗争的重要根据地。1946年,随着革命斗争形势的发展,内战全面爆发,中共闽西北特委和闽西北游击队先后组织闽赣边挺进队和闽赣边游击纵队,两次挺进闽赣边。与此同时,中共闽西北地委积极配合省委城工部,开展城市地下工作,在三明的沙县、三元、尤溪、将乐、泰宁、宁化、清流、明溪、永安等县建立了城工部组织,积极开展各项活动。1948年4月后,在省委及闽西北地委领导下,闽西北游击纵队紧紧依靠南沙尤根据地,发动人民群众,广泛开展游击战争。1949年5月,人民解放军入闽后,闽西北游击纵队和三明区域各城工部紧密配合人民解放军,以武力或和平的方式先后解放了三明全境,建立了人民政权,迎来了中国新民主主义革命的伟大胜利,迎来了新中国的诞生。

在革命战争年代,三明老区人民进行前仆后继、艰苦卓绝的斗争,红旗不倒,为中国革命的胜利和新中国的诞生做出了重大贡献,付出了巨大牺牲,留下了许多可歌可泣的壮丽篇章,留下了极其宝贵的精神财富。

二、三明革命斗争在全国的地位与作用

在中国共产党历史中,三明的光荣革命历史,具有独特的历史地位。从红色政权产生看,三明是"红色摇篮"之一;从革命军事斗争看,三明是打胜仗的中央苏区;从革命历史作用看,三明是贡献较大的中央苏区;从革命军队建设看,三明是开启人民军队现代化的中央苏区,红一方面军无线电总队和红1、红3军团山炮连在建宁县组建。概括地说,其地位和作用体现在六个方面:

1. 三明是中央苏区的"核心范围"

在土地革命战争中，在赣南、闽西革命根据地的基础上发展起来的中央革命根据地，即中央苏区，是全国苏维埃运动的中心区域，是中华苏维埃共和国党、政、军首脑机关所在地。三明的建宁、宁化、泰宁、清流、明溪、将乐、沙县、永安、尤溪、大田等县，在历次反"围剿"斗争中，在扩红筹款补给等工作中，都发挥了重要作用，皆为中央苏区核心区范围。

2. 三明是中央苏区的"东方门户"

1933年7月和1934年1月，中央红军东方军两次入闽入明作战，积极开辟东部战场，拓展东部苏区范围，使三明成为守卫中央苏区的东方门户。在彭德怀等率领下的红军东方军第一次入闽历时3个月的作战中，先是袭占归化、清流两县及宁化县泉上土堡，重创国民党军闽西军阀卢兴邦部；接着围攻朋口，重创19路军第78师区寿年部，收复连城，乘胜解放了永安小陶、洪田大部地区；然后向闽北进军，逼近沙县、将乐、顺昌3县，解放了沙县夏茂、高桥等地。红军东方军第二次入闽，则攻占了沙县、将乐、归化、尤溪等地。红军东方军的两次入闽作战，极大推动了福建苏区尤其是三明苏区的发展，扩大了三明苏区的版图，使原本在国民党19路军和地方军阀的分割下还未能真正有机连成一片的闽西北（三明区域）、闽北苏区及闽西苏区连接在一起，开创了福建苏区的新局面，巩固了中央苏区的东边门户。

3. 三明是"扩红补给"的主要地区

从1929年3月11日首次进入闽西北到1934年10月，先后在宁化、建宁、泰宁、将乐、清流、归化（明溪）、澎湃、泉上、沙县、永安创立县革命委员会（苏维埃政府），创立了"宁清归"和"建泰将"两个苏区。苏区各县先后组建了26支地方武装赤卫队、游击队，有20支区域性地方革命武装队伍。闽赣军区连同6支直属革命武装队伍，总人数达28106人。三明地区参加红军人数达38713人，参加游击队人数达29480人，先后牺牲的烈士人数有7672人。在坚持苏区的革命斗争中筹集粮食10万余担和大量银圆、物资支持瑞金等地红军。尤其是宁化，当时全县13万人口，就有1.37万人参加了红军，总共筹集粮食950多万斤、筹款苏区货币近54万元，被誉为中央苏区"乌克兰"。

4. 三明是中央红军长征的主要出发地、北上抗日先遣队集结地

为了宣传和推动民族抗日运动，调动和牵制国民党军队，策应中央红军第五次反"围剿"，组建中国工农红军北上抗日先遣队，永安是北上抗日先遣队的集结地。第五次反"围剿"失败后，红军被迫实施战略转移，开始长征，长汀、宁化、瑞金、于都是红军长征的四个主要出发地。长征出发时，三明儿女踊跃参加红军，加入长征的队伍之中，在后续的革命斗争中做出了巨大的牺牲和贡献。

5. 三明是东南抗战文化中心

在烽火连天的抗日战争时期,永安作为福建省临时省会,成为与重庆、桂林齐名的国统区三大抗战文化中心之一。在抗日民族统一战线旗帜下,许多共产党员、革命知识分子,以及爱国民主人士和台湾同胞,团结合作,积极开展各种形式的文化活动,为推动抗日救亡运动和繁荣东南文化,做出了巨大的贡献,在中国新文化运动史上写下了光辉的一页。

6. 三明是"红旗不倒"的坚强堡垒

1934年10月,红军主力撤离中央苏区北上抗日(长征)以后,中央苏区大多沦陷,革命斗争时断时续。三明坚持红旗不倒,在敌我力量悬殊的情况下,党组织和革命武装克服了令人难以想象的困难,坚持革命斗争直到1949年全国解放。在这里,党的组织长期存在,一直坚持活动;革命武装长期存在,武装斗争从未间断。

三、三明红色文化精神

在中国革命史上,中国共产党领导中国人民推翻了帝国主义、封建主义和官僚资本主义三座大山的反动统治,取得了新民主主义革命的胜利,建设了新中国,积淀了具有鲜明风格和不同时代特色的革命精神,塑造了如建党时期的红船精神,土地革命战争时期的井冈山精神、苏区精神、古田会议精神、长征精神,抗日战争时期的延安精神、红岩精神,以及解放战争时期的西柏坡精神,等等。这些精神是党的优良传统和作风的集中体现,也是中国革命精神在新民主主义革命时期的特殊形态,具有丰富的内涵和鲜明的时代特征。

三明是红色的沃土,在土地革命时期,是中央苏区的重要组成部分;在抗日战争时期,由于国民党省政府内迁三明永安,在宣传抗日文化救亡和抗日反顽等方面发挥了重要作用,在全国具有重要影响,同时,也形成了具有三明风格的革命精神。三明红色文化精神体现了中国革命相应时期共有的崇高的思想境界,但也积淀了自己鲜明的精神风貌。纵观三明革命历史,三明红色精神的内容非常丰富,可以概括为24个字:坚定信念、百折不挠,实事求是、顽强拼搏,依靠群众、勇于奉献。

坚定信念、百折不挠是三明人民坚持斗争、夺取胜利的精神支柱和力量源泉,是三明红色文化精神的灵魂。邓小平同志说:"根据我长期从事政治和军事活动的经验,我认为,最重要的是人的团结,要团结就要有共同的理想和坚定的信念。我们过去几十年艰苦奋斗,就是靠用坚定的信念把人民团结起来,为人民自己的利益而奋斗。没有这样的信念,就没有凝聚力。没有这样的信念,就没有一切。"三明革命斗争的历史,就是一部共产党人坚定信念、百折不挠的奋斗史。在大革命失败后,官锦铨、姜敢、徐赤生、邱文澜、叶炎煌等一批在外地求学并加入党组织的三明籍共产党人,没有被白色恐怖吓倒,怀着对共产主义的坚定信仰,回到家乡,积极从事党的工作,宣传革命道理,发展党员,建立党组织,为此后三明苏区的发展奠定了坚实的基础;在苏区形成发展过程中,敌进我退、敌退我进,往往一个区域几经易手,一批批共产党人和苏区干部被敌人杀害,但是三明苏区人民凭着对共产党的信任、对红军的拥护,又有一批批人加入共产党和红军,为支援苏区建设工作,成为中央苏区的"乌克兰",产生了一批如张瑞标、曾德高、王盛权、杨志和、洪基等典型人物;1934年10月,中央主力红军长征后,三明苏区军民转入艰苦的游击战争。国民党军对苏区由"围剿"转为"清剿",对苏区人民实行最疯狂、最残酷的报复性屠杀和前所未有的抢掠焚烧,在三明苏区"茅草过火,石头过刀",并施用保甲、连坐、计口售粮、售盐等手段,妄图切断红军游击队与人民群众的联系,把游击队困死、饿死在山上。敌人在苏区血腥镇压摧残苏区群众。建宁有4000多名苏区干部群众遭屠杀,1000余座房屋被烧毁,37个村庄被焚为焦土,90余万斤粮被劫;宁化被烧毁房屋近1.6万间,被灭绝的家庭有5500多户,被杀害的群众近3300人,被抓壮丁2300多人,下落不明的有3300多人,土地荒芜近3.5万亩,饿死者达2.3万多人。到处都是家破人亡、妻离子散、田园荒芜、百业凋零的惨象。即便如此,三明的革命火种并没有熄灭。在党组织和苏维埃政权的领导下,三明各地留下来坚持武装斗争的红军、游击队在极其险恶的情况下,依靠苏区人民的支持,运用灵活多变的游击战术,与进行残酷"清剿"的国民党军开展长达三年艰苦卓绝的游击战争,保存和发展了革命力量。这期间,三明的宁化、建宁、泰宁、清流、归化、将乐、宁洋、永安等县是红军游击队开展游击斗争的重要区域。红旗不倒,使革命火种得以延续;在形成抗日民族统一战线后,三明共产党人又开始了党组织的恢复建立工作,掀起抗日救亡一个又一个高潮,面对国民党消极抗日,特务恐吓,以羊枣为代表的共产党人,运用马列主义的立场、观点和方法,撰写时事评论,以笔为武器,抨击蒋介石政府的内战卖国政策,揭露国民党顽固派的阴谋,积极宣传抗日等进步思想。羊枣被捕后,拒绝诱降,被虐死在杭州监狱,表现了一个共产党人忠于党忠于人民的解放事业,威武不屈、高官厚禄不能诱的高贵品质。在抗日反顽上,面对蒋介石消极抗战、积极反共的倒行逆施,许多共产党员毫不畏惧、决不屈服,他们在牢房里、法庭中、刑场上都表现出惊天地泣鬼神的壮举,涌现了如林金凤、蒋光斗、肖冠愧等一批为了理念信念宁死不屈、视死如归的典型。

实事求是、顽强拼搏是三明红色文化精神的核心。一切从实际出发制定政策和策略,并且顽强拼搏去夺取胜利,是三明红色文化的核心内容和本质特征。实事求是、顽强拼搏,在三明革命历史上表现得非常突出。1931年5月31日,红军取得建宁大捷,取得了第一次反"围剿"的胜利,毛泽东等红一方面军总前委进驻建宁,主持召开了第五次总前委会议,其中有两次即第五次、第八次总前委会议是在建宁住地召开的。会议分析敌我态势,总结反"围剿"经验,制定了红军第一期向北、第二期向南、第三期向西的准备第三次反"围剿"的三期工作计划,但是6月底至7月初,敌情发生了重大变化,敌军已开始部署第三次"围剿"。毛泽东在6月28日、6月30日和7月1日分别发出了三封指示信,根据已经变化了的情况对部队的筹款、扩红、工作、备战等做出了调整,红军各部顽强拼搏,迅速地完成在闽西北的筹款和闽西北各地建党、建政、建立地方武装及土地革命工作,筹足了第三次反"围剿"的作战经费,为红军顺利开展和取得第三次反"围剿"的最终胜利做了重要的战略准备,体现了毛泽东实事求是的一贯的思想路线;红军东方军入闽,在泉上土堡、沙县县城等攻防战中,彭德怀、滕代远率领东方军采取"围点打援"与强攻相结合,最后采取挖地道爆破强攻的战术,取得战斗胜利,是我军指战员坚持实事求是的思想路线,顽强拼搏取得的。抗日战争时期,根据永安汇集大量的爱国进步知识分子的实际,中国共产党及时地组织爱国进步知识分子在抗日民族统一战线旗帜下,团结起来,在受国民党特务严密监视的情况下,巧妙利用国民党福建省政府官办或半官办的文化阵地,开展了轰轰烈烈的、以抗日救亡为主要内容的文化活动,形成了中国东南抗战文化中心,也生动地体现了实事求是、顽强拼搏的精神。

依靠群众、勇于奉献是三明红色文化精神的基石。为了人民的利益和革命的需要,勇于吃大苦、耐大劳,生命不息,奋斗不止,直至夺取胜利,同时,要始终关心群众、相信群众、依靠群众,取得群众的信任、拥护和支持,这是三明精神的重要内容,也是取得三明革命斗争的重要支撑。从1927开始,一批在外加入中国共产党的三明籍青年,先后回乡开展革命活动,在群众中传播马克思主义;1929年5月至10月间,红军四次入闽,在三明的西北地区广泛发动群众,宣传革命道理,为建立党的地方组织、农民武装暴动和开展土地革命斗争,奠定了思想基础和组织基础,也为三明苏区的形成和发展提供了条件。红军入闽后,各地党组织积极配合红军宣传红军、宣传革命道理,三明人民革命热情不断高涨,踊跃参加红军、参加共产党。在参军扩红中,三明苏区各级党团组织、苏维埃政府、群众团体、地方武装和苏区广大群众,积极响应党和苏维埃政府的号召,不仅群众个人自觉自愿地参加红军,而且党团组织以支部为单位,赤卫队和地方武装以排、连、营为单位,成建制地加入红军,掀起了扩红突击运动的高潮。在扩红运动高潮中,宁化苏区创造了扩红竞赛活动的经验,扩红运动一浪高过一浪,涌现出20多个党团支部全体党员集体加入红军的先进事迹,出现了"兄弟同参军、父子同上阵、夫妻一条心"的感人场面。在筹粮筹款中,盛产稻谷的三明苏区政府和广大群众积极响应中央和省委关于开展支援前线、保障战争物质需求的号召,成为中央苏区征集粮食的重点区域之一。1933年春第四次反"围剿"期间,建宁县积极做好筹粮工作,在枧头街囤积大量白米,发给行军路过的红军,每人一袋,不让一个红军的米袋空着;从1931年春至1934年秋,宁化苏区共筹集粮食950多万斤、钱款近54万元和大量被装支援前线,组织了2万多人次的担架队、运输队担任支前后勤保障任务,成为福建省的支前重点县,受到福建省苏维埃政府、中华苏维埃中央政府机关报《红色中华》的多次表扬,被誉为中央苏区"乌克兰"。从1929年3月11日红军首次入闽到1934年10月红军长征,据不完全统计,三明苏区参加红军人数达38713人,先后组建了26支地方武装赤卫队、游击队,20支区域性地方革命武装队伍,参加游击队人数达29480人,烈士人数有7672人,筹集粮食10万余担和大量银元,物资支持瑞金等地红军。红军长征途中,以三明籍红军战士为主体的第34师,在湘江战役中,与敌作殊死拼杀,誓死掩护主力红军渡江,战斗空前惨烈,用青春热血写下了中国革命史上最为悲壮的一页,铸就了长征胜利的不朽丰碑。

四、三明红色文化的当代价值

1. 三明红色文化的政治价值

第一,三明红色文化与中国共产党的成长相伴随,是党领导三明人民取得革命胜利的强大精神支柱和动力源泉。中国共产党成立以来,始终重视先进文化建设,自觉摒弃旧社会遗留以及国外渗透的腐朽没落的旧文化。三明红色文化承载了中国共产党领导三明人民进行土地革命战争、抗日战争、推翻国民党反动政权、建设新中国的历史征程。土地革命战争时期,三明地区是以瑞金为中心的中央根据地的东方前哨和屏障,三明人民为中央根据地的建立和巩固做出了重要的贡献。抗日战争时期,三明人民的革命斗争集中表现在以永安为中心的抗日救亡文化运动和以大田为中心的抗日反顽斗争两个方面。全国解放战争时期,三明地区共产党组织继续领导人民进行革命斗争直至三明全境解放,建立了人民政权,迎来了中国新民主主义革命的伟大胜利。毛泽东、朱德、周恩来、叶剑英、彭德怀等老一辈无产阶级革命家在三明的革命实践,为中国革命的胜利积累了丰富的经验,为三明人民留下了宝贵的红色文化资源和精神财富。三明红色文化契合了中国的革命斗争文化,传承和发展的历史完整地表现了中国共产党的政治文化形态,是我们求得民族独立、人民解放的理论武器,是实现中华民族伟大复兴的行动指南。作为中国革命先进文化重要组成部分的三明红色文化,其彰显的党领导三明人民在不同历史时期为共产主义而奋斗的高度政治热情和为实现理想而敢于战斗、勇于奉献的崇高道德价值观,是我们取得革命胜利的强大精神支柱和动力源泉。

第二,弘扬三明红色文化有利于中国共产党深入贯彻全心全意为人民服务的宗旨,不断提高其执政能力和领导水平。三明红色文化深深植根于广大人民群众之中,来自人民群众的实际生活,代表人民群众的根本利益,满足人民群众的精神需要。她所反映的是中国共产党以人为本、全心全意为人民服务的根本宗旨,体现了党和人民在不同历史时期的浓浓鱼水情。革命时期三明儿女积极参军参战,筹粮筹款、发展生产、支援红军,参加红军有3万多人,参加游击队、赤卫队有2.8万余人。在新形势下,弘扬三明红色文化,深入挖掘三明红色文化精神的时代内涵,重温中国共产党光辉的三明革命历史,回顾其经历的艰难险阻,深刻理解党在革命的伟大历史征程中所形成的革命精神,发扬党的光荣传统和优良作风,有益于广大党员干部震撼心灵、净化灵魂,牢固树立全心全意为人民服务的宗旨,脚踏实地,真正做到立党为公、执政为民,真正做到心中有党、心中有民、心中有责、心中有戒。通过红色文化的感召与激励,使广大党员干部自觉保持先进性和纯洁性,是提高其执政能力和领导水平的需要,是在纷繁复杂的新形势下提高党员干部拒腐防变能力,稳固其中流砥柱地位的需要。

2. 三明红色文化的经济价值

第一,弘扬三明红色文化能够为三明地区的经济建设营造良好环境,为市场经济的健康发展提供精神动力和方向保证。三明红色文化产生于新民主主义革命时期,在革命过程中得到不断的丰富和发展,社会主义与共产主义理想始终是指引三明人民不断为之奋斗的动力源泉。不怕牺牲、艰苦奋斗、积极进取、开拓创新的积极精神追求,经过长期的传承与积淀,内化为三明人民的一种心理常态,在其影响和感召下,使人们自觉做出应有的价值判断和取舍,形成符合社会主义市场经济健康发展要求的经济道德与经济思想,从而对整个社会的价值取向和经济行为起到规范和导向作用。文化是现代经济的助推器。三明红色文化知名度高、影响力大,其中艰苦奋斗、勤劳勇敢、无私奉献的精神,国内外都会为之感动和震撼,并因此使三明地区的企业和项目受关注度大幅增高,吸引外来资本与之进行合作与贸易,推动区域经济发展;同时三明红色文化对于企业优化自身企业文化来说是一个天然的文化宝库,三明红色文化精神中的"开拓奋进""无私奉献",可以鞭策企业员工自觉努力工作,在企业遭受竞争压力、经营低谷等多种风险时知难而进,群策群力,提高生产效率和经济效益,为企业树立一流形象,扩大品牌效应,成为经济发展的助推器。

第二,新时期三明红色旅游蓬勃兴起、红色文化产业发展迅猛,逐渐成为三明区域经济新的经济增长点。三明市12个县(市、区)都是红色文化资源的产生地,有着丰富的红色旅游资源,全市有红色文化遗址遗迹353处,丰富的红色文化资源是旅游业发展的"金矿"。无论是革命历史事件的发生地、革命遗址,还是革命纪念场馆、名人故居等等无不具有较高的知名度和品牌效应,为广大人民所熟知。近年来,三明市已经开发和正在开发的红色旅游系列景区(点):宁化县红军医院旧址,宁化长征集结出发地,宁化北山革命纪念园;泰宁县红军街;建宁县红一方面军总司令部、总前委、总政治部旧址;清流县林畲"诒燕第"毛泽东旧居,红军标语,红军瞭望台及长校将军庙,清流烈士纪念碑;明溪县红军战地医院,铜铁岭战斗遗址,夏阳乡御帘村东方军司令部等。这些品位高、价值大的旅游景区(点),凭借较为方便的交通网络,与周边绿色自然资源、客家文化资源整合度高以及民俗文化丰富多彩的区位优势,对三明红色旅游经济带动地方经济发展的成效显著,使老区人民成功脱贫致富,增强人文优势与经济优势互补,促进经济结构优化,形成特色产业,实现餐饮娱乐、交通电信等相关行业带动发展,增加就业,缓解社会压力,使革命老区呈现出崭新的面貌。同时,三明市也凭借自身红色文化优势,对红色文化资源进行科学挖掘和运用,设计了两条精品线路:武夷山—泰宁—建宁—宁化—清流—明溪—三明线和福州—南平—三明—永安—连城—长汀—上杭—龙岩线。如今三明地区已由单一的政治教育模式向市场经营模式转变,文化搭台,经济唱戏,文化品牌成功转型为经济品牌,进而成长为绿色经济产业,为区域经济乃至国民经济增长注入新的活力元素。

3. 三明红色文化的文化价值

第一,三明红色文化具有文化传承功能,丰富和发展社会主义主流文化的价值尤其突出。文化是特定历史的成果与展现,同时也是历史积淀的延续,在新的时空条件下不断丰富与发展的文化要素有其深远的意义,亦即文化的传承性。三明红色文化是在战火纷飞的革命战争年代孕育和发展起来的区域文化。她强大的历史文化内生力使其具有顽强的生命力,在中国革命的伟大实践中不断得到传承、丰富与发展。三明是一座底蕴深厚的文化城市。这里是闽江之源、闽人之源、闽学之源和客家祖地,在万寿岩发现的古人类遗址,把福建原始人类活动的历史推向了18万年前,习近平总书记在闽工作时专门批准建立了博物馆,"闽学四贤"中的朱熹、杨时、罗从彦都出生在三明。三明人民汲取儒家文化重道义、崇气节、尚正直、贵信实、求和气的文化精髓,并使之不断得到完善和升华,形成特色独具、内涵深刻的三明红色文化,承载和传递着光荣的革命传统、先进的革命精神以及优良的民族品质,在21世纪的今天依然催人奋进,依然奏响着奋进激越的时代最强音,引领着社会主义主流文化不断前进,并与三明的闽学(朱子)文化等区域特色文化一道构成中华民族精神和21世纪的时代精神中浓墨重彩的重要板块。

第二,三明红色文化的有效传播能够抵御腐朽文化侵蚀,有利于推进社会主义先进文化建设。文化是民族的灵魂,是哺育和传承民族生命力的载体。三明红色文化的有效传播能够消除和防止文化垃圾的滋生,其自身蕴含的优秀文化内核与元素,对社会主义先进文化建设具有强有力的推动作用。目前我国发展社会主义先进文化面临的难题与挑战主要来自市场经济的负面影响、传统文化的消极因素、西方腐朽文化的消极作用等方面的冲击。面对这些冲击,我们要发展社会主义先进文化就必须坚持中国特色社会主义文化发展道路,努力建设社会主义文化强国,巩固马克思主义的指导地位,坚持社会主义的前进方向。要做到这些,宣传和弘扬红色文化无疑是最好的选择,三明红色文化更是其杰出代表。三明红色文化所独有的优秀品质和丰富深邃的文化内涵使其为发展社会主义先进文化提供了良好的文化氛围,对社会主义先进文化建设起到了强有力的推动作用。

4. 三明红色文化的德育价值

第一,弘扬三明红色文化为地方高校思想政治教育提供优质载体。作为教育人的实践活动,思想政治教育总是要通过一定的载体才能进行。目前,全球化进程日益加快,世界各种文化之间、民族性与世界性之间、传统性与现代性之间发生碰撞和冲突,深刻冲击影响着大学生的文化心理和价值选择;国内正处在社会转型发展期,社会环境和人们身份也都出现了新的发展态势,对高校思想政治理论课教学目标的实现提出了严峻的挑战和新的任务。这在客观上需要一个承载力强、覆盖面广、便于操作的载体来适应思想政治教育发展的新要求。三明红色文化正是能够适应这种要求,能为地方高校思想政治教育提供优质载体。其优势主要体现在:其一,有便利的实践操作性。三明红色文化形式多样,分布广泛,在三明的12个县(市)都有红色文化存在,而三明地方三所高校所在地距离红色文化遗址都不远,要带领大学生实地考察体验,接受红色文化教育,了解革命先辈们的典型事迹,思想政治理论课教师也容易设计和操作。其二,有良好的示范教育性。在思想政治教育中,大学生思想转化不能采取简单说教和灌输的方法。正确思想的形成或错误思想的克服都需在积极正确思想行为的引导下,通过大学生自身的思想矛盾运动,进行正反两方面思想优劣的比较鉴别,才能引出正确和信服的结论。以革命遗址、革命纪念场所、革命文献、革命文物等为实体的红色物质文化是三明红色文化最直观的物质载体,它的形成过程就是示范教育的过程。红色物质文化形成过程是革命精神的践行过程,也就是把革命精神转变成可观可触可感的物质结果过程,这个过程帮助我们把抽象的理论教育具体化,便于大学生接受、理解,使得抽象的理论说教更富有感染力和可接受性。

第二,弘扬三明红色文化为地方高校思想政治教育提供了生动素材。目前,高校思想政治教育的内容逻辑结构较为严密、理论性强,但也存在两个不足:一是内容出现简单重复。高校思想政治理论课教材的许多内容都是对初高中思想政治教育内容的简单重复,缺乏吸引力,使学生味同嚼蜡,索然无味,再加上大学里有些老师往往采取照本宣科的方法,致使思想政治理论课教育的实效性不尽人意。二是内容针对性较弱。要解决这两个问题,一方面要想方设法消解在内容方面存在的两个问题;另一方面要抓准大学阶段思想政治教育内容的重点。因此,地方高校要充分发挥独特的地域优势,把三明红色文化活生生的内容融入思想政治教育内容体系中,成为思想政治教育的鲜活教材。因为三明红色文化清晰地见证了中国共产党和三明苏区军民在革命战争时期,历尽苦难、辉煌迭出的不朽历程,红色文化内容丰富多彩,它洋溢着凛然正气和昂扬激情,蕴涵着中国人民的政治理想、爱国情怀、思想观念和道德诉求,体现着勇于奉献、敢于牺牲、百折不挠等崇高品质,不仅凝聚着珍贵的历史记忆,并且已经积淀为思想政治教育的不可多得的精神财富。可见,三明红色文化所蕴含的内容信息与高校思想政治教育内容和任务高度契合。三明红色文化中的革命遗迹、革命事件、革命先烈的故事形象、生动、感人,容易贴近学习、生活实际和吸引大学生,容易被大学生所接受、信服和消化,从而避免了传统的思想政治教育对大学生的空洞说教,充分发挥了三明红色文化独特的思想政治教育的作用和价值。

第二章 风展红旗闽山碧

三明地区是山脉纵横、腹地广阔的山区,位于武夷山脉与戴云山脉之间,西依武夷山脉与赣南交界。在中国共产党领导的中国革命从城市向农村转移,毛泽东率领秋收起义部队上井冈山建立根据地的大背景下,历史把三明推向了第二次国内革命战争的重要战场。从此,三明和中国共产党、中央红军紧紧相连,在反"围剿"斗争和苏区建设中,在土地革命历史舞台上,扮演了重要角色,发挥了重要作用,成为中央根据地的重要组成部分。

◆ 第一节 坚定理想,革命低潮时纷纷建立党组织

1927年,蒋介石为首的国民党反动派发动了"四一二"反革命政变,大肆屠杀共产党人,第一次国共合作破裂,第一次国内革命战争宣告失败。在国民党统治下,白色恐怖笼罩全国各地,自此,中国革命转入低潮。在严峻的考验面前,一批在外加入中国共产党的三明籍青年,受党的委派,先后回乡开展革命活动和建立党组织工作,表现了坚定的革命立场和大无畏的英雄气概。马克思主义在三明的传播和党的地方组织的建立,为农民武装暴动和开展土地革命斗争,奠定了思想基础和组织基础。

一、沙县率先建立特别支部

1927年春,在反封建、争民主思潮的影响下,沙县县立初级中学夏茂籍学生姜源

舜(又名树民、化名姜敢)、官锦铨、黄可英,发动全校学生罢课,反对学校当局独断专横、贪污渎职、任用亲信等种种恶劣行为。面对这场空前的学潮,国民党沙县县政府企图逮捕学生,镇压学潮。消息传开后,学生全体离校,散归原籍,学校一度停办。

1927年秋,官锦铨、黄可英等10人到省城福州继续求学。翌年,姜源舜、张炳生等人也到福州读书,这批青年分别进入福州第一初级中学、第二初级中学(后改为职业中学)、三民中学和新时代中学就读。此时,福州地区在"四一二"反革命政变中受到破坏的共产党组织,在中共中央的领导下,迅速采取措施,恢复了党组织活动,成立了中共福州市委。沙县学生就读的学校是党、团组织活动最为活跃的地方之一。部分学生在中国共产党的教育和影响下,初步接受了马克思主义的先进思想,受到革命斗争的考验。1928年春,官锦铨、黄可英、姜源舜等人相继加入了中国共产党。此后,他们在青年学生和工人中开展秘密活动,建立党的基层组织,并经常散发传单,组织游行集会,发动群众反对国民党反动统治,因此遭到福州反动当局逮捕。狱中他们经受了考验,后经组织营救出狱,继续坚持斗争。

1928年7月,中共福建临时省委召开扩大会议。会议通过了《农民运动决议案》,决定:建安道应以延平为中心,向建瓯、建阳、沙县、崇安发展,希望在日常斗争中建立党和群众的组织,领导群众斗争,造成革命的骚动局面,与闽西一带相呼应。根据福建临时省委扩大会议精神,1928年暑假期间,官锦铨、姜敢等人回到沙县夏茂,以母校茂溪启蒙初级小学为阵地,开展革命活动,秘密发展党员。

官锦铨、姜敢等人回到沙县夏茂后,购置一批进步书刊,在茂溪小学和自己家中开辟阅览室,运用各种形式,开展革命宣传活动,传播革命思想,秘密发展积极分子和共产党员。洪基以茂溪启蒙初级小学教员身份,在夏茂办了一所民校(夜校),结合扫盲识字向青年农民灌输革命思想;张炳生在小学任教,结合讲课向学生讲授反帝反封建的道理。同时,他们经常组织进步的青年农民和学生,在茂溪小学、文昌宫、神农祠、财神庙等处,秘密集会,联络感情,沟通革命思想。经过一段时间的秘密活动,夏茂建立了隶属于中共福州市委的沙县地方党组织——中共沙县特别支部,党员有官锦铨、姜敢、洪基、马凤城等。这也是三明区域的第一个党组织。

二、宁化、清流、归化和大田相继建立党的组织

1928年,中共长汀特支委决定以长汀省立第七中学为阵地,争取进步分子,发展党的组织,同时确定"清流、宁化也可发展"的方针。一些在长汀学习的宁化、清流、归化籍学生,积极参加革命活动,先后在长汀加入中国共产党或共产主义青年团,省立

第七中学的归化籍学生邱文澜、黄孔嘉、黄谟,宁化籍学生徐赤生加入共产党;长汀乡村师范的归化籍学生张国华、叶鸿飞、扬芳、曾兆兴等先后加入青年团或共产党。

1929年4月20日,中共福建省委发出《闽西最近情况及省委对闽西斗争估量与批示》,提出"闽西的工作应以上杭为中心,尽可能地向新的区域发展,如连城、宁化、清流、漳平等县"。同年夏,徐赤生、吴某某、邱文澜受中共长汀县委委派,分别回宁化、清流、归化开展建立党组织工作。

徐赤生回宁化后,首先在曹坊的上曹村开展活动,以禁赌戒烟为名办起"同福社",秘密召集进步青年学习进步书刊,宣传革命思想,发展农会会员,并计划于6月在曹坊发动农民武装暴动。5月,因暴动计划泄密,行动受挫,徐赤生转移到宁化连岗中学继续开展建立党组织等革命活动。

徐赤生——宁化县曹坊乡根竹人。1928年在长汀加入中国共产党,是宁化早期党的组织与领导者。宁化西南半县农民武装暴动领导者。

连岗中学在第一次大革命时期闹过学潮,有开展革命活动的基础。徐赤生到校后,以校长马贻谦之子马树敏与他既是同学又是亲戚的关系作掩护,把思想进步的学生组织起来,利用课余时间宣传马列主义和革命思想,指导他们学习《共产党宣言》《唯物史观》《资本论》等进步书籍,启发他们的阶级觉悟。6月下旬,吸收了进步青年王子谦、曹国昂、谢芳辉等加入共产主义青年团,领导青年学生开展革命宣传活动。7月间,徐赤生利用学生开展社会活动之机,布置青年团员深入农村发动农民,组织秘密农会,王子谦、曹国昂、谢芳辉、李名骥等分别回禾口、曹坊、泉上、城关开展活动。暑期结束后,徐赤生与回乡进行革命活动的学生回到连岗中学,中共长汀县委又派共产党员包浩(化名包为民)到宁化,与徐赤生一起筹建宁化党组织的工作。此后,连岗中学学生的革命活动更加活跃。8月上旬,王子谦、曹国昂、谢芳辉首批加入中国共产党,并成立了宁化连岗中学党团混合小组,党员有曹发梅、张馥、王子谦、李名骥、吴祖宽、张志农等10人,隶属中共长汀县委领导。在徐赤生、包浩指导下,党团小组决定把工作重点转到农村,分头到各乡村活动,进一步发动农民群众,发展农会会员,在农会基础上,发展党员,建立党支部,并开展暴动准备工作。

在他们的努力下,8月下旬,中共三黄支部成立;9月下旬,中共禾口支部成立,并建立了5个党小组;1930年2月,中共李七坑支部成立。此时,宁化全县建立了4个党支部、2个党团混合小组,党员发展到50多名。

与此同时,归化、清流也开展了建立党组织工作。1929年夏,邱文澜回归化后,在归化县城建立了中共归化城市小组,1930年初,毛泽东率领红4军转战归化等地时,又建立了中共归化县特别支部。

1929年夏,清流籍党员吴某某回到清流后,先后在嵩溪、城关等地,利用亲戚、同学关系,以创办夜校的形式开展地下活动,引起了清流地方反动当局的注意,吴某某很快被捕入狱,随后叛变革命,在清流建立党组织的工作被迫中断。1930年5月后,汀东游击队、红一军团等红色武装多次进入清流地域活动,一批清流籍中共党员和红军干部、战士返抵清流开展工作,于8月成立了中共清流城市支部。

而大田党组织的建立,则在1929年春。第一次大革命时期,正在厦门求学的大田籍学生叶炎煌,接受了革命思想的熏陶,积极参加学生的各种进步活动,走上了革命道路,1927年初在厦门加入中国共产党。1927年4月,福州、厦门国民党右派发动反革命事变后,厦门党组织遭到毁灭性破坏,共产党被迫转入地下秘密活动,叶炎煌开始转入农村领导农民革命运动。1929年春,叶炎煌接受厦门区委的委派,返回家乡谢武乡开展党的工作。在武陵百束、华兴京口联系了林壮锟等进步青年,宣传革命思想,发展党员,建立了中共大田特别支部。

◆ 第二节　红军三次入闽,播下革命火种

1927年9月,毛泽东率领秋收起义部队上井冈山创建根据地后,实行武装割据,建立红色政权,随后,国民党军队"进剿"不断。为了打破敌人的"会剿",保卫和发展根据地,1929年1月初,红军决定采取"攻势战略",由彭德怀、滕代远指挥红5军主力和红4军一个团留守井冈山,由毛泽东、朱德率红4军主力向赣南出击。由于形势变化,以内线和外线相互配合打破敌军"会剿"的战略意图无法实现,1929年3月,在赣南广昌、石城的红4军,通过宁化的凤凰山、大王、隘门岭等地第一次进入福建,1929年5月至10月间,红4军乘福建军阀到广东参加粤桂战争造成闽西空虚的时机,又先后两次进入闽西。这样,从1929年3月至1930年10月,红4军先后三次入闽,在福建龙岩和三明地区的宁化、清流、归化、永安、大田、建宁等县发动群众,宣传革命道理,进行游击战争,播下革命的火种,为赣南、闽西根据地的形成、发展和根据地的建设奠定了基础。

一、出击闽中，为古田会议召开打下基础

1929年5月，为打破江西敌军4个旅对赣南革命根据地和红4军的进攻，红4军趁闽西军阀陈国辉主力参加广东粤桂战争、闽西防卫空虚之际，避实就虚，第二次由赣入闽，于5月20日进入长汀。随后红军三占龙岩，基本歼灭了闽西境内的大股军阀部队和民团势力，扩大了闽西红色区域，红4军本身也得到扩大，由3个纵队扩编到4个纵队。

红4军在闽西的胜利，使敌人受到很大的威胁。6月底，广东粤桂战争一结束，7月，蒋介石就立即组织赣、闽、粤三省"进剿"军向闽西革命根据地和红军扑来，发动第一次"三省会剿"。为了粉碎敌军的"会剿"，红4军决定兵分两路，第1、第4纵队为一路，留在闽西，第2、第3纵队为一路，出击闽中。

8月2日，朱德率领的红4军第2、第3纵队从龙岩县白沙向闽中进发。8月4日，一举攻占了宁洋县城(现属永安、漳平、新罗三县区管辖)，大量张贴布告和标语，没收土豪劣绅财粮，分给贫苦工农，并召开群众大会，朱德亲临会场，发表演说，发动劳苦大众暴动闹革命。7日攻占漳平县城，17日至19日撤离漳平向大田、德化进军。敌军对我战略意图不明，分散了敌军对赣、闽、粤"三省会剿"的兵力。

达到了战略目的以后，8月24日红4军的第2、第3纵队从大田折返永春，重回漳平，再次攻陷县城。9月6日攻占龙岩，在白沙与第1、第4纵队会合，打破了第一次赣、闽、粤"三省会剿"。这为12月红4军在上杭古田召开第九次党代会打下了基础。

二、严明军纪，以实际行动感动了大田新区百姓

在朱德率领的红4军第2、第3纵队出击闽中，进入大田前，大田从未有过红军，老百姓对红军不了解，由于受国民党当局的宣传影响，把红军当作"匪患"。

红军初入大田时，老百姓纷纷空村闭户外出避"难"，仅有个别人留在村中或在附近山上观风行事，给红军扎营、给养造成了困难。红军扎营后，立即刷写标语，宣传共产党的政策和红军的宗旨，红军不抓伕不派饭，自垒锅灶煮饭，取用粮蔬折价留钱，借用东西损坏照价赔偿。这些消息传出后，外出避"难"的百姓深受感化，陆续回家，一些百姓还自发给红军送粮送物，为红军解决给养、给红军当向导。

红军到达屏山村时，村中小街上门户紧闭，街无行人，红军只好先打开店铺，把膳食需要的东西一一过秤，付钱并写了纸条，关好店门，贴上封条，以防坏人乘机行窃、

破坏。朱德闻讯一名红军战士在一座民宅发现因双脚痛风,行走困难,无法随村民一起逃离而藏匿家中的郭守苞后,随即带警卫员赶往郭守苞家中看望,并让卫生员精心为其医治腿疾。红军的恩德和迥然不同于军阀烧杀掳掠的风纪,被郭守苞一一看在眼里,记在心里。多年以后,郭守苞结婚生子,特意为两个儿子起名为郭传烈、郭传士,以纪念红军在大田牺牲的烈士。

此次,红军进入大田,时间虽然短暂,但红军的严明军纪和良好作风,给当地百姓留下了深刻的印象,并产生了深远的影响。武陵乡桃溪村少年林大蕃,就是在红军到大田后萌生了长大当红军的念头的。

三、挥师赣南,红军在锅蒙山取得古田会议后第一场大胜仗

1929年12月28—29日,中国工农红军第4军在福建省上杭县古田镇溪背村的曙光小学召开了具有重大历史意义的第九次党的代表大会,即著名的古田会议。会议认真总结了南昌起义以来建军建党的经验,确立了人民军队建设的基本原则,重申了党对红军实行绝对领导,规定了红军的性质、宗旨和任务等事关党的事业兴衰成败的根本性问题。会议确定的思想建党、政治建军原则,赋予人民军队军魂,为后来的农村包围城市、武装夺取政权道路思想的形成、发展和成功实践奠定了基础,为中国共产党领导下的人民军队的建设指明了方向。古田会议后,红军的面貌焕然一新,充满活力。

1930年1月初,为了消灭我入闽红军主力,扑灭闽西革命烈火,蒋介石反动集团调集了闽、粤、赣三省国民党军共14个团的兵力,对闽西根据地实施第二次三省"会剿"。为了拓展赣南局面,调动赣军回援赣南,减轻闽西压力,红4军决定离开闽西,挥师赣南,转战江西。由朱德率主力红军第1、3、4纵队向北线出击入赣,毛泽东率第2纵队向东线进击掩护主力转移。

1月9日,朱德率领红军3个纵队由连城姑田进入清流李家寮、嶂下、留坑、江坊,翻越鳌峰山后进抵里田境内的锅蒙山下。锅蒙山位于清流里田乡境内,与另一座高山龙蒸石并肩对峙,是红军由清流里田进军宁化的必经之路。锅蒙山山高路陡,地势险要,只有南面半山腰处有一条崎岖的山道,沿着渔沧峡谷逶迤通向山隘。渔沧峡口有一道天然的石门,一块巨壁矗立于门外,当地人称其为"把门石"。"把门石"内,一边是陡峭的崖壁,一边是幽暗的深谷,山道就在崖壁与深谷之间。在朱德红军到达锅蒙山之前,盘踞汀洲的敌保卫团马鸿兴率保卫团6个连和附近各县民团共1000余人,已先期到此设伏,妄图凭借这"一夫当关、万夫莫开"的天险阻击红军前进。

战斗在翌日的凌晨展开。根据战斗部署,红军迅速地包围了锅蒙山,并以第3纵队为主攻,由萧克指挥;另派一支奇袭部队,由当地群众做向导,沿锅蒙山背的一条水

坑向设在另一山头童坊的敌人指挥所隐蔽前进,奇袭敌指挥所。马鸿兴一听到枪声吓得丢魂失魄,赶紧带上几个贴身喽啰溜出指挥所逃命去了。其他大小喽啰见没了主心骨,乱成一团,无心恋战,士气极为低落,很快马匪指挥所就被红军占领。与此同时,红军主攻部队也向锅蒙山正面之敌发动了强攻。我攻打指挥所的部队也向锅蒙山主峰转移,红军步枪、机枪和小炮一齐发射,敌军在两面夹击之下迅速溃败,红军趁势向"把门石"发起冲锋。就在即将冲进"把门石"之时,躲藏在"把门石"侧面石洞暗堡中的敌人突然用机枪射出一排排密集的枪弹,压得红军战士抬不起头来。在这关键时刻,只见一位红军小号手把军号往腰间一别,就着身边的山藤,迅速地向敌人暗堡的洞口攀去,当攀爬到距敌洞口只有几米远时,不幸中弹负伤,但小号手仍然顽强地攀着树枝向敌人暗堡靠近,从腰间取了一颗手榴弹,并在接近暗堡的一刹那用手榴弹将敌人的暗堡炸飞,英勇的小号手也因此摔下山崖,献出了年轻的生命。上午9时左右,战斗胜利结束。共歼敌600多人,缴获大量枪支弹药。

清流山锅蒙山战斗纪念馆

　　锅蒙山战斗是此次红4军主力转战赣南途中经历的主要战斗之一,也是红军部队在清流域内的第一场主要战斗。这一战斗的胜利,不仅为瓦解敌人的第二次三省"会剿"创造了极为有利的条件,而且对清流、宁化的革命斗争起到了巨大的支持和鼓舞作用。一方面,它沉重地打击了经常在清流、宁化、归化一带活动的反动武装马鸿兴部,削弱了敌人的统治力量;另一方面,更进一步点燃了清流、宁化人民心中的革命烈火,鼓舞革命斗志。在这一战斗胜利的鼓舞下,清流、宁化交界的曹坊一带不久就爆发了大规模的农民运动,建立了苏维埃政权,革命斗争由此进入了武装割据的新时期。

　　锅蒙山战斗因其意义重大而被载入了《中央革命根据地词典》。

四、跋山涉水，毛泽东在宁清归和建宁宣传革命道理

1930年1月7日，毛泽东率领的第2纵队在完成了掩护主力转移任务后，离开古田开始转战赣南的行军。

这次行军，毛泽东率领红军在深山密林中跋山涉水、翻山越岭。1月14日，红军由连城姑田进入三明清流县地界，经余家畲、梦溪、吴坊、桥头抵沙芜塘的洞口宿营；15日，经余朋、芹溪抵林畲，毛泽东住在林畲塘堀村"诒燕第"；16日，进入归化县，经盖竹洋、张地、红松岭、葫芦形、张良、雷西、盖洋、村头进入宁化县境，经青瑶、罗坊坝、泉上抵泉下村宿营，毛泽东住在泉正的邱氏祖宅；17日到达水茜；18日兵分两路，毛泽东所在一路经安寨、大洋、岩前到达安远宿营，毛泽东住在李氏宗祠厢房，19日离开安远，经肖坊、营上、吴家，翻越武夷山进入广昌。

这次行军，毛泽东率领红军沿途刷标语、讲道理，帮助群众解决实际困难，号召群众武装起来闹革命，在山区留下了许多红色故事。1930年1月15日至16日期间，毛泽东带领着红4军第2纵队来到林畲乡林畲村的上塘堀自然村宿营，居住在村内的邱氏祖屋诒燕第内。当时由于率部完成了阻击敌军、掩护主力部队转移的任务，更是由于胜利召开了"古田会议"，故心情十分愉快，轻松之余，利用空闲时间来到了当地石寨山顶的仁寿寺，了解当地历史和风土民情，与住持、僧侣及众多的香客交流，传播了武装革命斗争、土地革命和建立农村根据地的革命道理，由此点燃了当地革命火种。另一故事说的是毛泽东偶然听村民说起，贫苦农民邱龙贞的养女官月莲因患病无钱医治，已生命垂危。听闻此事，毛委员当即请来随队军医诊治，毛委员不放心还亲自探望，送去大米、棉被等急需生活用品。官月莲由于得到及时救治，病愈后十分铭记毛委员的救命之恩，常向人说及此事，以表永不忘记，流传至今。

在这次行军途中，毛泽东吟就了脍炙人口的光辉词(诗)篇《如梦令·元旦》："宁化、清流、归化，路隘林深苔滑。今日向何方，直指武夷山下。山下山下，风展红旗如画。"表现了我军在艰难境遇中驰骋纵横、所向无敌的英雄气概，以及杰出领袖的坦荡心胸和必胜信念。

毛泽东创作《如梦令·元旦》词章塑像

五、三明境内首次成功暴动——宁化西南五乡农民武装暴动

1930年1月11日，朱德率红4军主力在锅蒙山击溃马鸿兴部后，进入宁化县城，在县衙门前的火烧坪召开千人群众大会，朱德亲临会场，发表演说，宣传革命思想、党和红军政策，号召工农群众起来闹革命，打土豪、分田地，并接见了宁化县党组织负责人，指示要迅速发动工农武装暴动，开展土地革命、建立红色革命政权和党的组织。红4军离开宁化后，宁化县党组织负责人徐赤生召集宁化各党团负责人会议，传达红4军领导的指示，研究武装暴动的准备工作。会后，禾口、曹坊、李七坑等党支部，根据不同情况，分头进行暴动前的准备工作。

经过近半年的准备，武装暴动的时机成熟。这一年夏季，农业生产青黄不接，贫苦工农食不果腹，反压迫、反剥削、求解放的情绪高涨；红4军与赣南红6军和闽西红12军在长汀整编成立中国工农红军第一军团，宁化一旦发起武装暴动，能够就近得到红军支援；基本做好了参加暴动的农会会员、使用枪支等武装的准备，对当地民团武装的策反工作也取得成效。据此，宁化地下党组织决定马上发动农民武装暴动，暴动由曹坊先行，其他各地按计划相继响应，并由徐赤生、曹廷勋赶往长汀向上级党组织汇报，请求上级和红军的支援。

6月22日夜，曹坊党支部率先发动农民暴动。在曹正刚的指挥下，曹坊秘密农会会员100多人包围民团驻地"八甲祠堂"，团总黄云标经策反已事先回避，民团遂成乌合之众，暴动队一枪未发，收缴了民团20多支枪和全部弹药。接着，暴动队员分头包围了土豪曹国坤、曹国玉、曹国楠、曹全兴、曹绪兴的住宅，没收了他们的财产，武装暴动成功。当夜，曹坊党支部立即派李宽和到长汀接应红军部队。红4军第1纵队急行军驰援曹坊，第二天上午到达曹坊后，立即四处书写张贴标语，宣传革命思想，在上曹村富尾坝大草坪上召开群众大会，给贫苦工农分发从土豪那里没收来的衣物。会后，暴动队在红4军第1纵队的配合下，先后到曹坊区的上曹、下曹、三黄、根竹、滑石、石牛等村打土豪、筹款筹粮、没收土豪财产、破仓分谷。徐赤生还亲自率领农会会员回到家乡根竹村，召开群众大会，把自家的田契当众烧毁，杀掉自家的肥猪，并要求其他地主也交出粮食。随后，上曹村成立了宁化第一个临时红色政权——宁化南乡革命委员会，曹廷勋任主席。

武装暴动震动了宁化全县，国民党宁化县政府官员和保卫总团头目纷纷逃窜。24日，曹坊暴动队和红4军第1纵队开进宁化县城，收缴土豪劣绅、民团头目张尽书、伊月堂、雷雨作等人的枪支、浮财；打开国民政府的"永善义仓""朱子祠"等大谷仓，分谷子给贫苦工农；攻入监狱，解救无辜受害的贫苦工农。

6月24日晚，禾口党支部组织农会会员200多名分别在禾口、石碧、凤山、水东等

宁化西南五乡(曹坊)农民武装暴动指挥部旧址

村,捉拿土豪,没收其财产。第二天前来的红4军第1纵队与暴动队一起进入禾口、淮土,收缴土豪、民团的枪支弹药。随后,红军在禾口老岗上召开群众大会,主持召开禾口党支部委员会议,宣布成立宁化西乡革命委员会,张馥任主席。此时,外逃江西的淮土民团团长罗世耀,慑于红军和农民暴动的声威,配合党支部的策反工作,将民团40多人枪带回淮土,加入暴动队伍。济村保卫团长张国标带10多人枪,送交西乡革命委员会。

6月25日晚,李七坑党支部书记邱加亨带领由党员、农会会员组成的50余名暴动队活捉土豪邱爵甲,收缴枪支10多支。第二天,暴动队在红4军第1纵队的配合下,打开邱爵甲的谷仓,焚烧邱爵甲家里的田契债约,搜捕逃跑的土豪劣绅,即日成立了李七坑革命委员会。如今,在城郊乡李七村,仍流传着一首歌谣:"清早喜鹊叫喳喳,活捉土豪邱爵甲,缴出步枪十多支,人民公审判正法……"

"拨亮一盏灯,照明一大片",宁化西南五乡农民武装暴动点燃了熊熊的革命烈火,开始了贫苦农民积极参加革命、翻身得解放的斗争历程,揭开了三明人民在党的领导下进行武装斗争的序幕。

六、趁热打铁,建立第一个县级红色政权和第一支红色革命武装

1930年6月宁化西南五乡农民武装暴动成功后,宁化党组织在红1军团的指导下,着手建立宁化县临时红色政权、党组织和赤卫武装。

6月27日,红1军团政治部主任杨岳彬在宁化城基督教堂主持召开宁化县革命委员会成立大会,宣告宁化县革命委员会成立,张志农任主席,李名骥任秘书兼宣传委员,吴祖宽任组织委员兼土地委员,范祥云任财务委员,伊有光任军事委员。宁化县革命委员会是三明区域内第一个县级红色政权。

7月1日,中国共产党宁化县第一次代表大会在宁化县城张家弄黄贤彬住宅召开,成立了中共宁化特区委,并选举产生了中共宁化特区委领导成员,由徐赤生任书

记,隶属于中共闽西特委。

7月2日,中共宁化特区委和宁化县革命委员会在禾口老市召开联席会,红4军第1纵队派领导参加会议。会议分析了宁化敌我双方的情况,认为宁化县反动武装力量还很强大,大多在农民武装暴动时外逃他乡,一旦红军部队离开宁化,必然卷土重来;农民暴动武装力量人数不多,武器多是大刀、梭镖,缺乏武装斗争经验,难以应付比自己强大的敌人。因此,会议决定除留下一定骨干在宁化西乡坚持斗争外,禾口、城关、淮土、李七坑的农民暴动武装都集中到曹坊,由徐赤生负责整编和领导指挥。

7月5日,宁化特区委书记徐赤生在曹坊小罗溪山坡上,主持召开了特区委扩大会议,把各路集中过来的暴动队统一整编为宁化赤卫大队,下设城市(包括李七坑)、禾口、淮土、曹坊4个中队,共200余名队员,150多支长短枪,徐赤生任政委。整编后,队伍开往宁化与长汀边境开展游击斗争。不久,宁化赤卫大队改编为宁化游击大队,共150多名队员、100多支长短枪,编成3个中队,隶属红21军第5纵队指挥,配合红军在长汀作战。宁化赤卫大队(游击大队)是三明第一支红色革命武装。

宁化游击大队成立后,先后在长汀的新桥、馆前、童坊、四都、古城、濯田、水口、涂坊、南阳、河田等地配合红21军第5纵队与敌作战,颇有战功。曾缴获敌人五六十支枪,特别是发明了"被牌"战术。在攻打濯田战斗中,敌人凭借有利地形和强大火力,封锁红军的前进路线,宁化游击大队受命前去消灭敌火力点。由于游击大队难以靠近强大火力覆盖区域,多次强攻失败后,采用游击队员孙重山的建议,机智地将棉被泡水,用竹竿撑开,作为冲锋前进的掩护物,以抵挡子弹,大队长张馥则带领队员,跟在撑开的湿被子后面,奋勇冲锋,终于消灭了敌火力点。战斗结束后,孙重山受到第5纵队首长的表扬。之后,"被牌"战术被多次运用,成功掩护部队冲锋陷阵,屡立战功,宁化游击大队也因此被誉为"被牌大队"。

宁化游击大队离开宁化开往长汀后,宁化县保卫团、民团卷土重来,反攻倒算,对发起武装暴动的西南五乡进行疯狂报复,参加武装暴动的共产党员、共青团员、农会会员和群众大多惨遭杀害,有的被关押、罚款,宁化革命斗争被迫转入低潮。但宁化特区委和县革命委员会幸存的同志和革命群众并没有因此而惧怕、退缩,而是转入地下开展秘密活动,坚持革命斗争,为宁化县城、曹坊、禾口、淮阳等乡(村)在1931年6月再次在中央红军的帮助、支持下,恢复红色苏区、重建苏维埃政府、开展红色政权建设,积蓄了力量、奠定了基础。

◆ 第三节　三次反"围剿"胜利，三明苏区不断发展

1930年冬到1931年秋，中央根据地和红一方面军取得了三次反"围剿"斗争的胜利。第一次反"围剿"取得胜利后，开辟了宁化、清流边区和建宁西北游击区，第二次反"围剿"取得胜利后，形成了宁清归和建泰将连片苏区，第三次反"围剿"胜利后，三明苏区和赣南革命根据地、闽西革命根据地连成一片。

一、挺进建宁、开辟西北游击区

1931年1月，中国工农红军第一方面军取得第一次反"围剿"胜利后，红一方面军分兵江西和福建边界加紧发动群众，开辟新区，筹集经费，以便打破敌人的再次"围剿"。红12军一部和红4军一部分别进入宁化、清流边区和建宁西北乡活动，开辟宁清边区红色区域和建宁西北游击区。

1月18日，红一方面军总部在江西宁都小布发出红军第一方面军胜字第5号命令，即《继续移师建宁南丰广昌一带筹款的命令》，对红军进入建宁筹款做出了部署，指出红军当前的主要任务是"以最大的力量继续筹足3个月的给养，准备敌人再次向我们移动时大举消灭它。因此决定向建宁、南丰、广昌一带筹款"。2月21日，红一方面军总部在江西宁都小布再次发出红军第一方面军胜字第6号命令，即《继续东移加紧筹款的命令》，指出："第四军以广昌为指挥中心，派一师进至闽边之康都墟附近，沿大道一带在道路左右各30里以内(距广昌120里以内)分散筹款；另一师沿大道往水南墟、船顶隘向建宁工作……限于24日移动，工作至3月6日止，须筹现洋12万元以上。"随后，红4军第10师第30团从南丰的傅坊分两路进入建宁西北地域，一路翻越松仔隘进入溪头坑、宁家源、芦田，一路翻越甘家隘进入水南桥、岩上；另派一个由30多名成员组成的红军工作团从广昌的陈庄翻越船顶隘进入桂阳、陈余、贤河。3月3日红4军第10师第28团也从南丰的傅坊进驻建宁里心。红军进入建宁后，打垮了各乡村地主武装保卫团，在当地宣传共产党和红军的纲领政策，发展了一批斗争积极分子，并吸收了100多名青年参加红军，开展打土豪、筹集资财、扩红、建立政权和组建游击队等工作，帮助桂阳、陈家排、贤河、岩上、靖安、水南桥、宁家源、溪头坑、芦田、里

心、渠村、排前等乡村建立了农会、贫农团和临时红色政权——乡革命委员会,并组建了桂阳游击队和宁源游击队,两支工农武装共50多名队员,开辟了建宁西北游击区。4月初,国民党军第56师(师长刘和鼎)进驻建宁,派1个团进攻建宁西北游击区,红军和游击队在里心至戴家猪枯岭一线将其击退。之后,红军撤出建宁返回江西参加第二次反"围剿"。

红军撤出建宁后,敌56师部队趁机进入游击区,各乡村土豪劣绅也带领自卫队返乡向革命群众反攻倒算。桂阳游击队避敌锋芒,分散隐蔽待机,在红军第二次反"围剿"攻打建宁时队员全部归队,协助红军攻打建宁县城;宁源游击队以鹿山为据点,坚持在宁家源、芦田、排前一带的深山里打游击,在国民党保卫团的围攻下遭到重挫,队长李细阔在战斗中受重伤牺牲。建宁西北游击区的开辟,为创建建宁苏区打下了基础。

二、建宁大捷,取得第二次反"围剿"收官战役的胜利

1931年1月,蒋介石对赣南闽西革命根据地和中国工农红军第一方面军的第一次"围剿"失败后,随即着手部署第二次"围剿",至3月底,共调集20个师4个旅,约20万兵力,构筑了一条西起赣江边的吉安东至福建建宁的800里弧形阵线,"限令4月底肃清各处共匪"。面对敌人更大规模的第二次"围剿",苏区中央局经反复讨论,从"战之必胜""照顾全战役""照顾下一战略阶段"的初战三个原则出发,决定采取集中优势兵力,先打弱敌,由西向东,在运动中各个击破的作战方针。这一作战方针的确定,对红军取得第二次反"围剿"的胜利具有十分重要的意义。

1931年5月16日,第二次反"围剿"战役打响,红军在毛泽东"诱敌深入"、在根据地内歼灭敌人的作战方针指引下,从富田打起,由西向东一路横扫,取得白云山、白沙、中村和广昌战斗的胜利。5月27日,红军攻克广昌城,奉命增援广昌的敌刘和鼎师闻讯半路撤回建宁。28日,红一方面军总前委书记毛泽东在广昌城主持召开总前委第三次会议,会议分析,敌有17个团的兵力退据南丰县,而建宁县只有第56师驻守,决定以红4军第10师佯装主力向南丰追击,但以不接触为原则,追到千善附近;红3军团和红12军去打建宁。会后,红军1万余人即刻挥师东进,进击建宁城。

5月29日,红3军团和红一方面军总司令部先后翻越武夷山脉,经桂阳到达建宁县的里心镇。30日晚,毛泽东在里心镇主持召开了总前委第四次会议,对攻打建宁城做出了具体部署:以红3军团为攻城部队,准备300斤硝药,必要时挖地洞用炸药爆破城墙攻城;以红12军为攻城预备部队,随总司令部在红3军团后面向建宁前进;以

红34师的3个团分别留守和布防在里心镇、佳阳村以及里心镇与江西的康都坪之间,便于同红4军取得联系。当夜,彭德怀司令员率领红3军团,以桂阳游击队为向导,星夜从视头村出发,直插建宁城。

31日拂晓,红军从城西、城南、城北三个方向向建宁城发起总攻。红3军团左翼攻击部队,从北坡经过半天的激烈战斗冲上溪口百尺台主峰,居高临下,使塔下山、濉溪下游的道路和溪口村,都置于机枪火力网之下,青云岭的敌军顿时全线溃乱,往下坊街北门逃窜。守在将军庙的敌军则企图凭借工事和火力死守,并掩护青云岭之敌退却,阻拦红军追击。两军对峙后,红军不顾枪林弹雨趁隙向将军庙冲击。敌军抵挡不住,纷纷撬下庙内板壁渡河逃跑。红军乘势占领了青云岭,用火力控制了联灯桥渡口与县城北门,取得溪口战斗的胜利。红3军团攻打西门龙堡山高地的右翼攻击部队,从正面攻击龙堡山主峰。其中一部避开敌人火力点冲上二号高地,夺取敌军重机枪,调转枪口,对准敌军阵地猛射。左翼红军解决溪口战斗后,沿着青云岭山梁赶来增援。龙堡山之敌在红军的两面夹攻下,向西门溃退。红12军也在南门外控制了水车岭以南的一片山头,截断了通往归化、宁化的道路,并派出一部兵力在南门抢渡濉溪,占领了水南以东的山头。此时红一方面军总部机关人员已到达青云岭后山与红3军团指挥部会合。红军占领青云岭、龙堡山后,尾追敌军冲杀到城内,与敌激战。激战至下午3时,红3军团第4师奉令从溪口塔下渡河,迂回到对岸的黄舟坊、河东包抄,并迅速占领万安桥东面的东山头,缴获山炮2门,利用敌人原有阵地调转炮口,架起机枪,封锁城内敌人出城逃往泰宁的唯一道路万安桥,完成对建宁城的四面合围,截断了敌军的出逃大路。与此同时,红12军一部在南门广场俘获敌军辎重队,缴获大量物资后,从南门冲入城内逼向东门,城内敌人纷纷涌上东门万安桥企图逃命,在东山头红军密集火力射击下,纷纷落水。下坊街的敌人也争相跳河泅渡,多数被对岸红军击毙或溺死河中。敌师长刘和鼎自知败局已定,急忙易服装扮成士兵,从下坊街河边抢了只木制打谷桶为船仓皇强渡濉溪逃命,在河中触礁落水,被两个马弁抓住手脚拖上溪岸,狼狈地向泰宁方向逃跑。

下午6时,战斗结束,红军占领建宁城,取得建宁大捷。此役,红军共歼灭敌军4个团,击毙敌团长1人,俘敌旅长、团长各1人,俘敌官兵3000余人,缴获长短枪2500余支,手提机关枪11挺,轻重机枪12挺,无线电台1部,山炮2门,无线电台人员全部投诚。同时,还缴获西药、粮食、被服、布匹、光洋等大量军需物资,所获西药可供红军半年之用。

建宁城战斗是红军第二次反"围剿"的最后一仗。至此,红一方面军五战五捷,由西向东横扫七百里,痛快淋漓地打破了国民党军的第二次"围剿"。之后,毛泽东高兴地挥毫写下了《渔家傲·反第二次大"围剿"》:白云山头云欲立,白云山下呼声急,枯木朽株齐努力。枪林逼,飞将军自重霄入。七百里驱十五日,赣水苍茫闽山碧,横扫千军如卷席。有人泣,为营步步嗟何及!

三、进驻建宁,决策部署第三次反"围剿"

1931年5月31日,红军取得建宁大捷后,当晚,毛泽东和朱德率一方面军总前委和总司令部进驻建宁城北溪口天主教堂。

红一方面军总部进驻建宁后,毛泽东先后在建宁城和南丰县的康都镇主持召开第五、六、七、八、九次总前委会议,分析敌我态势,总结反"围剿"斗争经验,制定了红军第一期向北、第二期向南、第三期向西的准备第三次反"围剿"的三期工作计划,整个三期工作的中心任务是准备以赣南为中心的第三期(第三次反"围剿")作战。

5月31日夜晚9时,毛泽东在红3军团司令部驻地建宁城西门何家屋,主持召开总前委第五次会议。会议决定:6月3日第3军团以第6师推进泰宁工作筹款,其余进黎川;红12军仍置于建宁桂阳之线筹款工作,并处理在建宁之后方事情(如伤兵、战利品等),在第35师到达建宁后,红12军应派部队进到建宁接替第6师工作;如敌人退出南丰后,拟以第1军团布置于黎川、资溪、硝石等处,即黎川到南城河以东地区,第4军则在南城到黎川河和南城到南丰河之间(南丰城在内),第3军在南城至南丰河以西地区筹款,第12军在建宁至泰宁之线。同时,会议还决定组建第3军团山炮连、第1军团山炮连和方面军总司令部无线电队。并对伤兵的收容医治及缴获的枪械与西药等战利品的处置问题做了安排。

6月2日晚9时。毛泽东在总部驻地建宁溪口天主教堂主持召开总前委第六次会议。会议重申和部署了第一期向北、第二期向南、第三期向西的战略进攻计划。第一期向北筹款,发动群众,扩大苏区,争取南丰、南城、宜黄等县城。如敌退出南丰,则第3军团应全部进黎川,威逼南城,第4军进占南丰城,第3军进向宜黄及南丰以西地区,第12军仍在泰宁、建宁;如敌守南丰、南城、抚州以至宜黄,则第3军团应留一师于泰宁,在泰宁、建宁之间布1个团,其余在城内,第一步,第3军团不要进横村,只要占泰宁、黎川要道,以1个师进黎川、硝石间架桥,向硝石游击,1个师位于黎川城,1个师在湖坊,1个师仍在泰宁,总指挥应在黎川城;如敌守南丰、南城不进,则第3军团应向右靠向光泽、邵武、秦宁。第12军直属队位于建宁城西北,第34师在建宁西乡,第36师位于建宁东乡,第4军在南丰、黎川、建宁间,如敌进以不打为原则,向右靠集中后再打。第3军在敌未退时布置于南丰、白舍、东破之直角内牵制朱、孙两师,并且在此地区内工作筹款。总部和第4军在一起,第35军调到瑞金接闽西重要物资,并维护闽赣交通,消灭靖匪吴文孙。第35师的103、105两团,调回建宁归第12军建制。第二期向南行动,部署红军各部的具体工作区域和任务:第3军团在大余、遂川、上犹、崇义、泰和(河西)、万安;第4军在会昌、寻邬、安远、信丰;第3军在于都、泰和(河东)、南康、赣县;第12军在建宁、宁化、汀州、瑞金、石城、广昌。第12军现可派1个团到新区域去布置工作,第3军团在敌退出南丰后,可派1个师到新区域布置,第3军、第4军同样在相当时期即派一部队伍到新区域布置。第三期向西行动,以赣南为工作中心,准备第三次反"围剿"作战,这是整个三期工作的中心任务。同时,会议还对第一期工作提出具体要求,对外应做好迅速建立游击队、迅速分田、建立苏维埃、建立党团组织等四项工作;对内应做好筹款(筹足100万元,作为第三期作战费用),加强军事技术训练、政治训练、党团训练,扩大红军(队伍数量达3万人)等三项工作。

6月4日,毛泽东在南丰康都主持召开总前委第七次会议。对第1、第3军团的部队行动做了进一步部署。

6月10日,毛泽东在总部驻地建宁溪口天主教堂主持召开总前委第八次会议。会议研究了10个问题,就如何开展福建工作做出部署,指出闽西红军行动方向不应向漳州、东江运动,而要向汀州、连城、归化、宁化、清流等县发展,才能与赣东南联系起来,扩大红12军。

6月20—22日,红一方面军总前委在江西南丰县康都镇先后召开总前委第一次扩大会议、扩大会主席团会议和总前委第九次会议。三次会议的主要议题是总结第二次反"围剿"的战斗经验;汇报扩大革命根据地的情况;调整各部工作任务,为打败蒋介石第三次"围剿"做好准备。会议分析了当前的局势,指出蒋介石对北方军阀妥协、对广东军阀采取守势,准备第三次进攻红军已成事实;红军当前的主要任务是扩大红军和地方武装,加紧筹款,准备第三次反"围剿";第三次反"围剿"的战场,仍应选择群众条件较好的赣南地区。据此,会议决定改变向北发展、进逼抚州的计划。要求红军主力迅速向闽西北地区移动,分散开展群众工作和筹款,筹足115万元款项作为第三次反"围剿"的作战经费。同时对各部的工作任务和区域做出新的部署,其工作任务是:红4军(缺一师)、赣东独立师集中后即速以全力取进沙县,迅速分散筹款,然后再分散到归化、永安两县筹款40万;红3军团先以全部向将乐县逼进,驱逐军阀周志群,占领将乐、顺昌两县,筹款60万;红12军分散于宁化、清流、汀州,筹款15万;驻扎建宁的部队,认真做好地方工作,将建宁划编为桂阳、里心、黄泥铺、渠村4个中心区,成立革命委员会,之后将其改为苏维埃政府,各区采取原耕为主"抽多补少,抽肥补瘦"原则,开展分田工作,组织5个连的地方游击队,在做好地方工作和部队工作的同时,加紧筹款,在已筹到5万元的基础上,月底筹足8万元。其工作区域是:红4军第12师的1个团驻扎在荷田、康都之线,1个团驻扎在西城桥、石沟墟之线,1个团随总部驻扎在建宁;红12军派1个连到建宁里心至广昌维持交通,派1个团到宁化的安远司;红34师置于建宁河以西一线,包括建宁的里心、客坊、店前、黄泥铺,广昌的水南、长桥、尖锋,并向宁化方向发展;红36师在建宁的均口、伊家湾至宁化的安远司。

6月底7月初,敌军已开始部署第三次"围剿",根据敌情变化,毛泽东在建宁给红12军军委、谭震林政委,红35军军委及闽赣边工作委员会周以栗书记,接连发出三封指示信,调整工作部署。6月28日,毛泽东发出第一封指示信,即《以栗同志转边界工作委员会、震林同志转十二军军委》指示信,信中指出:须变更康都决议,我们不应去南丰以北,北出南丰事实上既不允许,策略上亦不宜,因一则无巩固政权可能,二则威胁长江太甚。西、南、北三面都不可便,只有东方(闽赣边界)是好区域:第一,蒋系地盘无直接威胁两广之弊;第二,地势偏僻,不受威胁,比去南丰、宜黄的危险性小;第三,有山地纵横而无河川阻隔,最适宜造成新战场;第四,有款可筹,一年之内不愁给养;第五,群众基础好,便于扩红。红军第3军团以建宁、泰宁、将乐为工作区域,以顺昌、邵武、光泽为筹款区域。第4军以归化、清流、连城为工作区域,以沙县、永安、宁洋为筹款区域。第35军以瑞金为工作区域筹款自给。第3军以于都、会昌为工作区域筹款自给。赣东独立师的中心工作区在广昌,使之联系建宁至石城。工作区域的中心任务是分配土地、建立政权;筹款区的中心工作是只打土豪做宣传而不分田地建立政权。工作时期暂定二个月,也可延长到三个月。敌军来,集中起来就在附近打;敌军不来,我们就在这里工作下去。6月30日,红军电台得知蒋介石驻南昌、何应钦已到抚州督战的消息,毛泽东立即发出第二封指示信,即《十二军委并转以栗同志及边界工作委员、三十五军军委》指示信,信中指出:据目前敌态势变化,形势决不容我们此时期做准备工作,大概下月内准备作战。因此,筹款与群众工作必须两具顾及。已电令第3军团不去顺昌、沙县,立即摆在将乐、归化筹款,以10天为筹款时期,自然要以敌情为转移,敌不进不集中,5天为集中时期,集中地点在宁化、石城。7月1日,毛泽东看了红12军军委复信汇报有关部队布置及工作情况后,给红12军军委写了第三封指示信,即《震林同志及十二军军委》指示信,信中指出:照你们现在的布置是以筹款为中心,可以做一个月。红34师在清流、连城的部队,即行撤回宁化,布置在中沙至长汀界线上及宁化与石城两县交界的线上,红104团仍在都上、安远司到中沙一线,但工作要向江西边界推进,便与江西赤区连接红103团及35师师部。建宁已经做起工作来的地方,暂时归你们指导,未做起来的地方,应归第3军团。将来在大局上建宁应划归第3军团。

由于毛泽东在建宁发出的上述三封指示信的正确部署,加快了红军各部在闽西北的筹款和闽西北各地建党、建政、建立地方武装及土地革命工作,筹足了第三次反"围剿"的作战经费,为红军顺利开展和取得第三次反"围剿"的最终胜利做了重要的战略准备。

7月初,得悉蒋介石调集23个师另3个旅共约30万兵力对中央苏区发动第三次

"围剿"的消息后。毛泽东在建宁召开了红一方面军师以上干部军事会议和江西、福建、闽赣边界苏区负责人会议,做出了主力红军千里挥师赣南,以打破敌人第三次"围剿"的决定,命令各路红军从各工作区迅速向根据地中心区集中,准备适时转入战略反攻。会后,毛泽东在建宁起草并签发了第三次反"围剿"动员手令。基本完成了第三次反"围剿"的各项准备工作。

四、乘胜赤化,形成建泰将和宁清归两个连片苏区

建宁大捷后,红军迅速占领建宁全县,并抽调大批指战员组成工作团,分赴建宁城区和乡村,开展地方工作。6月2日,建宁县红色政权——建宁革命委员会成立。随之,建宁全县成立了5个中心区区委、区苏维埃政府和70个乡苏维埃政府。各乡村普遍组织农会、贫农团、妇女会、赤卫队、少先队等群众组织和群众武装,并从各乡村赤卫队、少先队中选调贫苦出身的勇敢分子组织各中心区游击队。随后,建宁全县农村普遍开展打土豪劣绅,没收土豪的浮财,烧毁田契、债据的斗争,并初步按"原耕不动,抽多补少,抽肥补瘦"的原则分配田地。

1931年6月3日,按照红一方面军总前委和总司令的部署,红3军团6师在师长郭炳生、政委彭雪枫的率领下,兵分二路,进军泰宁县。4日,红军不费一枪一弹就占领了泰宁城,缴获敌工兵营遗留的一批弹药。在红军的支持下,泰宁城区、朱口、上青、大田等各乡轰轰烈烈地开展打土豪、焚田契、废债券、筹粮筹款运动,镇压了罪大恶极的土豪。广大劳苦群众在打土豪斗争中,分得了粮食、衣服、农具等。6月7日,泰宁县革命委员会宣告成立。接着,成立了县农会、县工会,组建了一支60余名队员的泰宁游击队。至7月上旬,全县建立了5个区革命委员会和38个乡革命委员会;发展了赤卫军452名;各区乡普遍建立了革命武装,开展打土豪、分浮财、焚田契债券、扩红筹款运动,一大批青壮年踊跃参加红军。红6师进驻泰宁后,即以一部兵力占领邻近泰宁的将乐县北部地区,并相继建立了各区革命委员会及所辖各乡的红色政权。

6月22日,红3军团6师一部在师政委彭雪枫的率领下,从泰宁兵分两路向将乐县城逼进,将乐守军闻风弃城而逃,红军解放了将乐县城。6月28日,红军在将乐县城召开群众大会,宣布成立将乐县革命委员会,在红军的支持下,将乐全县先后建立了7个区和53个乡(村)的红色政权,组建了游击队、农会、贫农团、妇女会、少先队、赤卫队等群众组织和群众武装,并在21个乡(村)进行了插标分田。

建宁、泰宁、将乐三县的县区乡各级红色政权的普遍建立和土地革命斗争的开展,标志着建泰将三县连片的苏区已经形成。

与此同时,按照红一方面军总前委的部署,红1军团和红12军陆续分兵进入宁

化、清流、归化、永安、沙县各区域。

6月下旬,红12军军长罗炳辉、政委谭震林奉命率部从建宁向宁化、长汀推进,打击地方反动团匪,相继解放了宁化北面的中沙、河龙、水茜、湖村;27日,攻占宁化县城。在红军的支持下,宁化成立曹坊、禾口、淮阳区首批三个苏维埃政府。

6月下旬,红1军团一部在清流林畲与归化交界的五通凹击败叶大增团匪,红4军第11师曾士峨、罗瑞卿部进入清流东北面,解放林畲、蛟石等地,并派出干部帮助林畲、孙坊、石下等乡村建立了红色政权。红4军第13师进入归化西南区域及现在三元区岩前地域开展筹款活动,发动群众发展"不完粮、不完土豪的债"的抗租、抗高利贷斗争,并指导当地党组织开展红色政权的建立工作。

7月上旬,根据毛泽东3封批示信中关于红12军全力做好宁化、石城、长汀三县工作的批示精神及毛泽东电令红4军及第3军团不去顺昌、沙县,立即摆在将乐、归化筹款的战略部署,红4军在归化,红12军在宁化、清流、长汀筹款,并发动群众开展土地斗争和扩红工作,准备第三次反"围剿",为宁清归成为巩固的苏区打下了基础。

按照红一方面军总前委的部署,红1军团红4军和红12军部队首次解放了归化、清流县城。7月5日,成立归化县工农革命委员会;7月6日,成立清流县工农革命委员会,并相继成立了贫农团、工会、农会等组织,在乡成立革命委员会,开展打土豪分浮财活动,组织游击队、赤少队,吸收一批优秀青年参加红军。

至此,红军在宁化、清流、归化三县开辟了一片红色区域,分别建立了各县革命委员会和基层红色政权,基本打通了各县红色区域的联系。

五、装上"千里眼",建立红军第一个无线电总队

无线电是"千里耳""千里眼",是中国革命能够知己知彼、走向胜利的重要通讯联络工具。在红军初创时期,装备极差,没有无线电通信设备,曾为收集敌占区的情报而付出血的代价。

1931年5月31日,第二次反"围剿"攻占建宁战斗取得胜利,缴获敌人3部电台,如获至宝。战斗结束当晚,毛泽东在建宁主持召开的红一方面军总前委第五次会议决定:在建宁成立红军无线电通信总队,直属红一方面军总部指挥。将建宁战斗和白云山战斗中分别缴获的敌人2部15瓦、1部100瓦无线电台,以及第一次反"围剿"缴获的2部15瓦无线电台(其中1部发报机被毁坏),连同投诚和被俘后参加红军的敌无线电台人员,编成红一方面军总司令部无线电总队,队员、电报机等人员器具按首先是总部、其次是红3军团、再次是后方,最后是红7军的顺序进行分配。

6月初红一方面军无线电总队在建宁成立,总队长王诤,总队下设侦察电台和5

个无线电分队,无线电部队驻溪口青云街杨家屋,总部电台设在溪口青云阁口。同时,在杨家屋开办第二期无线电训练班。

6月2日下午7时,在红军总部电台值班的曹丹辉、伍云甫二人接收到了江西兴国总后办事处发来的电报。这是红军有史以来的第一次异地远距离无线电通信,结束了红军没有无线电通信的历史。

此后,红军又在东固成立了"红军无线电教导团",团长王净,电台工作人员分两路,一路跟红军总部,一路留在后方苏区跟随中央局。此前,苏区中央局总部的电台与上海中共中央失去了联系,一次偶然的机会,中央局电台在山沟的一个小祠堂工作时,刘寅值班,和中共中央取得了联系。之后,中央局电台每天收发中共中央的电报,并及时向前线总指挥部通报敌情,为前线作战提供信息。第三次反"围剿"胜利后,红军无线电通信事业又有了新的发展,无线电设备进一步得到充实。1931年9月,红军无线电总队迁驻瑞金,在第一次全国苏维埃代表大会期间,设立专台为大会播发新闻。

值得一提的是,红军在建宁设立的无线电训练班,培养出一大批学员。特别是红军总部二局日夜监听、截获、破译敌方电讯,破译敌密码众多。毛泽东曾为侦察电台工作人员题词:"你们是科学的千里眼、顺风耳"。

第四节 红军东方军两次入闽,红色苏区拓延全境

1933年5月,中央苏区第四次反"围剿"胜利后,红一方面军向北发展攻打中心城市,未能完成预期目标,中共临时中央决定实行"两个拳头打人"的方针,将红一方面军分割成东方军和中央军,以东方军入闽作战,留中央军在抚河沿岸牵制北线敌人,待东方军取得进展后再北上,一起攻打南昌。7月1日,中革军委发布《关于东方军之组织及干部配备和指挥关系的指示》,决定以红3军团(缺第6师)和红19师组成东方军,任命彭德怀为东方军司令员,滕代远任政委,袁国平任政治部主任。为配合作战,同时命令红34师及闽赣军区、宁清归军分区所辖各独立师、团、营,统归彭、滕就近指挥。

中央红军东方军两次入闽入明作战,积极开辟东部战场,拓展东部苏区范围,使三明成为守卫中央苏区的东方门户。在红军东方军第一次入闽历时3个月的作战中,

先是袭占归化、清流两县及宁化县泉上土堡,重创国民党军闽西军阀卢兴邦部;接着围攻朋口,重创19路军第78师区寿年部,收复连城,乘胜解放了永安小陶、洪田大部地区;然后向闽北进军,逼近沙县、将乐、顺昌3县,解放了沙县夏茂、高桥等地。红军东方军第二次入闽,则攻占了沙县、将乐、归化、尤溪等地。红军东方军的两次入闽作战,极大地推动了福建苏区尤其是三明苏区的发展,扩大了三明苏区的版图,使原本在国民党19路军和地方军阀的分割下还未能真正有机连成一片的闽西北(三明区域)、闽北苏区及闽西苏区连接在一起,开创了福建苏区的新局面,巩固了中央苏区的东边门户。

一、开辟新战场,取得一系列军事胜利

1933年7月2日,彭德怀、滕代远率领东方军从广昌分两路经新安、丹溪和驿前、石城向福建挺进,第一次进入福建作战。

1. 东方军入闽作战首捷——宁化泉上土堡战斗

宁化泉上土堡始建于1654年,呈长方形,四周筑有3.5丈高、2.2丈宽、周长480米的围墙,设有东、西、南、北四个大门,高大而坚固,四面墙上设有碉堡,备有各种武器的射击孔,堡内有"两横七纵"9条街,是一个典型的易守难攻的防御性建筑。泉上土堡位于泉上罗里,扼宁、清、归三县要冲,是赣东南经宁化通往闽中腹地和闽西通往闽北的必经之地,战略位置十分重要。土堡内囤积了大批的粮食、食盐和军事物资,是闽西和赣南数县地主豪绅云集并有反动武装扼守的顽固堡垒,堡内驻有卢兴邦部第52师第156旅307团400余人,地方反动武装400余人,各地地主豪绅400余人,共计1200余人。土堡内外,敌人防护严密。土堡外,护城河深水环绕,且有敌一个机枪连和一个步兵连防守;土墙上,岗哨林立,火力配系较强。土堡严重威胁着附近苏区的安全,也是东方军向东运动、扩大苏区的极大障碍,东方军决定首先拔掉这个钉子。

7月4日,彭德怀、滕代远根据敌布防情况,决定"首先消灭泉上之敌,后再同时攻击嵩口、清流之敌"。7月5日,东方军第4、第5师在宁化以西地区完成战略集结后,彭德怀、滕代远发布作战命令,以红5师为先头梯队、红4师为后梯队,急速挥师泉上,对泉上土堡之敌实施战术包围。

东方军司令员彭德怀和政委滕代远分析局势,确定"围点打援"的作战方案。首先,采取清除歼灭土堡外围之敌;阻击外来援敌。其次,逐步靠近土堡缩小包围圈,断水、断粮,迫降敌人。把主攻任务交给红5师,红4师负责打援。

7月7日,红5师15团在宁化地方部队的配合下,全歼固守在泉上土堡外围的敌

泉上土堡堡内街巷　　　　　　　　泉上土堡外墙

人,红5师随即将土堡严严实实地包围起来。7月9日,卢兴邦派遣309团企图解泉上之围,结果在延祥石狮岭遭红4师与宁化新编独立第7师的阻击,击毙旅长张兴隆等官兵100余人,卢兴邦之子、团长卢胜斌等300多人被俘,全团覆没。至此,泉上土堡之敌已成瓮中之鳖。

围困泉上土堡后,红军屡攻不进,于是改用坑道战术。敌人抢来堡内老百姓的水缸埋入围墙周围,用"埋缸听声"的土办法窃听动静。

第一次挖地道,很快被敌人窃听到,遭敌人破坏,稻田里的水涌入地道,造成塌陷,红军坑道作业部队遭受伤亡。

总结经验后,第二次选择了从土堡西南角农户李力田家里掘进,并请求东方军总部调来一个工兵连进行指导。红军一边挖一边用木板背护,同时,又佯装在西北角上挖地道,迷惑敌人。敌人果然上当,集中精力轰击西北角,而西南角上静悄悄的,工程进展顺利。

经过10多天的日夜苦战,7月18日夜,红15团终于完成对土堡的坑道作业,挖掘了一条长百余米,宽二三米,高二米的大坑道,并把旧铁锅打成小片和小石头拌在土硝中制成炸药,装入3副大棺材内,成品字形叠放于土墙墙根下,用毛竹将导火线引出坑道外,然后用泥土堵了十余米塞紧。

19日拂晓,红军引爆了土硝,随着一声闷雷般的巨响,土墙塌下一个大缺口。经过激战,土堡被攻克,歼敌300余人、俘虏900余人,团长程泗海自杀,缴获步枪700余支、迫击炮2门、机关枪3挺、驳壳枪60支,还俘获宁化新旧县长2人及宁化、清流、归化、长汀、石城等县逃亡地主豪绅及地主武装400余人,缴获银洋万余元。

泉上土堡攻克后,宁化东北部全部解放。接着,在地方武装的配合下,东方军解放了清流、归化两县县城及大片土地,贯通了闽西、闽北两块根据地,为第五次反"围剿"打通了南北往来的通道。从此,东方军声威大振,敌人闻风丧胆。

2. 宁化泉上延祥阻击战

1933年7月东方军进入宁化后。对宁化泉上土堡实行围点打援战术,以红5师担任土堡主攻任务,红4师负责打击增援之敌。7月7日,红5师迅速夺取土堡外围工事阵地,包围土堡,红4师赴延祥伏击从清流、永安增援泉上之敌。

延祥位于泉上东南,有条小道经清流的石狮岭通往清流嵩溪,是嵩溪与泉上之间往来的必经之路。石狮岭两旁均为密林高山,中间有一洼地,是打伏击的理想场所。红4师师长张锡龙、政委彭雪枫进抵延祥一线后发现这一有利地形,便下令部队于此设伏。

东方军包围泉上土堡后,土堡内的敌52师第307团团长程泗海向师长卢兴邦紧急求援,卢即派第156旅旅长张兴隆亲自率领309团,专程从永安经清流嵩溪增援泉上。

7月9日敌旅长张兴隆与309团团长卢胜斌(卢兴邦之子)乘两台竹轿子,率309团进入红军伏击圈后,红4师与宁化新编独立第7师在张锡龙、彭雪枫的指挥下,居高临下,以迅雷不及掩耳的闪电攻势向敌群发起猛攻,打得敌人晕头转向,鬼哭狼嚎。随后,红军以猛虎下山之势冲入敌阵,展开白刃格斗,只经1小时激战,就干净利索地全歼敌309团,毙敌旅长张兴隆及官兵100多人,俘敌团长卢胜斌及官兵300多人,缴获步枪400多支,机枪4挺,阻击战获得全胜。紧接着,红4师乘胜进占清流东北重镇——嵩溪;新编独立第7师进占清流西北的岭下、田背一线;红5师第13团乘胜东进,歼灭了归化守敌1个营(即敌307团2营),占领归化县城。10日,红4师第12团向清流嵩口坪进击,红34师进占清流西南的雾阁等地。12日,红4师占领嵩口坪,切断了清流县城敌军的给养运输线。14日,红4师第10团、第11团和宁化新编独立7师占领清流,盘踞清流县城的敌军弃城退往永安。

泉上土堡战斗延祥阻击战指挥部旧址正立面

延祥阻击战的胜利,以及红军进占归化、清流等地,完全切断了泉上土堡之敌的对外联系和军援,为攻克土堡创造了有利条件。

3. 东方军小陶追击战

1933年7月初，由彭德怀任司令员、滕代远任政委（后任杨尚昆）、邓萍任参谋长、袁国平任政治部主任的红3军团、红7军团及闽赣独立师合编组成的东方军入闽作战。7月上中旬，东方军在首袭泉上的系列战斗中取得胜利，占领了归化、清流2座县城，赤化了宁清归全境，红34师和红4师一部进到连城县城附近。

7月24日，中革军委命令东方军主力迅速南下，攻取连城。26日，东方军司令部发出《关于夺取连城的行动命令》，决定以朋口为进攻突破口，"调动连城、龙岩之敌而各个击破之"，然后"乘势夺取连城"。27日，东方军主力绕道南下长汀钟屋村。29日，东方军司令部在钟屋村下达攻击朋口的命令，东方军主力连夜由驻地出发，迅速包围朋口、营溪。朋口在连城南面50里，位于龙岩、连城、长汀之间大道的交叉处。驻守朋口地区的敌军为第19路军第78师第467团，其团部和第1营驻朋口镇西南10公里的莒溪，第2营驻朋口镇，第3营驻朋口镇西南25公里的壁洲。30日上午，红4师和红19师分别向朋口、莒溪发起进攻，红5师、红34师在朋口、莒溪外围牵制和堵击敌人，当日攻克莒溪。31日晨，攻取朋口，全歼朋口守敌，并在朋口东侧歼灭援敌第78师466团大部，敌466团残部逃回连城，团长钟经瑞逃至永安小陶。当晚，敌78师（师长区寿年）将所剩的4个团及师属特种营全部收缩回连城城内，并电告19路军总指挥部，请示行动。19路军总指挥部恐区寿年师被全歼，允许78师放弃连城向永安撤退。8月2日拂晓，敌第78师师长区寿年率部撤出连城，当晚在连城姑田宿营。东方军闻讯后，即以红34师一部进占连城，以红4师、红19师和红34师主力迅速追歼逃敌。3日清晨，红军追击到姑田，敌正要从姑田出发，被红军一阵猛打，向永安小陶逃窜。红5师第13团和红34师第101团的1个营组成追击挺进队，穷追不舍。中午，敌逃至小陶用餐，红军追击挺进队赶到，敌夺路奔逃，于次日凌晨逃进永安城。东方军在追击中，再歼敌约1个团，俘敌官兵500余人，缴获自动步枪10余支，步枪400余支，无线电1台，子弹1000余发，食米1000余担，并乘胜解放了永安洪田、小陶大部地区。

东方军这次在永安出色的追击战，得到红一方面军总部的表扬，周恩来同志在《粉碎敌人五次"围剿"中央红军的紧急任务》中赞道"这开创了我们中央红军的新记录，我们应向全体东方军的战士致热烈的敬礼！"

在东方军主力攻打泉上的同时，统归东方军指挥的闽赣军区地方武装在泰宁、将乐地区配合主力作战，牵制和打击敌第50师，收复了第四次反"围剿"期间被敌侵占的泰宁、将乐苏区。

4. 向闽北进军,扩大新苏区

小陶追击战后,东方军经过为期10天整训,主力取道北上。8月16日,除留福建军区第34师驻守连城外,东方军其余部队奉命执行第二阶段新的战斗任务,即向闽北进军,逼近沙县、将乐、顺昌3县,解放了沙县夏茂、高桥等地。夏茂镇比较繁华,商品也很丰富,东方军在这里筹集到不少物资。26日,攻占闽江顺昌县洋口、延平县峡阳两个重要商港,获得食盐十几万斤、煤油600余斤,还筹款10万元。8月30日,东方军司令部在洋口下达向延平挺进的命令:以一部兵力围攻将乐、顺昌,主力围攻延平,意在调动沙县、水口两处之敌来援,求歼援敌于运动中。由于19路军总指挥蔡廷锴行动谨慎,东方军未能大量歼灭援敌,围攻将乐、顺昌也久攻不下。

同一时期,19路军将领因与蒋介石的矛盾激化,同时又受到东方军的严重打击,逐步意识到奉蒋介石之命与红军作战没有出路,"胜亦削弱力量,败则无法生存",决定把"反共抗日"的方针改变为"联共反蒋抗日"。9月23日,东方军与19路军代表在王台谈判后,双方很快停止敌对行动。

至此,东方军第一次入闽作战,基本上完成了第一、第二阶段的任务,第三阶段进攻中心城市没有实现。由于国民党发动了对中央根据地的第五次"围剿",中央苏区北线形势紧张,东方军受命在泰宁、建宁集中并转向江西黎川,投入中央革命根据地的第五次反"围剿"斗争。

1933年11月20日,李济深、陈铭枢、蒋光鼐、蔡廷锴等人以国民党第19路军为主力,在福建福州发动了抗日反蒋的"福建事变",宣告成立福建人民革命政府。中共临时中央由于继续把中间派看成是"最危险的敌人",坚持执行关门主义的错误方针,没有在军事上给予第19路军的反蒋斗争以直接有力的配合,从而丧失了与国民党内抗日反蒋派结成联盟的机会,也使红军丧失了借助这次事变打破第五次反"围剿"的一个十分有利的战机。于是,由于受到军事"讨伐"和政治分化的压力,加上领导者本身失误等原因,19路军很快被蒋介石的军队击败,福建人民政府于1934年1月宣告解体,福州陷落,中央苏区东翼失去依托,福建苏区首当其冲。为了阻挡东来之敌,1934年1月2日重组东方军,第二次入闽作战。

5. 东方军第二次入闽关键之战——沙县县城的攻防战

沙县城是从江西东进顺昌、南平和福州的水陆交通要道,可谓"闽中重镇"。且福建有名的"土皇帝"卢兴邦就驻守在这里。卢兴邦的部队装备虽不如国民党的正规军,但政治上异常反动,是红军入闽以来的死对头。东方军挺进沙县,决定拔掉这个反革命据点。

沙县进行的这场攻防战,是东方军入闽持续时间最长、过程最曲折的一场战斗。

历时15天,敌我双方从地上打到"地下"。红军越挫越勇,在第五次进攻时胜利破城,全歼敌军,收获丰厚的军需物资,这在第五次反"围剿"中发挥了重要作用。

1934年1月4日,东方军主力从广昌的白水、营前出发,经安远、泉上向归化进发。8日,彭德怀发布了《三军团向沙县前进的命令》,10日,左右纵队分别到达夏茂、富口、荷山宿营。同时,红7军团第19师抵达沙县城外,当晚,即对沙县城守敌发起进攻,但是连续组织几次进攻均未奏效。

沙县县城的城墙是攻城遇到的第一个障碍物。沙县城墙始建于明弘治四年,后又经历代修固,高达7米,厚4米,全用花岗岩做墙基,墙体则用特制的城墙砖,坚固无比,红军没有重炮等重武器,很难攻破城墙。同时,城上箭楼高耸,是一座很坚固的三层炮楼,便于发挥火力。这注定了攻打沙县是一场攻坚战。

沙县古城墙

经过一系列精心准备,东方军于1月11日包围沙县城。因为南边临水,且沿河修建了周长1440丈(4800米)的城墙。红军选择攻击东、北、西3个城门。但红军装备简陋,也没有大炮,能挖掘坑道的特科队还没到。为争取时间,12日早上7时,红军打响了攻城的战斗。先锋连扛着扎绑好的竹梯,冒着敌人密集的炮火勇猛地发起攻击。可惜,城墙太高,敌人又有火力优势,红军硬攻了3次都没能成功,一个个红军战士在敌人的炮火中倒下。10时,红军停止攻击。

天擦黑的时候,东方军司令部下达新的作战计划:决定挖坑道攻破坚固的城墙。而最为薄弱的西门成了主战场。22日晨,工兵连奋战了十天十夜,将坑道挖到城墙下。可惜,炸点偏离原定目标,攻城再次失败。黄昏时分,东方军司令员彭德怀、政委杨尚昆和参谋长邓萍三位首长到战壕前侦察地形,布置指挥。这给经历三次攻城、一次坑道爆破失败的战士以极大鼓舞。

由于第一次爆破失败,敌人识破了红军挖坑道爆破城门的企图。当红军第二次挖坑道时,地下也成了战场的一部分。这样,红军和敌人在坑道里撞了三次,打了三次,战斗从地上转移到了地下。同时,红军向旁边开了几个岔道,在地上挖了几个假洞口,故意露出破绽,借以转移目标,使敌人摸不清坑道的真正方向。24日夜,奋战三天三夜后,坑道挖到了西门城楼下。

1月25日拂晓,总攻开始。红军用棺材装了3500余公斤用土硝、硫黄等配制的黑色炸药,放在城门楼底下的坑道里,准备爆破。当时的红军还不会制造拉火管,只能按照土办法装上导火索,再用火点。凌晨5时,"轰"的一声巨响,高耸的城门楼被掀翻了,西门城墙被炸开一道20多米宽的缺口。在城破的瞬间,突击队迅速攻占了西门城墙,并继续攻破敌人的第二道防御工事。一小时内,便完全解决了西门的战斗。红3军团第6师是第二梯队。西门突击奏效时,他们紧接着前梯队攻占了北门的高处,并会合前梯队压迫敌人于东门附近。经过3个小时的激烈巷战,卢兴荣率领的两个团国民党兵被红军歼灭,城外沙溪南岸碉堡内的敌人也全部投降,国民党沙县县长刘启明和卢兴邦儿子成了俘虏,红军胜利攻克沙县县城。红军趁敌人还不知沙县被占领,利用缴获的无线电台发出"求救"信号,让蒋介石送弹药和钱来。敌人竟信以为真,连续两天,派飞机空投了约五六千万元中央券、25万发子弹和大批棉衣、食品,均为红军所获。

此役,共歼守敌700多人,俘敌1300多人,缴获炮8门、各种枪支1500多支、子弹10万多发、炮弹2万多发、无线电台1部,以及大量的食盐、粮食、布匹等物资。这在一定程度上缓解了中央苏区对这些紧缺物资的需求。时值在瑞金召开的第二次全国苏维埃代表大会称赞此役:"在占领沙县的伟大胜利中,给予了第二次全苏大会以最光荣的礼物。"

沙县县城及广大农村解放后,建立了沙县苏维埃政府,荷山等地设立4个红军司令部,建立了后方野战医院、造币所、通讯部等。红色政权区域占全县总面积75%以上。县、区、乡各级苏维埃政府发动民众开展打土豪分田地运动,极大地调动了农民参加革命的积极性。

在攻打沙县县城时,红3军团获悉延平敌约1个师,有增援沙县企图,并判断援敌将于15日抵达青州、芹山一线,决定采取"围城打援",以一部分兵力围困县城之敌,并继续坑道作业,主力向尤溪挺进。15日在青州歼敌200多人,将敌阻止在青州附近,16日在尤溪溍头攻取了卢兴邦的兵工厂,18日攻克尤溪县城,全歼尤溪县城守敌,缴获步枪200多支,炮4门,并击溃敌新编第52师增援部队,为围歼沙县守敌创造了有利条件。

攻克沙县县城后,1934年2月10日,遵照中央军委指示,红3军团第5、第6师撤离沙县县城,开赴泰宁地区,沙县由红7军接防,东方军主力奉命从福建转战江西,从此,"东方军"番号不再使用。

二、赤化新辟区域，三明苏区拓延至全境

东方军入闽作战之初，中央和地方没有派党政干部工作团前往新辟区域开展地方工作。彭德怀、滕代远发现后及时向中央局、红一方面军的领导报告，7月22日中华苏维埃临时政府中央人民委员会召开第四十六次会议，责成福建省、闽赣省苏维埃政府有关部门立即派工作团到相关地方恢复工作，并决定在宁化境内新辟区域增设"彭湃县"。

根据会议精神，随着战事发展，各地在工作团的领导下，相继开展了政权建设、土地分配、地方武装等相关工作的恢复，赤化新辟区域。

清流县在东方军入闽作战后，县城及大部分乡村相继解放。期间，清流恢复了原有的党组织和苏维埃政权，并新建了伍家坊等10多个乡苏维埃政权，红色政权规模扩大到城郊、城北、嵩溪、嵩口、里田、安乐等6区55乡。1933年10月，根据斗争需要，重新组建了独立营，辖3个连，300余人枪。

归化县在东方军入闽作战后，县城及大部分乡村相继解放。期间，在归化县党组织的领导和工作团的指导下，归化县的党组织和苏维埃政权迅速地解决土地问题，吸收工农群众中的积极分子参加政府和群众团体组织工作，发展地方武装，同时紧锣密鼓地进行全县的选民登记工作和县乡各级选举运动。至1933年10月底，全县已建立县东南、县西北、华枫等5个区和130多个乡、村苏维埃政府或革命委员会，并发展了一批党员。1933年冬，成立归化县苏维埃政府，同时成立归化警备区。

宁化县在东方军入闽作战后，宁化东北全境解放。泉上战斗结束后，东方军即派出干部战士组成工作团，帮助泉上建立了中共泉上区委和区苏维埃政府，开展打土豪、分田地、分粮食、分青苗的斗争。8月4日，以安远、河龙排、泉上、水茜、庙前、营上、乌村等区，建宁的均口区和澜溪区各划出一部，成立彭湃县；8月16日，中华苏维埃临时政府中央人民委员会召开第四十八次会议，决定在宁化的泉上一带地域增设泉上县。

泰宁县在东方军入闽作战后，全境解放。7月9日，中共泰宁县委、泰宁县革命委员会从大田区迁回县城区。随后，恢复了城市、朱口、新桥、大均4个区委和区革命委员会以及56个乡的红色政权。至8月底，又增设了梅口、余坊、泽坊、马岭4个区委和区革命委员会。随着东方军第二阶段作战的连续胜利，泰宁从苏区东线敌我双方拉锯争夺的前沿阵地相对变成战略后方。10月25日，选举产生了县苏维埃政府。东方军驻扎泰宁期间，泰宁广泛开展打土豪、分田地斗争，还先后创办了硝盐厂、红军被服厂、鞋厂、樟脑油厂、锡弹炮厂等一批生产军需民用产品的工厂和作坊，一度成为闽赣省及建宁警备区物资供应的重要基地。

将乐县在东方军第一次入闽后,收复和解放了北部到西南的余坊、泽坊、马岭、万安、黄潭、白莲、南口等广大地区,并派出工作队深入全县各区、乡(村)开展革命活动,恢复和建立了党组织、红色政权和赤卫队,全面开展分田分山,并成立了300多人的将乐游击独立营。1933年12月30日东方军第二次入闽时,攻克将乐县城。

沙县在东方军第一次入闽后,夏茂、梨树、涌溪、坂山、洽湖、青州、管前、高砂等大片区域相继解放,随后在上述地区建立苏维埃政权,开展土改分田,成立夏茂独立营。东方军第二次入闽,在沙县建立了荷山、前北(今富口)及所辖各乡村的区、乡苏维埃政权,攻克沙县县城后,组建了沙县革命委员会,同时组织地方武装赤卫队。

东方军在入闽期间,解放了永安小陶、洪田大部地区,在第二次入闽期间,攻克尤溪县城,开辟了新区,宣传了红军的政策,打击了反动军阀。

东方军两次入闽作战,尽管是"左"教条主义者将红1、红3军团分离作战的结果,但是东方军的英勇作战对三明乃至整个苏区产生了积极作用和影响。一是军事上连战皆捷,从泉上首战到攻占沙县、尤溪,一路攻城略地,消灭了敌人大量的有生力量,打击了国民党军阀的反动统治。二是收复了连城、新泉,开辟了泉上、清流、归化、沙县、将乐、永安、泰宁、顺昌、延平等在内的纵横数百里的新苏区,三明苏区拓延至全境。三是缴获了大量的物资和现金,有力补充了中央苏区的军需民用,为第五次反"围剿"战争准备了有利条件。四是所到之处,发动群众,开展地方工作,促进地方革命武装的发展,使之成为保卫苏区的革命武装和红军的后备力量。

东方军入闽作战所表现出的革命英雄主义精神是我党我军宝贵的财富,在新世纪、新时期全面建成小康社会的伟大历程中,仍然是鼓舞我们前进的强大精神力量。东方军入闽作战的光辉业绩,将永远载入史册!

第三章　壮怀激烈映山红

在中国共产党的领导下,在反"围剿"斗争和苏区建设中,在土地革命历史舞台上,三明人民坚定理想,英勇战斗,不怕牺牲,勇于奉献,谱写了一曲曲壮烈的革命乐章。

◆ 第一节　苏区后期,三明是许多重要事件发生地

一、三明是远殖游击战争重要战场

随着第五次反"围剿"形势的日趋严峻,中共中央和苏维埃政府要求各战地的党组织和苏维埃政府把发展广大的游击战争作为第一等的重要任务,在敌人的前后左右、封锁线外、堡垒之中、远近后方,寻找敌人作战,冲破封锁,钳制、分散、疲惫、隔断、瓦解敌人,配合和掩护主力红军最终消灭敌人,特别是要在敌人的远后方创造和扩大远殖游击区域。1934年3月,驻防岩边宁一线的福建军区红军独立第9团在永安小陶一带消灭大股团匪,开始逐步向永安纵深发展。

1934年3、4月间,中革军委接受毛泽东的建议,准备派几支红军独立团深入到敌占区,在敌之侧翼及苏区周围开展远殖游击战争,以配合主力红军粉碎敌人的第五次军事"围剿"。

4月上旬,中革军委在瑞金叶坪召开军事会议,决定福建军区独立第8团和独立第9团直属中革委领导,分别挺进到敌后的漳(州)龙(岩)公路两侧和永安、宁洋一带开展远殖游击战争,破坏敌人的交通运输,打击敌人,牵制敌人向中央苏区进犯,建立游击根据地。

与此同时,为牵制和调动敌军,减轻中央苏区的压力,并配合红8团、红9团发展

敌后游击战争,红7军团奉命从将乐、归化经星桥、忠山包抄到永安的安砂、曹远、大湖、贡川一线,攻打永安县城。

永安位于福建省中部,当时既是中央苏区东南区域与国民党统治区交错的前沿地带,也是中央苏区从白区输入重要战略和紧缺物资的重要采购点和输入通道。4月8日至15日,红7军团和红9团先后扫清了永安城外围的全部敌人,占领制高点并进行坑道作业完成后,于18日凌晨5时,发起冲锋,至下午1时许,胜利攻克永安县城。全歼敌1个团、1个保安团,俘敌2000人,缴获大量武器装备。攻占永安城,是第五次反"围剿"中央红军东线行动的重大胜利,对于打开敌后游击战局面,具有十分重要的意义。4月19日,永安攻城战斗结束后,红7军团奉命撤离永安返回中央苏区内地。

5月下旬,红7军团19师在寻淮洲、粟裕率领下,从建宁、归化向沙县湖源、大田、永安方向迂回。27日进击到三元、梅列沙溪河西岸的长安、白沙、列西。此时,在沙溪河对面的城关、下洋一带已有国民党军第80师238旅2个营和239旅部把守,红军进行了"强渡沙溪战斗"。

红7军团和当地党支部、苏维埃政府广泛发动群众,了解当地情况,征调40多条船和几十名船工,在列西、翁墩、白沙、长安(现火车站)4个渡河点强渡沙溪,强攻沙溪东岸的列东、下洋守敌。在三元船工的支持和西岸红军的火力压制下,40多条战船齐发,进攻对岸,经激烈战斗,消灭敌2个营和不少民团。红军强渡沙溪战斗胜利后的当天下午,在三元城关城南的太堡庙,把从当地地主、恶霸那里没收来的布匹等物资,分给了贫苦农民。

红军强渡沙溪战斗是第五次反"围剿"期间,中央苏区红军在东线的一个重大胜利。中央苏区机关报《红色中华》做了报道:"两营人(一个炮兵营,一个工兵营)被我全部消灭,计缴步枪三四百枝,轻机枪五挺,子弹九万余发。俘敌连长以下官兵三百余人,敌伤亡和落水溺死的在三百以上,残敌向沙县逃窜。"

28日,红19师继续向前推进,经草洋村时,全歼盘踞在草洋马定峡卢兴邦部数十人,驻扎在湖源。

当日,敌第80师239旅从莘口移向湖源,两军不期而遇。国民党军抢先占领深坑岭(也称盛坑岭)的南洋岐等主峰。29日凌晨,敌人从南洋岐主峰向红军攻击。红军起初估计敌军只有1个营的兵力,因此只派红56团向敌军反攻,其余部队在警戒线待命。红军几次进攻受挫后,又增派红55团及57团1个营与红56团协同作战,分两路抄敌后路,使敌乱成团,敌一线与二线自相混战达1小时之久,造成大量伤亡。红军趁机占领山头阵地,发起多次攻击,残敌仓皇向三元深坑岭、筼竹逃窜。深坑岭山高林深,山路狭隘,只有山腰一条羊肠小道,败兵争先夺路,坠涧伤亡者甚多。下午6时战斗结束,红军共俘敌800余人,毙伤敌500余人,缴获机枪20余挺、步枪800余枝、子弹10万余发、迫击炮3门、无线电台1部及大批军用品;红军伤亡300余名。

此次战斗红军是在劣势下取胜的,也是第五次反"围剿"在东线取得的第一次大胜利。

29日,红19师全师进驻大田县广铭、三民等地开展活动,帮助广铭、三民、大华等乡成立苏维埃政府。

期间,红7军团一部驻守忠山,消灭和肃清星桥、忠山一带大刀会等反动组织,建立忠山乡苏维埃政府,忠山、星桥一带成为红色区域。

5月1日,红9团在永安召开纪念"五一国际劳动节"大会,宣布成立永安县革命委员会,并成立永安游击队。

5月9日,敌军开始向永安城反攻。为便于完成中革军委赋予的开辟敌后游击根据地的任务,红9团主动撤离永安城,转向永安西南,在漳平、宁洋一带开展游击活动,很快打开了小陶、大陶、姑田的战斗局面,接着一个回马枪,又打开了大田桃源和永安的岭头、西洋、林田、苦竹一带的战斗局面,消灭了不少民团。此时,福建第二军分区已撤出连城,通往苏区交通基本中断,伤员和缴获的枪支物品无法送回后方。正在困难之际,红9团听说红7军团在湖源一带,就设法与他们取得联系,转向湖源。当红9团到达湖源村时,红7军团已回瑞金准备北上抗日,部队又回到了永安安砂。

此后,红9团根据中革军委的指示,调整部署,辗转游击于永安小陶、大陶、西洋、林田、西际(现属三元)、柳城(现属三元)、宁洋等地,并派出部队在白砂、小溪、溪口、中村一带破坏敌漳宁线筑路计划,建立了区乡苏维埃政府,成立了后方留守处,开办了干部学校、后方医院、修械所,组建了岩宁边区游击队,开辟了包括永安部分区域的纵横300余里、人口四五万的岩连宁游击根据地。主力红军长征后,岩连宁游击根据地转入三年游击战争,一直坚持到三年游击战争结束,是闽西南三年游击战争的主要根据地。

二、三明是北上抗日先遣队的集结地和转战地

1931年9月18日,日军悍然发动了震惊中外的"九一八"事变,开始大规模侵占我东北领土。由于当时的国民党政府实行不抵抗政策,致使东北三省迅速沦陷,3000多万同胞陷于水深火热之中。1932年1月28日,得寸进尺的日本帝国主义又发动了"一二八"事变,企图将上海作为继续侵略中国的基地。由于国民党政府坚持不抵抗政策,组织淞沪抗战不力,原本奋起抵抗的第19路军也被迫撤离上海。1932年5月5日,在英、美、法等国调停下,国民党政府与日本在上海签订《淞沪停战协定》,使上海

成为日本侵华的重要基地。

面临日本帝国主义的侵略，中国共产党始终坚持联合抗日的主张。为了推动抗日运动的发展，1934年7月5日，中共中央、中华苏维埃共和国中央政府与中革军委决定：在红7军团原有4000人的基础上，突击补充了2000名新战士，共计6000余人组成北上抗日先遣队，携带160万份的宣传单和其他抗日宣传品，到国民党统治区的深远后方，宣传抗日救亡运动，进行广泛的游击活动。同年7月7日，以寻淮州任军团长、乐少华任军团政治委员、曾洪易任随军中央代表、粟裕任军团参谋长、刘英任军团政治部主任的中国工农红军北上抗日先遣队，从红都瑞金出发开始执行北上任务，对外仍以红7军团名义活动，途中北上抗日先遣队一部由参谋长粟裕率领，从长汀绕道宁化、清流向永安集结；主力经石城、长汀、连城，向永安进发。7月15日，北上抗日先遣队由连城的塘前、尧家畲进入永安县内，在永安小陶、洪砂一线与掩护北上抗日先遣队的罗炳辉率领的红9军团先头部队集结会师。同日，中华苏维埃政府主席毛泽东、中国工农红军革命军事委员会主席朱德、副主席周恩来和王稼祥等中央领导联名发布《为中国工农红军北上抗日宣言》，中国工农红军北上抗日先遣队也同时发表《我们是中国工农红军抗日先遣队》《中国工农红军北上抗日先遣队告农民书》，宣布派遣先遣队北上抗日的行动纲领及目的，宣告"中国工农红军北上抗日先遣队"愿意同全中国的民众一起以民族革命战争，打倒日本帝国主义。

7月18日，红军北上抗日先遣队的先头部队和红9军团一部由永安西洋进入大田桃源，向赐福亭东进，宿营于上京。19日，队伍抵达离大田县城15公里的小湖村后，红军立即派出一支先头部队，有的打扮成老百姓模样，头戴斗笠，身披棕衣（雨天），肩荷锄头、草耙等农具；有的打扮成小商贩，肩挑箱篓等，往大田县城行进。20日，队伍经宋京、莲花崎直抵大田城西白岩山。当时驻守大田县城的是民军林维邦的1个连，闻讯后惊恐万状，即派2个排护送县政府人员逃至离县城25公里外的谢洋，城里只留下1个排的兵力。随后，县长陈敬匆匆离城逃走，守城的营副官邱秋星也带着留守的1排兵力弃城而逃。21日，北上抗日先遣队占领大田县城，缴获步枪10余支，无线电台和电话各一部，食盐万余斤，大田成为红军北上抗日先遣队攻占的第一座县城。随后，陆续抵达的抗日先遣队主力和红9军团一部在县城驻扎了3天。其时，大田城关连日大雨滂沱，洪水上涨，红军战士积极帮助城里群众救灾，并为了解决群众饮水困难，在玉田村挖了一口井，几十年来，从不枯竭，这口井被当地老百姓称为"红军井"。

红军占领大田县城后，"围剿"中央苏区的国民党东路军总司令蒋鼎文调集2个旅的兵力向大田扑来,企图堵截红军北上。7月23日,北上抗日先遣队和红9军团近万人兵分三路进入湖美乡高才坂会合,24日,在高才坂种德堂门口广场召开群众大会,宣传共产党的政策,讲明工农红军的性质和这次奉命北上抗日的任务,号召贫苦农民团结起来,组织农会,打倒土豪劣绅,清算地主老财。同时,大会还宣布成立高才坂乡苏维埃政府,并组建高才坂赤卫队。会后,红军开仓分粮,并镇压了6个反动分子。

7月25日拂晓,抗日先遣队和红9军团离开高才坂,分两路向尤溪挺进。一路经乾头、金鸡岬、丘地洋、茶池分、乌厝坪进入尤溪县的四科亭、下尾、街面、古迹口,到达蒋坑;另一路进入尤溪县的街面、古迹口后向九都进发。

红9军团与抗日先遣队在蒋坑村会师,红7、红9军团在尤溪境内相互策应行军前进,尤溪的民团和卢兴邦部见红军大部队行动,闻风而逃,红军沿尤溪县的团结、城关、台溪、梅仙、溪尾、洋中、西滨一路顺利进军。

7月29日,红7军团一部占领了尤溪口,缴获藏在国民党52师办事处里的500余箱日本造的TNT黑色炸药,还有中央红军急需的5万斤食盐,以及一大批军需物资。

傍晚,乘胜挺进到闽江南岸的樟湖坂。30日,红7军团将士于午后全部渡过闽江。按原计划,拟从古田北上浙西再去皖南,但中革军委忽然改变命令,电令红7军团东进占领水口,以此纪念"八一",并相机袭取福州。8月1日,红7军团进占水口,8月2日,红7军团在水口镇举行"八一"庆祝大会,正式宣布以"中国工农红军北上抗日先遣队"名义活动。会后,抗日先遣队告别红9军团,开始孤军远征。红9军团完成了护送任务,开始按原行进路线经大田、永安返回中央苏区腹地。

北上抗日先遣队在红9军团的护送下,突破敌封锁线,经永安、大田、尤溪,渡过闽江,沿途消灭了敌之后方的部分敌军和反动民团,帮助永安、大田、尤溪的一些地方建立了基层红色政权,开展了声势浩大的北上抗日宣传活动,加深了闽中地区人民群众对红军的认识,扩大了红军的影响,促进了闽中地区的革命斗争,对日后闽中抗日革命根据地的建立产生了积极的影响。

红9军团完成了护送抗日先遣队北上的任务后,按原行进路线返回到永安时,国民党当局已命令原驻连城、朋口、莒溪的第3师、9师、83师(缺龙岩旅)开抵小陶,北向洪田,南向姑田巩固碉堡,构筑永安到连城间封锁线。

8月3日,为切断敌人西进路线,并接应完成护送抗日先遣队北上任务的红9军团取道永安以南返回中央苏区,红1军团主力和红15师奉命进入永安,向小陶和大陶洋进逼。

小陶是连接闽中、闽西交通的重要集镇,位于连城与永安两城要道中心,南向连城,间有崇山阻隔,无数险阻,步行须数日行程;北毗永安,文川河由南至北流入永安城关,沿岸地势渐趋平缓,东西两侧,群山屏立,林木葱郁,极适于游击战。

8月5日,敌东路军总司令蒋鼎文所属第4纵队3师、9师、83师主力陆续到达小陶,在永安马洪与连城线构筑碉堡,逐步向西推进。6日,红15师(即少共国际师)由石城、宁化、清流到安砂,旋抵洪田苦竹、马洪、东坑、生卿,所部分别向大炼、上吉运动,肃清当地反动民团,占领有利地形。8日,红1军团与红15师在小陶、洪田附近会合,隐蔽集结于洪田、小陶以东之高地。

12日,保卫中央苏区的小陶保卫战打响。当日晨,敌9师、83师各派出一支部队,协同侦察部队,分两路向小陶、大陶洋南方向和东北方向山区施行火力侦察。红军一部在衙岭正面阻击,一部绕到敌后切断敌之退路,前后夹击,猛打猛冲,歼俘敌300余人,并活捉敌营长。上午10时,红军沿山路包抄敌驻洪砂美坂村的1个连,以便打通从洪砂口进攻小陶营的通道,途中与敌另一连在白粉山头遭遇,经激战双方都增派部队投入战斗,激战到下午3点左右,双方伤亡近千人,红军未能击退敌军,被迫退回衙岭北侧。此后,任凭红军多次发起攻击,敌仍固守原有阵地或堡垒,只派出飞机侦察和轰炸,并推进到红军阵地前方构筑碉堡,双方形成对峙相持状态。

18日黎明,敌趁浓雾从吉口爬上马洪、小磜与大陶洋盆地间的石莲山。红1军团前敌指挥部立即命令1个连的兵力向石莲山头冲击,敌以猛烈的火力居高临下进行抵抗,红军伤亡惨重,被迫回撤。后前敌指挥部又组织2个连兵力,并调配最优良武器,在数挺重机枪的掩护下,从石莲山两翼向敌发起攻击,经1小时的激战终于夺回了石莲山高地。20日拂晓,敌再次利用大雾为掩护,偷袭石莲山顶红军,占领山头。红1师随即组织反击,经多次强攻,敌伤亡惨重,落荒而逃。

21日6时,敌第9师主力从大陶洋五爱、寨中等村,向石莲山前西侧的矮岭一线红军阵地发起大规模进攻。红1军团第1师第1团坚守矮岭,与敌人展开顽强战斗,矮岭主峰阵地数度易手。红1团与敌相持9小时,完成阻击任务后撤下矮岭。

21日夜晚,红1军团1个师的兵力摸黑悄悄逼近矮岭山头和大行贵山头敌人阵地。22日凌晨4时,红军集中火力突然向敌发起猛烈攻击,经过4个多小时的激战,在矮岭阵地与敌打成对峙,在大行贵山阵地攻占山顶高地。约午后1时,在大行贵山阵地的红军佯装不敌,敌1个连士兵冲锋上前缴械,被红军数挺机枪同时扫射,全连覆没,尸横遍野,红军乘势向敌第2团余部冲击。此时,敌6门迫击炮同时向大行贵山红军阵地猛烈炮击,红军被迫后撤,敌重新占领高地。随后,敌调转炮口,炮击矮岭红军阵地,5轮过后,枪炮声逐渐减弱,战斗停歇。

23日下午，红1军团完成阻击任务，全部撤出洪田、小陶地区，经石峰、安砂、清流撤往江西。

小陶战斗持续时间达10余天，取得了红军长征前夕对敌反击战的重大胜利，掩护了红9军团返回中央苏区，迟滞了敌军对中央苏区核心区域的进攻，为红军准备战略转移赢得了宝贵时间。

三、三明是中央红军长征的重要出发地

由于中央"左"倾领导者推行错误的军事战略方针，第五次反"围剿"失败，中央苏区日益缩小，至1934年9月，中央红军被压缩在江西的瑞金、兴国、宁都、于都、石城、会昌以及福建的宁化、长汀等县及其周围的狭小地域，已不可能在中央苏区内打破第五次"围剿"。1934年10月，中央机关、中革军委和中央红军主力被迫从福建西部的长汀、宁化和江西南部的瑞金、于都等地出发，开始战略性的大转移，即二万五千里长征。

宁化为什么是中央红军长征的重要出发地之一呢？这是因为，1934年8月以后，中共闽赣省委、省苏维埃政府、省军区等领导机关迁驻宁化境内，原属福建省委领导的宁、清、归、彭、泉五县划归闽赣省委领导，宁化成为中央苏区省级机关驻地之一，是闽赣省领导革命斗争的中心，是中央机关及中央红军进行长征前做准备工作的重要区域之一。

红军长征历史文件资料图片

6月上旬，中央局给各级党部、游击队的信以及给闽赣革委会的信中就明确指示，"闽赣应以宁化为中心，切实加强突击力量"，并对各项战斗任务做了具体布置。六、七月间，项英、毛泽民等领导人来到宁化苏区，检查督促闽赣省及宁化的工作，朱德总司令也发出部署巩固中央苏区东北门户的有关事项的命令。不久，张闻天来到宁化，按照中央要求，以宁化为中心，抓紧了粮食征收、突击扩红、巩固地方武装、发展游击战争、动员组织民工等任务的实施。在长征前的准备阶段里，从中央、省到基层各级党组织、苏维埃政府抓紧了在宁化区域的各项工作，以完成支援主力红军战略转移的各项任务。

在长征出发前，驻守宁化的中央主力红军约1.4万人，占中央主力红军总兵力的16%强，其中红3军团第4师及军团医院驻守宁化淮土凤凰山（今淮土乡凤山村），少共国际师1个团驻守宁化淮阳隘门，中革军委直属炮兵营驻守宁化淮阳，红9军团后方机关驻守宁化曹坊上下曹及滑石一带。

1934年10月6日，中革军委向驻守宁化的中央主力红军部队发出三封密电，命令其将防务立即移交地方红军和游击队。10月6日至8日，驻宁化淮阳、隘门的中央

中央红军长征出发地凤凰山红军街

主力红军奉命在淮土凤凰山集中，从凤凰山经江西石城、瑞金向于都方向集结；驻宁化曹坊上下曹及滑石一带的红9军团后方机关经长汀、瑞金向于都方向集结。10月16日，中央主力红军8.6万余人渡过于都河，向西突围实行战略大转移，踏上了前途艰险的万里征途，开始了举世闻名的二万五千里长征。参加长征的三明籍红军有宁化、明溪、沙县、建宁等苏区县，其中宁化县最多，有3000多人，但大都在湘江战役中壮烈牺牲，成为无名英雄，魂落他乡。譬如当时只有130多户人家的宁化县石壁镇石碧村，有100多个年轻人跟随红军长征，他们没有留给亲人任何东西，哪怕是一张照片，1949年新中国成立后，亲人们收到的是92本烈士证。完成长征到达陕北的宁化籍红军仅存58人。

埃德加·斯诺在《西行漫记》中叙述道："从福建的最远的地方开始，一直到遥远的陕西北道路的尽头为止"，红军长征在福建的出发地为长汀、宁化，从宁化出发的主力红军无论经长汀前往红都瑞金，还是经石城、瑞金到于都集结，宁化都属路途最远的长征出发地。

四、三明是闽赣省机关主要驻扎地

1932年10月至1933年年初,红一方面军相继取得建黎泰战役、金资战役和第四次反"围剿"的胜利,打通了中央苏区与闽北、赣东北苏区的联系,使闽赣边界武夷山脉一带的建黎泰、信抚河间和闽北苏区连成一片。为了使这一区域成为巩固的苏区,1933年2月5日,苏区中央局决定划建宁、黎川、泰宁、邵武、光泽、南城、南丰、金溪、资溪、贵澳等县成立闽赣边省(后称闽赣省),并组成省委、省军区和省革命委员会。5月上旬,闽赣省第一次工农兵临时代表大会在黎川县湖坊召开,宣告闽赣省成立,正式成立了闽赣省革命委员会和中共闽赣省委,6月4日,闽赣省军区也宣告成立,萧劲光任军区指挥(司令员)兼政治委员。

1933年11月,闽赣省党政军机关,从黎川的德胜关经建宁的楚上溪口,迁驻建宁县城,中共闽赣省委驻西门天主教堂(原何家屋),闽赣省革命委员会驻新街华美小学,闽赣省军区驻南街巷家屋。

12月12日至15日,闽赣省第一次苏维埃代表大会在建宁文庙胜利召开。中央政府代表及周恩来、朱德先后在会上做了政治形势报告,省革命委员会主席邵式平作《日前政治形势与闽赣省苏维埃的任务》的报告。报告总结了闽赣省成立后6个月的工作及存在问题,并针对第五次反"围剿"的形势强调指出,闽赣省处在战争的最前线,唯一的中心任务就是战争,一切工作、生活都要服从战争。同时,报告还动员号召全省军民全力投入第五次反"围剿"的各项斗争,坚决执行"猛烈发展游击战争、猛烈扩大红军、彻底解决土地问题、肃清苏区刀团匪及一切反动政治派"等任务。最后大会宣告闽赣省苏维埃政府正式成立,邵式平任闽赣省苏维埃政府主席。

闽赣省领导机关驻建宁期间,闽赣省正处在第五次反"围剿"的最前线,中共闽赣省委、省革命委员会(省苏维埃政府)、省军区领导全省军民全力投入到第五次反"围剿"的各项战斗中,奋勇阻击国民党军队的进攻,努力发展,支援红军,支援前线。

随着第五次反"围剿"战争的节节失利,闽赣省北部各县相继失守。1934年5月中旬,建宁县城失守,闽赣省委、省苏机关撤出建宁城,迁驻建宁县澜溪区都上乡(今建宁县伊家乡都上村)。7月,闽赣省机关又移

闽赣省苏维埃政府旧址(原建宁华美小学礼堂)

驻彭湃县安远区里坑乡(今宁化县安远乡里坑村),8月,又移驻宁化县城,宁、清、归、彭、泉等5个县的县委直接由闽赣省委领导,并成立了泉上、归化两个军分区。1934年12月,宁化县城失守,闽赣省机关又先后移驻泉上、彭湃(今宁化县安远乡)。1935年3月,又撤出宁化县境,迁移至尤溪,驻扎在尤溪坂面京口村后溪自然村,继续领导闽赣省工作。

4月中旬,闽赣省所余的武装和工作团还没来得及休整,敌52师就追了上来,为了避免与强敌正面作战,撤退到京口草洋山,又遇到敌52师林德芳的特务营,两军在草洋山头形成对峙状态。因寡不敌众,只得边打边撤,撤到德化、永泰、仙游交界的紫山。这次战斗,部队损失很大,许多红军战士英勇牺牲,随后闽赣省委、省苏维埃政府、省军区机关将所余武装、工作团改编为闽赣省新编第1团,下辖3个营。

4月底至5月初,被困在紫山上的闽赣省新编第1团,遭到国民党第52师、第9师合围,处境极端危险。中共闽赣省委、省苏维埃政府和省军区领导人在紫山上召开了紧急联席会议,讨论如何行动问题。省委书记钟循仁主张将队伍转移到闽西坚持斗争,但遭到省军区司令员宋清泉、参谋长徐江汉、政治部主任彭祜等人竭力反对,会议无任何决议。在这关键时刻,宋、徐、彭等人却开始进行叛变投敌的活动,加快了叛变投敌的步伐。5月8日,宋清泉、徐江汉、彭祜等人诓骗战士,将600余人的队伍分两批拉下紫山,投靠国民党仙游民军司令部。5月11日,闽赣武装全部被国民党第9师部队缴械收押。事变中,只有省委书记钟循仁、省苏维埃主席杨道明和战士陈常青等7人突围出来。陈常青和另外4人辗转回老家赣东北,而钟循仁、杨道明鉴于身份的特殊性,在寻找党组织未果的情况下,在永泰县的阁亭寺剃度当了和尚,钟循仁取法号妙圆,杨道明取法号馨扬。至此中共闽赣省委、闽赣省苏维埃政府、闽赣省军区及其武装力量完全丧失,闽赣省的历史从此结束。

闽赣省从创建到结束虽然只有两年的时间,但其党政军三大机关驻扎在三明有一年六个月的时间,三明苏区的建宁、宁化、清流等苏区县在扩红支前、筹粮筹款运动等第五次反"围剿"斗争中发挥了重要作用。

◆ 第二节 红军长征后,三明苏区艰苦卓绝的游击斗争

中央红军长征后,留在三明苏区的党组织及红军、地方武装在群众的支持下,坚持了艰苦卓绝的三年游击战争。1934年10月底后,国民党军第52师从永安向宁清归

进犯,中共清流县委、县苏维埃指挥600多名战士誓死抵抗,最终人亡城陷。紧接着,宁化、归化、泉上、澎湃苏区也相继沦陷,三明各苏区主要地域陷入敌手,各地党、政机关和地方武装全部转入农村和山区开展游击斗争,闽赣省委、省苏、省军区领导机关从宁化城撤出,边撤边打,直至最后失败。

宁清归等苏区陷落后,国民党对三明苏区由"围剿"转为"清剿",对人民实行最疯狂、最残暴的报复性屠杀和前所未有的抢掠焚烧,可谓"茅草过火,石头过刀",并施用保甲、连坐、计口售粮和售盐等手段,妄图切断红军游击队与人民群众的联系,把游击队困死、饿死、冻死在山上。在敌人的血腥镇压和摧残下,建宁有4000多名苏区干部遭屠杀,1000余座房屋被烧毁,37个村庄被焚为焦土,90余万斤粮食被抢劫;宁化被焚烧房屋近1.6万间,被灭绝家庭5500多户,被杀害群众3300多人,被抓壮丁2300多人,下落不明的3300多人,土地荒芜近3.5万亩,饿死者达2.3万多人。到处是家破人亡、妻离子散、田园荒芜的惨象。

即便如此,三明人民的革命斗争没有停止。各苏区留下来进行武装斗争的红军、游击队在极其险恶的环境下,依靠苏区人民的支持,运用灵活多变的游击战术,与敌人进行长达三年之久的游击战争。这期间,宁化、建宁、泰宁、清流、归化、将乐、沙县、宁洋、永安等县是红军游击队开展游击斗争的重要区域。

一、红九团在三明的游击斗争

早在1934年春,为了打破国民党对中央苏区的第五次"围剿",中革军委命令红军独立第9团,挺进永安、连城、龙岩、宁洋4县边区的敌人公路交通线,以积极的游击行动破坏敌人的后方运输筑路计划,打击敌人,牵制和迟滞敌人向中央苏区的进攻,同时广泛发动群众,建立游击根据地,并伺机向闽南发展。1934年5月,红9团先在永安的洪田、贡川一带,消灭了大批的反动童子军与大刀会后,配合红7军解放了永安城,建立了永安县革命委员会,于5月9日带领县委班子主动撤出了永安县城。随后,红9军辗转游击于永安的小陶、大陶、西洋、林田,连城的赖源、曲溪、姑田、大河祠、陈地坑,宁洋的大小吴地、下石寮等地,先后消灭地方反动民团华仰桥、周焕文所部共350多人,缴枪250余支,同时在白沙、小溪、溪口、中村一带破坏敌漳宁线筑路计划。经过两个余月的敌后游击战争,建立了以大小吴地(现属永安管辖)为中心的、纵横300余里、人户四五万的岩连革命根据地,组建了游击队、赤卫队,成立了特区革命委员会。

在主力红军长征后,红9团也经受了严峻的考验。国民党东路纵队占领连城后,福建军区第二分区司令员兼政委朱森、副司令员兼参谋长罗忠毅率领明光独立营也开展活动,转入(龙)岩、连(城)、宁(洋)、永(安)、清(流)红9团游击活动所在地。朱森是一位王明"左倾"冒险主义的忠实执行者,在与红9团会合以后,他擅用职权,粗暴干涉红9团的军政事务,背地里向上级反映方方"违抗中央指示""闹独立性"的所谓"错误"。在这种情况下,福建省委改派谢育才接任方方的红9团政委职务,方方改做地方工作。国民党东路纵队调头进攻闽西革命武装后,部署第88师进攻红9团根据地,红9团虽然很快将其击退,但敌更大规模的进攻迫在眉睫,此时朱森竟荒谬地将部队全数撤回中央苏区。在这关系到红9团生死存亡的时刻,方方挺身而出,以一个共产党员对革命事业的高度责任感,坚决反对朱森的错误决策,迫使朱森收起了错误主张,但却以需慎重考虑为由拖延时间,致使部队在原地耽搁了半个多月,遭到了敌人的第二次"清剿",红军游击根据地越打越小。

1935年2月,红9团获知张鼎丞已经回永定打游击的消息,便立即决定向永定金沙方向行动与张鼎丞会合,同时指派第2营向永安游击。3月下旬,红9团第1、第3营与红8团在永定下洋长岭下会师,在方方的提议下,成立了以张鼎丞任主席的闽西军政委员会。4月10日,闽西军政委员会在永定上溪南赤寨村召开闽西南各地党政军领导人联席会议,扩大成立了闽西南军政委员会。会上,陈潭秋代表中央分局传达了党中央给中央分局关于"立即改变你们组织方式与斗争方式,使之与游击战争的环境相适应"的电报指示精神,张鼎丞分析了闽西的当前形势,指出要面对现实,中央苏区已经失守,还"保卫什么苏区",当前红军游击队的主要任务已经不是吸引敌人,而是应该如何保存自己,坚持下去,应用灵活的游击战术,紧密依靠群众,坚持长期的游击战争。由此,会议决定改变"保卫苏区,等待主力回头"的方针,制定了开展广泛的、灵活的、群众性的、胜利的游击战争的战略方针。同时,会议还确定了游击战争的基本任务,即在军事上粉碎敌人"清剿",保存有生力量,锻炼现有部队;在政治上保持党的旗帜,保持党与群众的密切关系;在组织上保持党的纯洁性、战斗性。最后,会议选举张鼎丞为主席,邓子恢、谭震林为副主席,郭义为任党务部长,方方为政治部主任,统一领导闽西南地区的对敌斗争。会后,刚刚成立的闽西南军政委员会,即肩负着领导闽西红军游击队粉碎国民党军队大规模"清剿"的使命。

1935年4月至7月,国民党对闽西红军游击队发动第一次"清剿",8月至12月又进行第二次"清剿"。在"清剿"中,国民党军队先以"分进合击",继之以更为残酷的"驻剿""堵剿""搜剿""追剿"并用战术,企图将红军游击队斩尽杀绝。一时间,整个闽西地区碉堡林立。为了配合军事"清剿",国民党还在闽西实施了严密的保甲制度,一家通"匪",十家连坐。同时,实行"计口授粮、计口授盐",以切断群众与红军的经济联系。

面对国民党庞大周密、手段残酷的"清剿"计划,闽西红军游击队在闽西南军政委员会的正确领导下,紧紧依靠人民群众,开展灵活多变的游击战争,克服了难以想象的困难,粉碎了国民党军大规模的"清剿"。

在粉碎"清剿"斗争中,为保存实力,闽西南军政委员会将红军游击队按军事活动区域划分为4个作战区:由留在永安一带游击的红9团第2营和明光独立营组成第一作战分区,罗忠毅任司令员,方方任政治委员,以(龙)岩、连(城)、宁(洋)3个县边区为活动范围;由红9团第1、第3营和永东游击队组成第二作战分区,吴胜任司令员,谢育才任政治委员,计划打通与闽粤边红3团的联系;由红8团和龙岩游击队组成第三作战分区,邱金声任司令员,丘织云任政治委员,活动于(龙)岩、南(靖)、漳(平)3县及漳龙公路两侧广大地区;由原红24师所部100多人和上杭、永定的红军独立营及游击大队组成第四作战分区,黄火星任司令员,简载文任政治委员,在龙岩、永定、上杭县境内坚持游击战争。

1935年4月,第一作战分区司令员罗忠毅、政治委员方方率领明光独立营进入岩连宁地区,与原来在此活动的红9团第2营会合。不久,原闽赣军区第17、18团余部,在温含珍(原宁化分区政委)、邱尚聪(原宁化分区参谋长)率领下,也辗转来到岩连宁边区。三支部队会合后,召开了第一作战分区会议。会议决定分散行动,第2营和17、18团余部向永安、清流交界处出击,明光独立营活动于连城、宁洋交界山地,以打击地方反动武装,加紧发动群众为主要任务;分区司令部则率领警卫排、通讯班、侦察班在敌人的包围圈内与敌周旋,开辟岩西北新据点,在敌情发生变化、形势缓和后再会合,创造更大范围的根据地。六七月间,国民党第10师3个团向第一分区发动进攻。由于第一分区的作战会议上的正确部署,敌人失去了主攻方向,加上在雁石公路的伏击战中截获了第10师的机密文件,从中了解到国民党的进攻部署,红军主力及时转移到外线,致使国民党军进入第一分区活动区域后,在内线情况不明、外线情况紧张的状况下,不到10天便纷纷撤退。红军随即回到原地,不料国民党军队很快又掉头扑来,由于敌人来得突然,红军游击队受到较大损失,明光独立营和红9团第2营被打散。尽管如此,由于分区领导事先对游击队在受挫后的情况下以班排为单位活动进行了部署,因此在队伍被打散后,每个干部都能带领一班、半班人员独立活动,与敌周旋。两个月后,一分区将失散的队伍重新集结起来,并进行了整训,确定将游击根据地外的反动势力作为主要打击目标,以便使根据地内的群众复原生息,不受或少受摧残;对"清剿"之敌则采取打有把握取胜的小仗,在胜利中逐步提高战士的胜利信心。12月,"清剿"之敌疲惫不堪,不得不全数撤退。

1936年1月1日,随着国内形势的变化,闽西南军政委员会召开了第二次会议,将闽西红军游击队改称为"中国工农红军闽西南抗日讨蒋军",并把4个作战分区编为3个分区,下辖7个支队,岩连宁的部队改称为第一支队。改编后的第一支队由龙岩溪口出发向宁(洋)清(流)连(城)边境出击。1月下旬,第一支队活跃于归化的胡坊和宁化的安乐、曹坊、碗窑上等地,使敌军第52师震惊不安;2月底,第一支队由刘汉率领到清流、永安一带游击,在永安小陶打了一个漂亮的伏击战,截敌军第10师后方辎重队,缴获几十匹马和大量弹药,并在马池塘伏击敌军第52师1个营,缴获轻机枪、步枪100余支(挺);3月,第一支队连续在清流下洋、古泽源一带活动,一举袭击了溪口镇,歼敌100余人,缴获步枪60余支、冲锋枪2挺;4月下旬,第一支队从姑田进入清流、连城、永安边的上坪、下坪活动,由于红军游击队在岩连宁地区声威大震,永安等县的商会主动派代表来谈判,请求红军游击队保护他们的利益;5月,第一支队在龙岩东北、漳平西南、清流东部、连城东南和永定、宁洋、漳平交界处建立了较为巩固的游击根据地,建立了地方武装。

二、闽北红军在三明的游击斗争

1935年2月,中共闽北分区委根据中共中央书记处关于转变组织方式、斗争方式、开展游击战争的电报指示精神,结合主力红军撤出苏区所出现的一系列问题,及时做出了转变斗争策略和组织形式的决定,即在策略上采取统一领导、分散活动、加强游击战争的方针;在组织领导上实行党政军一体化的体制,把党领导下的武装斗争、群众斗争和秘密斗争有机地结合起来。同时,为实现统一领导,增强部队战斗力,有计划地打击敌人,决定将红58团、闽北独立团、分区警卫连、贵溪游击队、崇安独立营等合并重建闽北独立师,黄立贵任师长、卢文卿任政委、张燕珍任参谋长、曾镜冰任政治部主任,下辖4个团共约4000多名队员。为实现组织形式的转变,重建后的闽北独立师对中共闽北分区委机关和红军游击队进行了短期的整顿和整编,为以游击战术对付敌人的"清剿"创造了必要的条件。3月,黄立贵率领闽北独立师向将、邵、泰边境三角地带挺进,在万安、安仁、大源、高唐一带活动,并逐步在安仁、泽坊、芹洋、长甲、正溪、孔坪等地创建了游击根据地。

1935年8月,中共闽北分区委在崇安县岚谷黄龙岩召开区委扩大会议(史称黄龙会议),总结了游击战争的斗争经验,在统一认识、总结经验教训的基础上,做出向敌后挺进,开辟新的游击区的方针。根据会议精神,会后,黄立贵率领由独立师第1团、第4团第1营和挺进师第3纵队合编的独立师第2纵队向邵武、顺昌、建阳挺进,建立游击根据地,并派出武装向将乐、建宁、泰宁地域游击,经过一年的斗争,在将(乐)建(宁)泰(宁)区域开辟了游击根据地。此后,独立师第2纵队活动于将乐与邵武、顺昌交界的泽坊、安仁、长甲、正溪、孔坪、山头洋、山坑、何坑、南坪、石门溪一带,并建立了九仙山游击根据地。

  1936年1月,黄立贵率闽北独立师第2纵队转移到将乐、泰宁、顺昌一带活动。在泰宁上青半岭村,黄立贵率游击队员80余名袭击了泰宁北乡保卫团团部。随后,黄立贵率部出击将乐、泰宁、建宁国民党军防守空虚的地带,6月在万安孔坪村建立了将(乐)泰(宁)邵(武)县委,邱子明(邵武人)任县委书记,下辖3县边界区域的一些党组织,隶属中共闽中特委;成立了将泰邵游击队,开辟了将(乐)泰(宁)邵(武)游击根据地;在邵武成立了中共闽中分区委和军分区,黄立贵任书记兼司令、政委,下辖邵(武)光(泽)特区委、将(乐)泰(宁)邵(武)县委和邵(武)顺(昌)建(阳)县委。8月间,纵队一部由将乐万全进入泰宁开展游击,与国民党军第75师1个连在隘上激战数小时,击毙敌军数十人。10月初,黄立贵、马长炎率领闽北独立师第2、第6纵队,兵分两路,一路由将乐白莲进入明溪常坪一带游击;另一路由沙县盖竹方向进入明溪岭头,打下夏阳紫云台驻敌的土堡。11月初,闽北独立师第2、第6纵队转至泰宁、将乐境内游击,后在将乐的孔坪、正溪与中共邵(武)将(乐)泰(宁)县委率领的游击队会合,开展游击斗争。期间,纵队又转至泰宁、建宁一带活动,并在泰宁境内成立了中共建(宁)泰(宁)县委,陈文任书记,隶属于中共闽中特委。12月8日,第2纵队进入泰宁上青永兴村曹家坊一带活动,后又配合由曾昭铭任队长兼政委的第5纵队一部(由建宁、邵武等地方武装编成)在建宁、泰宁边界活动。

  1937年1月,马长炎率领第2纵队一部进入建宁县的江家店,采用调虎离山计,痛击敌保安队一部,活捉国民党当局派出的巡视员一人,缴获电台一部,并将"巡视员"换回一批西药、子弹和力士鞋等军需物资。2月,黄立贵率领闽北独立师第2纵队的一部,从邵武进入建宁东乡的落井溪,冒雪急行军10余里到达溪口,半夜袭击国民党建宁县第二区区署,活捉区长等3人,并缴获枪支弹药和粮食,天亮后黄立贵在溪口召开群众大会,并开官仓放粮救济群众,中午,国民党建宁县政府调保卫团赶到溪口时,游击队已撤往与泰宁县交界的分水隘一带。3月初,马长炎、黄立贵各率闽北独立师第2纵队一部和第5纵队,在将乐万安游击根据地会师。随后,在顺昌的第6纵队也从顺昌抵达会师地点。为适应斗争需要,会师后约有400余人的3支队伍进入建宁进行整编,将第5、第6纵队合并为第6纵队,分别由黄立贵师长兼第2纵队队长,率部挺进建(宁)泰(宁)邵(武)边界地区活动;马长炎任第6纵队政委,坚持以将乐为中心,在将(乐)建(宁)泰(宁)游击根据地开展活动。整编后,第6纵队进入将乐正溪、孔坪村后,与邱子明带领的游击队会合,任命邱子明为第6纵队政治处主任。会合后的第6纵队在万安、安仁一带镇压反动分子、发动群众、建立农会组织、发展游击武装,同时,还在泰宁弋口、大田鱼川活动,并经龙湖神下、香岭进入上青打土豪筹款,游击于上青的川垅、李家坊、龙湖的黄厝以及邵武的桂林一带,镇压反动分子,发动群众,扩大游击根据地。期间,黄立贵师长还亲自到福山一带做统战工作,第6纵队还在泰宁吸收了部分贫苦农民加入游击队。

1937年4月,为打通与闽西游击根据地的联系,黄立贵命令第2、第6纵队分别从建宁、泰宁向明溪、宁化边境游击;马长炎率领第6纵队在泰宁上青、开善和建宁的官常、焦坑、半寮、夏坊等乡打击保安团和大刀会,一直进到宁化边界与第2纵队一部会合,并在建宁的均口建立秘密的临时交通联络站。由于国民党当局紧急调集2个团和闽赣边保安队进行"围剿",向闽西发展的计划未能成功。后黄立贵师长带第2纵队转战邵武,马长炎带第6纵队撤回泰宁、将乐一带。期间,国民党军曾先后两次进入将乐孔坪、正溪"围剿"红军均扑空。5月,马长炎、邱子明带领游击队在将乐香菇厂、笋厂工人中发展党员,建立党支部。由于红军游击队的活动频繁,引起了敌人的注意,敌调1个营进入正溪、何坑、山头洋等地搜山,妄图消灭红军游击队。6月初,黄立贵师长率领第2纵队一部,从邵武到泰宁又转入将乐,驻扎在大源乡长甲村山厂。此时,国民党当局到处张贴通缉令,欲生擒黄立贵,并派保安队进驻长甲村"围剿"红军游击队,黄立贵师长便利用农历五月端午节长甲墟日的机会,与战士们乔装打扮成赶墟的商贩、农民,智擒路口的敌哨兵后进入墟场,包围了保安队队部,出其不意地打击敌人,并缴获了一批战利品,后将队伍转移到九仙山游击根据地活动。6月底,国民党当局得知红军游击队的行踪,立即调第7师、第12师和邵武、将乐的保安队兵分三路分别从邵武的桥头、将乐的高唐和万安等地对游击根据地九仙山进行"围剿",将黄立贵所率的第2纵队一部、马长炎所率的第6纵队及随队的中共将乐县委、中共建(宁)泰(宁)县委人员层层包围在九仙山上。7月初,黄立贵感到形势危急,于是带领第3纵队40余名队员翻山越岭,经将乐大源的沙溪、赔顶、羊角尖向邵武转移,13日,在邵武沙田堡村梧桐村际山厂转战突围中英勇牺牲。马长炎率领第6纵队在群众的支持帮助下经过一个多月的艰苦转战,在光泽与建阳交界的猪姆岗,找到了闽赣省委。

1937年7月7日,卢沟桥事变爆发,中华民族处在危亡关键时刻,为了拯救民族危亡,国共两党实现第二次合作,工农红军分别改编为国民革命军第八路军和新编第四军。1938年1月,闽西红军游击队奉命改编为新四军第二支队,闽北红军游击队集中到江西铅山石塘镇整编,除留下少数武装在闽北坚持斗争外,将主力1300余人改编为新四军第三支队,两支队伍随即开赴苏皖抗日前线。

第三节 三明苏区人民的贡献,彪炳史册

自 1929 年 3 月 11 日红军首次入明到 1934 年 10 月红军长征,据不完全统计,三明苏区参加红军人数达 38713 人,先后组建了 26 支地方武装赤卫队、游击队,20 支区域性地方革命武装队伍,参加游击队人数达 29480 人,烈士人数有 7672 人。筹集粮食 10 万余担和大量银圆、物资支持瑞金等地红军。

一、中央苏区"乌克兰"

由于敌强我弱,中央苏区的反"围剿"斗争极其严峻,红军伤亡很大,筹粮筹款、扩红支前以抵御敌人的"围剿"和保卫中央苏区就成为苏维埃政府的经常性工作。尤其是 1933 年 2 月至 1934 年 10 月,为粉碎国民党对中央苏区的第四次、第五次"围剿",中央发出"在全国各苏区创造一百万铁的红军""动员所有模范队、模范少先队,整营整团加入红军中去"等号召。三明各苏区县人民积极开展扩红支前突击运动,义无反顾地参战支前,奉献大量的人力、财力、物力,为根据地的建设、反"围剿"斗争的胜利和反第五次"围剿"失败后顺利进行战略大转移,以及为中国革命的胜利和新中国的诞生都做出了重大贡献和巨大牺牲。

在参军扩红中,三明苏区各级党团组织、苏维埃政府、群众团体、地方武装和苏区广大群众,积极响应党和苏维埃政府的号召,不仅群众个人自觉自愿地参加红军,而且党团组织以支部为单位,赤卫队和地方武装以排、连、营为单位,成建制地加入红军,掀起了扩红突击运动的高潮。在扩红运动高潮中,宁化苏区创造了扩红竞赛活动的经验,扩红运动一浪高过一浪,涌现出 20 多个党团支部全体党员集体加入红军的先进事迹,出现了"兄弟同参军、父子同上阵、夫妻一条心"的感人场面;1933 年六七月间,宁化 500 余名赤少队员参加"少共国际师"……涌现出淮阳、禾口两个扩红模范区,被福建省授予"我们的模范区"金字光荣匾,上杭才溪乡等地还派出 100 多名代表专程前往两区学习扩红经验。宁化县仅 1933 年 9 月上旬至 10 月下旬,全县扩红 2000 余名。从 1929 年 3 月至 1934 年 10 月,宁化苏区一共有 13700 多名优秀儿女参加革命,当时全县总人口 13 万多人,每 10 人中就有 1 人参加革命,每 3 户就有 1 户是烈军属,是福建中央苏区县中参加革命人数最多的县,是中央苏区的扩红重点县之一,多次

受到中华苏维埃中央政府机关报《红色中华》的载文表扬。

在筹粮筹款中,盛产稻谷的三明苏区政府和广大群众积极响应中央和省委关于开展支援前线、保障战争物质需求的号召,成为中央苏区征集粮食的重点区域之一。1933年春第四次反"围剿"期间,建宁县积极做好筹粮工作,在枧头街囤积大量白米,发给行军路过的红军,每人一袋,不让一个红军的米袋放空;1934年春的第五次反"围剿"中,全县进行50天的春耕突击运动,收集粮食2万担供给红军,其中邱家隘战斗所在的将上、安寅乡,原计划筹集大米1万余斤,结果群众一昼夜加工大米2万余斤供给红军。1934年2月2日至3月10日,宁化全县收集粮食3万多担,完成了突击收集粮食任务,成为中央苏区收集粮食最多的县。从1931年春至1934年秋,宁化苏区共筹集粮食950多万斤、钱款近54万元和大量被装支援前线,组织了2万多人次的担架队、运输队担任支前后勤保障任务,成为福建省的支前重点县,受到福建省苏维埃政府、中华苏维埃中央政府机关报《红色中华》的多次表扬,被誉为中央苏区的"乌克兰"。

二、土地革命的实践

农村土地基本被地主豪绅占有,占人口80%多的农民几乎没有其赖以生存的土地,这是中国两千多年来农民贫困的根源。三明各苏区地处偏僻山区,经济落后,生产力发展缓慢,绝大部分土地亦集中在地主豪绅手里。如宁化、清流、归化等地85%的土地掌握在地主阶级手中,地主凭借占有的土地和其他生产资料,对农民进行残酷的剥削。少地或无地的农民向地主租种土地或当雇工,虽然辛勤耕种,但仍过着饥肠辘辘、食不果腹的生活。"禾镰挂上壁,饭就没有吃,端着簸箕斗,东乞又西讨""农民有三宝,火笼当棉袄,蓑衣当被盖,糠菜当饭饱"等民谣,就是当时三明农民痛苦生活的真实写照。实现"耕者有其田",摆脱痛苦、求得生存,是三明农民和中国千百年来的广大农民一直孜孜以求、为之奋斗的梦想。

1930年后,随着三明各县、乡(村)苏维埃政权的建立和发展,在各级党组织的领导和红军的帮助下,三明农民开展了打土豪、分浮财、烧田契,并逐步发展到分配土地的运动。

1931年夏,第二次反"围剿"的收官之战建宁战斗胜利后,建宁全县成立了5个中心区区委、区苏维埃政府和70个乡苏维埃政府,成立建宁县革命委员会红色政权。随后,建宁全县农村普遍开展打土豪劣绅的斗争,没收土豪的浮财,烧毁田契、债据。根据"原耕不动""抽肥补瘦、抽多补少"的原则,按本乡田亩、人口总数,略留余数,进行平均分配,雇农、贫农、中农、工人家属按照人口平均分田;红军家属多分一份上等田;

富农、地主按人口分下等田;工人本人不分田,失业或半失业工人和工人家属,按农民同等标准分田;分余的田亩为政府公田;竹山、茶山、鱼塘按土地分配原则进行分配或留作公产。

1932年第三次反"围剿"胜利后,三明区域的建(宁)泰(宁)将(乐)和宁(化)清(流)归(化)革命根据地同赣南、闽西根据地连成一片,形成以瑞金为中心的中央革命根据地。此后,三明各苏区县立即掀起了土地革命运动的高潮。

宁化县的槽坊、石牛、淮阳、凤山、和口、石碧和清流县的李坊、荷花、下坊等区乡苏维埃政府成立了分田委员会,负责审查监督各地的分田工作,受理群众意见,各地出现一片分田忙的景象。具体做法大致如下:以乡为单位,根据各个乡村人口数量的多少,平均分配土地,分田坚持以抽多补少、抽肥补瘦为原则,不得采取绝对平均主义分配农田,富农不得把持富田。所有豪绅地主及祠庙公田必须把田契、债约和账簿限期上缴乡、区苏维埃政府或乡农民协会当众焚毁,自耕农的田契如果有多数农民要求焚毁的,也必须焚毁。各县区苏维埃政府在土地革命后,没收地主豪绅的财产,公社的田地、山林、池塘、房屋归苏维埃所有,由苏维埃政府分配给贫苦农民及其他需要土地的农民。

归化、清流、泰宁、将乐等三明各苏区县也大都按照"田以人分,山以户分"、肥瘦搭配的方法,给贫苦农民分配了土地,泰宁县大部分乡还发放了"分田证",归化县苏维埃政府发给"耕田证";2月24日,清流的长校下谢村贫农团根据颁布的《土地法》,将分田标准张贴墙上,由群众监督。

三明苏区县经过反复几次的分田运动取得很大成就,使占农村绝大多数的贫苦农民获得了土地,一定程度上摧毁了封建土地剥削制度,一度解决了农民的土地问题,解放了生产力,促进了苏区农业生产的恢复与发展,农民的革命斗志得到极大鼓舞,积极参军参战,捐款捐物,参加支前运动,为根据地建设和巩固发展红色政权发挥了巨大的作用,也为解放战争胜利后的土地改革提供了经验借鉴。

三、三明地方工农武装的英勇斗争

在地方党组织和中央红军的指导帮助下,三明各县、乡(村)地方工农武装发展迅速,组织了赤卫队、游击队、模范营团等工农武装组织。这些地方武装在配合主力红军作战、肃清地主武装和反动刀团匪、开展游击战中,英勇顽强,不畏牺牲。尤其被称为"飞彪队""虎五团"等的宁化地方武装,勇猛如虎,令周边敌人闻风丧胆。

"飞彪队"是以张瑞标在宁化禾口区组建的宁西游击队为主发展起来的一支地方武装,组建于1931年8月,有毛瑟枪40余支、120多人。队长张瑞标,曾参加宁化西南五乡暴动,担任宁化游击队排长,很有作战经验,宁西游击队在他的带领下,在禾口、淮土、城关、中沙、湖村一带打击民团,个个都是杀敌能手。由于缺少枪支弹药,张瑞标带领的游击队以梭镖、大刀为主,曾在禾口、李七坑、宁化县城等战役中,杀得宁化国民党马鸿兴部魂飞魄散,被马鸿兴称为"飞彪队"。宁化、归化等地的反动大刀会、童子军,一见到张瑞标的大刀队,个个胆战心惊,大叫:"飞彪队来了!"

"虎五团"是以曹坊宁南游击队为主发展起来的一支地方武装,组建于1931年6月,有60多人,后增加至300余人。先是曹富生任队长,后由福建军区委派来的陈树湘指挥,在曹坊、长宁、安乐、清流、里田等边界开展游击战,愈战愈勇,胜战频传,因此被称为"虎五团"而名声大震。

1931年12月4日,禾口保卫团总张立瑜勾结宁化各乡保卫团、童子军及马鸿兴部共约1000多人进犯淮土,企图扼杀刚刚建立的宁化红色政权。得到情报的张瑞标马上率领游击队和宁化警卫连(由宁西游击队和宁南游击队中抽调100人组建成)进入三峰寨主峰阵地,严阵以待,同时向红军求援。气势汹汹的敌人来到三峰寨山脚,排成梯形进攻队形,童子军执大刀在前,民团持枪居中,马鸿兴部压后。待敌人接近前沿阵地时,张瑞标一声令下,全体战士集中火力猛烈扫射敌群,打得敌人一个个饮弹倒地。战斗正进行得激烈时,红军增援部队赶到,顿时,军号声阵阵,喊杀声震天,游击队和警卫连战士更是斗志昂扬,迅速跃出战壕,以猛虎下山之势冲入敌群,杀得敌人血肉横飞,丢盔弃甲,狼狈逃窜。游击队乘胜追击,直捣敌巢。这一仗共计毙敌100多人,俘虏200余人,缴获保卫团总张立瑜盒子枪一支,步枪100多支,轻机枪3挺,长矛、大刀无数,重创马鸿兴团,彻底摧毁了禾口张立瑜的保卫团,保护和巩固了新成立的中共宁化县委、县苏维埃政府。

宁西游击队、宁南游击队在战斗中不断发展壮大,1932年分别改编为独立7团、独立5团,隶属宁清归军分区。同年8月,独立7团、独立5团又成为在宁化县城组建的中国工农红军独立第7师的主要力量,隶属福建军区,陈树湘任师长,共700余名队员。新成立的独立第7师继承"飞彪队""虎五团"的勇猛精神,每个指战员都使用一支枪和一把大刀,刺枪、劈刀技术娴熟,令宁清归地区的刀团匪反动武装闻风丧胆,当地群众广为传诵着一首顺口溜:"红独七师,猛如雄狮,挡者披靡,顽抗伏尸。"1933年6月,宁化独立第7师以其作战勇猛、战功卓著,被编入红一方面军战斗序列,即红34师的前身。在长征途中,红34师为掩护中央机关和中央主力红军突破敌人的第四道封锁线,血洒湘江,成为从师长、政委以下成建制牺牲的绝命后卫师。

三明地方工农武装,不只有宁化的"飞彪队""虎五团",还有澎湃独立营、泰宁独立营、建宁游击队等等,敢于冲锋陷阵、不畏牺牲,为保卫、巩固和发展红色苏区,做出了不可磨灭的贡献。

四、三明籍红军血染湘江

第五次反"围剿"失败后,中央红军被迫采取战略转移、进行长征。宁化籍红军战士参加长征的有3000多名,大部分编在红3军团第4师和红5军团第34师,分别担任长征中最艰巨的前卫和后卫任务。前卫红4师一路与堵敌激烈交战,连续冲破敌军三道封锁线,后卫红34师一路与追兵短兵相接,节节阻击敌人。1934年11月底,在关系党和红军生死存亡的战略性决战——湘江战役中,前卫红4师和后卫红34师与敌作殊死拼杀,誓死掩护主力红军渡江,战斗空前惨烈,牺牲极其悲壮。

前卫红4师于1934年11月25日渡过湘江,控制了湘江西岸的界首渡河点,在界首以南的光华铺布防阻击攻敌,经7天6夜与敌勇猛厮杀、激烈奋战,至12月1日,突破敌军第四道封锁线,掩护军委第1、第2纵队渡过湘江,虽然歼敌数千,但自身伤亡惨重,损失近半。

后卫红34师6000多名红军将士于1934年11月27日在桂北灌阳县的文市至水车一线布防阻击追敌。此时,红34师的阻击阵地,东面有敌两李的部队追击,南面有敌夏威的部队推逼,北面有敌薛岳、周浑元、罗卓英、王均等中央军几路纵队的挤压,西面有湘江天险,空中有敌机轰炸,四面受敌,陷入最危险的绝地。但红34师在陈树湘师长、程翠林政委的沉着指挥下,全师指战员以视死如归的大无畏气概,用他们的血肉之躯筑起一道道人墙,拦截、堵击地面数万敌人的三面强大进攻,承受空中几十架飞机的轮番轰炸,与多于自己十几倍的敌军短兵相接,拼死激战,前赴后继,打退了敌人一次又一次的集团式疯狂冲锋,双方伤亡惨重,阵地前遗尸遍野,血流成河。29日,国民党中央军周浑元部向位于水车的红34师阵地连续发起七次进攻,次次都被打退。从11月27日至31日,经4天5夜的浴血鏖战,全师4000多名指战员壮烈牺牲,一时滔滔湘江成了"红水河"(传言湘江战役之后,湘江人"三年莫食湘江鱼")。12月1日,中央主力红军全部渡过了湘江,但后卫红34师所剩1000多人却被敌重兵阻隔在湘江东岸,陷于敌人的重围之中,无法渡江。师长陈树湘指挥余部突围后,转战于桂北、湘南一带,开展游击战,12月9日,在湘南永明县抢渡牯子江的沱水时,遭到了当地保安队的袭击,陈树湘不幸腹部负重伤被俘虏。在敌人的担架上,陈树湘乘敌不备,从腹部伤口里毅然绞断肠子,壮烈牺牲,年仅29岁。陈树湘师长牺牲后,余部100多人继续打游击,但因孤军无援,弹尽粮绝,只有少数人幸存,潜往湘粤和湘赣边寻找红军游击队。红34师是湘江战役中唯一一支从师长、政委以下成建制牺牲的部队，红34师将士用自己的血肉之躯誓死掩护中央机关和中央主力红军渡过湘江，保存了中央主力红军的实力，保护了中国革命的精英。

五、胸怀理想铸英魂

第二次土地革命时期，三明苏区人民在中国共产党的领导下，艰苦卓绝，英勇奋斗，前仆后继，涌现出许多可亲可敬的英雄，如张新华、曾德高、徐赤生、张瑞标、黎振旺等等，其事迹可歌可泣，其精神感天动地。

1. 作战勇敢的红军优秀指挥员——张瑞标

张瑞标，又名邦启，乳名瑞根子，是作战勇敢的红军优秀指挥员。1907年10月出生，宁化县禾口乡人。1929年春，在宁化地下党的培养教育下，积极参加农会活动，同年加入中国共产党。1930年6月后，他先后组建了石壁赤卫队、宁西游击队。他胆大心细，机智勇敢，不怕牺牲，带领队伍历经大小战斗无数，常与敌人做殊死战斗，打过很多胜战。攻打归化县城时，以一个排的兵力消灭敌人一个连。当时，敌部卢兴邦在归化县城布置班、排、连三哨，张瑞标亲自带领张恩富等五人，划竹排悄悄摸进归化县城，摸掉了敌人的岗哨，冲进县城，给正在发饷的敌人来了个措手不及，银洋丢得满地，一枪未发，缴获了17支枪。攻打清流县城时，他只带领五个人，挑了一担柴，一担菜，化装成农民，在晨雾蒙蒙中划船到了浮桥头，城门正开启，守门哨兵看见船上有人，便大声喊问，张瑞标回答："进城卖柴的。"敌人听口音不对，立即开枪射击，船上战士一齐还击，张瑞标带头冲进城去，敌人几次反击，都被打退。这次缴获步枪30多支，还缴获保卫团一面旗帜，游击队曾多次利用这面旗帜，引诱、麻痹过不少敌人，缴获过不少武器。1933年，他带领的游击队先后改编为中国工农红军独立第7师、红34师，他也先后由队长、连长成长为副师长，参加著名的攻打泉上土堡和彭口战役。1934年7月，为打击推进到中央苏区武平的地方军阀钟绍奎部，他组织20多名英勇战士组成敢死队，乘夜偷袭敌旅部。本来，大家都不同意张瑞标亲自带队涉险，但张瑞标说"打仗都有危险，既然参加革命就更不应该怕风险"，坚持要自己带队前往。敢死队员们在夜色的掩护下，接连端掉敌人5个岗哨。之后，因一名战士不慎，被敌发觉，一阵机枪扫射过来，张瑞标当即身中数弹倒在血泊之中。走在他后面的战士张邦辅急忙把他背在背上，张瑞标喘了一口气说："我不行了，不要管我，你们要继续向前，坚决消灭敌人。"就这样，张瑞标为革命献出了自己年仅27岁的生命。

2. 视死如归的优秀苏区干部——曾德高

曾德高,1901年出生于清流县城关坪背一个穷苦的农民家庭。早年,曾参加国民革命。1929年春,他不顾妻子的劝阻,毅然前往长汀参加红军。1931年加入中国共产党,随后,多次秘密返回清流从事革命活动,在城郊一带创办工农夜校,秘密发展党员,并建立了清流第一个中共地下组织——中共清流城市支部。1931年3月后,曾德高又奉命在宁、清、归一带组建独立师,并担任师部参谋,率部队多次攻打团匪刀兵,巩固发展宁化、清流红色政权。1934年9月,为配合主力红军粉碎敌人的第五次反"围剿",曾德高再次奉命率领清流赤少模范营到叶坊等地剿灭刀团匪。不料突遭200多名刀团匪的伏击。曾德高沉着指挥,冲锋在前,与敌人展开了搏斗。最后,终因寡不敌众,模范营伤亡多人,曾德高也负伤被俘。曾德高被俘后,敌人对他软硬兼施,逼他叛变投降,但无论是封官许愿、重金引诱,还是严刑拷打,他都毫不动摇,始终坚贞不渝,守口如瓶,表现了一个共产党人视死如归的英雄气概。恼羞成怒的敌人将他押到宁化横锁乡戏台进行示众审讯,并残忍地割下他的耳朵,塞到他的嘴里,曾德高忍着剧痛,使出全身力气,对台下群众喊道:"乡亲们,你们不要难过,不要害怕,他们就是把我剁成肉酱,我也不会给他们讲出一个共产党员来的!"最后,万般无奈的敌人用梭镖把曾德高活活刺死,年仅33岁。

3. 宁化地方党组织的创建者和领导者——徐赤生

徐赤生原名玉琅,字太景,乳名马木子,1910年出生于地主家庭,宁化县曹坊乡人。他在长汀七中学习期间,受进步思想影响,积极参加革命活动,1928年春加入中国共产党。4月,奉命回宁化开展党的秘密活动,先后指导曹坊、禾口、石碧、方田等地建立了党支部或党小组。1930年6月,领导宁化西南五乡农民武装暴动,还率先把自家的田契当众烧毁,开仓出谷,也要求其他地主交粮分谷,对较大的地主要求罚现金。1930年7月,中共宁化县第一次党代会召开,成立宁化县特区委,徐赤生当选为特区委书记。红军离开宁化后,他将所有武装编成赤卫大队,后改编为宁化游击大队,由他兼任大队政委。他指挥有方,善于鼓舞士气,在配合红5纵队作战中,屡建战功。不久,调往苏区中央局工作。1934年4月,徐赤生带领中央工作团5人在建宁县黄泥铺村开展工作,夜里突遭国民党匪特袭击,经激烈战斗后,徐赤生和其他4人全部牺牲,年仅24岁。

4. 临危不惧的苏区好干部——王盛权

王盛权,又名金宝子。1913年3月出生,宁化县淮土乡人。1927年秋考入宁化县连岗中学,1929年受中共党员徐赤生宣传的进步思想影响,开始积极参加地下党组织的革命活动,同年秋加入中国共产党。

1930年6月,他参与组织筹划了宁化西南五乡农民武装暴动,并参加领导了西乡(禾口)的武装暴动,建立了西乡革命委员会。1930年冬成立凤山乡苏维埃政府,王盛权任乡苏维埃政府主席。1931年春后,任淮阳区委宣传部部长、淮阳区委书记。1931年10月成立中共宁化县委和宁化县苏维埃政府,王盛权任中共宁化县委宣传部部长。1932年后,历任中共禾口区委、中共芙蓉(今济村)区委书记、宁化县委副书记。

1934年春,王盛权任中共宁化中心县委宣传部部长。在他的领导下,宁化地区的战争动员、扩红支前等工作再掀高潮,涌现了淮阳、禾口两个扩红模范区和10多个乡的先进党团支部。他还认真总结了宁化县扩红工作的先进经验在《红色中华》报上宣传。

1934年10月,红军主力撤离中央苏区,进行长征。12月,因国民党52师进攻宁化县城,中共宁化县委和县苏政府撤出县城,转移到方田,以田螺髻为根据地,坚持开展游击斗争活动。

1935年4月,由于叛徒出卖,中共宁化县委、县苏维埃政府及游击队,在田螺髻遭敌52师重兵围剿,经激烈战斗,终因寡不敌众,多数同志壮烈牺牲,只有少数人突出重围。王盛权率领的一部分人突出敌军重围后,又遭淮土罗世阳保卫团的拦击,只身逃出,却又被凤山铲共义勇队发现包围,再次冲出敌围后,独自一人去江西找红军。后因被发现告密后被捕,押送至禾口伪区公所。面对敌人的劝降和严刑拷打的逼供,他立场坚定,临危不惧,视死如归,表现出共产党人大义凛然的气概说:"豺狼当道,疯狗狂咬。今日捐我躯,来日你挨刀。"1935年5月,王盛权高呼着"中国共产党万岁""工农红军万岁"的口号,英勇就义,年仅23岁。

5. 坚贞不屈的县苏维埃主席——杨志和

杨志和,祖籍长汀,1908年出生于泰宁县城关水南。杨志和5岁丧父,7岁随母改嫁到一个姓许的砖瓦匠家里,9岁进私塾,13岁辍学,16岁起学做砖瓦匠。

1931年6月,工农红军解放泰宁以后,杨志和积极投身土地革命运动,不久加入中国共产党,任中共泰宁支部书记、城市区西南乡革委会主席。1931年7月,红军撤离泰宁,杨志和转移到本县农村开展隐蔽斗争。1932年10月红军收复县城后,杨志和任城市区革委会主席,率游击队歼灭了土豪周老龙的保卫团。1933年7月兼任城市区区委书记,10月任县委宣传部部长,10月25日在泰宁县第一次工农兵代表大会上当选为县苏维埃政府主席。这一时期,杨志和积极组织赤卫军运输队下洋口、沙县等地搬运战利品,发动群众熬制硝盐,为打破国民党反动派对苏区的经济封锁做出了很大的贡献。

1934年3月,国民党东路军第10纵队抢占泰宁县城后,杨志和再次转移到偏僻山村发动群众,坚持游击斗争。1935年4月,杨志和奉命潜回泰宁,重新组织革命力量,开展敌后地下斗争,并筹集经费支援红军游击队的斗争。后因奸细告密,在县城水南一个砖窑隐蔽中被敌捕获。狱中,杨志和历尽了敌人的威逼利诱和严刑拷打,始终坚贞不屈。1935年5月,杨志和在高呼"共产党万岁!红军万岁!"的口号声中,被敌人杀害于泰宁县城北门外沙洲上,时年27岁。

6. 英勇无畏的游击队情报员——黄祖华

黄祖华,1907年8月出生于将乐县安仁乡福山村,曾在当地私塾学堂上了3年小学。1930年在将乐县北部重镇万安区公所担任文书,后因不满地方官吏鱼肉乡民、欺压百姓的丑恶行径,愤然辞职。1934年在红军闽北独立师黄立贵师长、邱子明团长和当地农会负责人肖居仁的动员影响下,参加红军游击队组织并负责情报工作。同时还负责采购游击队队员的生活日用品及为红军游击队购买、运送子弹的险重任务。

1936年11月24日,根据黄祖华侦察到的可靠情报,红军游击队在安仁泽坊墟日这天乔装打扮成赶集的群众,一举将横行乡里为非作歹的大刀会匪徒歼灭,并击毙了大刀会头目郑爱仁。

1936年12月,根据部署,黄祖华在安仁乡组织了由10余人组成的治安保卫队,秘密配合红军游击队开展军事活动。1937年5月底的一天,驻万安国民党保安连企图对驻扎在伍宿村的游击队实施包围,然后将其一举歼灭。黄祖华获取这一军事情报后,马上写信叫当时在乡治安保卫队工作的杨光怀火速将这一情报直接送交黄立贵师长,最终保安连扑了个空。后因杨光怀私自把黄立贵的回信转交,落到万安的保安连米连长手中,为此黄祖华因私通游击队被押解到万安保安连连部关押,后关押在将乐县城。黄祖华被捕后,受尽严刑拷打,坚贞不屈,1937年8月7日在县城东门外被杀害,年仅30岁。中华人民共和国成立后,被当地民政部门追认为烈士。

7. 党的优秀地下工作者——洪基

洪基,1908年1月出生于沙县夏茂镇一个农民家庭。1924年毕业于沙县县立第二高级学校,随后在沙县茂溪启蒙初级小学任教。1928年夏,中共沙县特别支部在夏茂建立后,洪基经人介绍加入中国共产党,以教员身份在夏茂兴办民校(夜校),结合扫盲向青年农民灌输先进思想,从事党的地下革命工作。

1931年6月,洪基与他人共同策动并率领当地农民自卫武装袭击驻扎在夏茂的国民党军卢兴邦所部。同时,积极配合红军干部钱益民率领的武工队在夏茂地区发动组织群众,筹粮筹款,发展地方武装。

1933年8月,红军东方军挺进沙县解放了夏茂镇,洪基积极参加组建地方苏维埃政权,任沙县夏茂区苏维埃革命委员会肃反主任。

1934年1月,闽中独立团建立,洪基任参谋长。1934年2月下旬红军撤离沙县后,洪基仍留在夏茂地区坚持地下斗争,组织开展游击活动。

1934年5月6日,洪基不幸遭敌围捕,负伤被俘,壮烈牺牲,年仅27岁。

8. 农会游击队领袖——黄可英

黄可英,1909年出生于乡村医生家庭,原名黄考英,化名黄英,沙县夏茂镇人,曾任中共建瓯县委书记等职。

1927年春,在沙县县立初级中学就读的黄可英组织发动全校同学罢课,反对学校当局独断专横、贪污渎职、任用亲信的作风,被国民党沙县政府镇压,学校一度停办,学生散归原籍。

1927年秋,黄可英继续求学,升入福州第二初级中学读书。期间,他接受了先进的马克思主义思想,不久,加入中国共产党,从此开始了革命生涯。他在青年学生和工人中积极宣传革命真理和党的主张,建立基层组织,并经常散发传单,组织与参加游行集会,发动群众反对国民党反动统治。为此,黄可英在福州曾被捕入狱,经过组织营救出狱后,仍然继续坚持斗争。

1929年1月,受中共福州市委派遣,黄可英转学建瓯乡村师范学校读书,以学生身份为掩护,开展地下工作,重建当地党、团组织。7月恢复了中共建瓯县委,任书记,同年10月被捕。民国福建省高等法院以"扰乱学校秩序,危害社会,危害民国"罪名,判处黄可英有期徒刑一年,刑满释放后,仍留在福州从事工人运动,负责领导人力车工会、锯木工会和电力工会的工作。

1931年7月,任中共福州中心市委委员、共青团福州市委常委。1932年7月,受中共福州中心市委派遣,再次到建瓯恢复党组织,成立中共建瓯中心县委,任委员,领导建阳、政和、松溪3个县的特别支部及建瓯西区区委和东区党组织。他深入建瓯、政和、松溪三县边界农村,组织农会,置办武器。1932年12月,成立闽北游击队第一支队,任游击队政治委员。1933年9月,因叛徒出卖,游击队被国民党军56师围歼,黄可英转赴政和东平一带开展武装斗争。1933年10月,组建政和第一支半公开的赤色农会游击队。

1934年初,为筹备革命经费和武器,在黄可英带领下,游击队携带仅有的一支手枪以及土铳、梭镖、大刀到瓯南水吉龙安一带,抓获豪绅地主多名,筹到一笔经费。返回路经茶筒岭时,遭遇瓯南反动民团的伏击,黄可英为掩护战友安全撤离而陷入重围,英勇牺牲,年仅25岁。

革命的英雄数不胜数,是他们以鲜血和生命唤起了更多群众参加革命,促进了三明苏区和中央苏区的建立、巩固和发展;英雄的事迹说不完道不尽,是他们的事迹和革命精神,激励、鼓舞着一代又一代的中国人民奋勇前进。

第四章 抗日救亡运动与东南抗战文化中心

全面抗战后,三明中国共产党人,举起抗日民族统一战线大旗,恢复建立党的组织,积极开展抗日救亡运动;国民党福建省政府机关内迁三明永安,历史又把焦点聚集在三明这块大地上,共产党人积极领导和推动开展了轰轰烈烈的以抗日救亡为主要内容的文化活动,使山城成为抗战时期中国东南抗战文化的一面旗帜;抗战中后期,国民党统治集团内的投降、分裂、倒退活动日益严重,消极抗日,积极反共,三明共产党人积极维护抗日统一战线大局,组织开展抗日反顽斗争,在斗争中不断发展壮大自己的力量,为取得抗日战争的胜利做出了重要贡献,用生命和鲜血书写了一页页壮丽的革命史诗。

◆ 第一节 恢复建立党的组织,开展抗日救亡运动

以卢沟桥事变为起点,日本发动了全面的侵华战争。中国共产党号召全国人民、军队和政府团结起来,筑起民族统一战线的坚固长城,抵抗日本的侵略。在中国共产党的积极倡导和组织下,国共实现第二次合作,全国形成抗战热潮。在此背景下,三明各地迅速恢复建立党的组织,开展抗日救亡运动。

一、迅速恢复建立党组织

1. 大田首先恢复建立党组织并不断发展壮大

1935年12月9日,北平爱国学生举行声势浩大的抗日救亡游行。在北平"一二

九"爱国学生运动推动下,河北省立农学院随之自发成立了"河北农学院学生救国会",掀起了学运高潮。在农学院耕读的大田籍学生、中共党员林鸿图积极投身于抗日救亡的爱国学生运动。翌年2月,林鸿图在中共保定市委的直接领导下,建立了中共河北省立农学院党支部,林鸿图任书记。支部成立后,林鸿图在校内外广泛组织开展抗日救亡活动,继续发展党的组织的同时,把"一二九"运动的游行照片、宣传品和其他抗日救亡的书刊等寄给家乡大田县武陵小学校长林大蕃,广为传播。使大田县的一批青年深受教育和鼓舞。

1936年冬,在河北省立农学院就读的大田县籍学生、中共党员林鸿图回到家乡大田县,积极开展抗日救亡宣传活动,在进步青年中宣传"一二九"运动的伟大意义和介绍西安事变的情况,宣传共产党抗日救亡的主张,传播马列主义,激发了进步青年的爱国热情,并提高了他们阶级觉悟和民族觉悟。在吸收了大田县武陵小学校长林大蕃、教员林茂森等加入中国共产党组织的同时,于1937年2月,建立了中共武陵小学支部,林大蕃任书记。中共武陵小学支部的建立,为抗日战争时期中共三明党的组织活动、闽西北地区的抗日救亡和反顽斗争奠定了坚实的组织基础。

中共武陵小学支部建立后,广泛开展抗日救亡宣传活动。开办了"青年读书会""农民夜校"和"妇女识字班",进行抗日宣传;开展文娱活动课,教唱抗日歌曲,组织文娱宣传队到乡村演出;利用校园、街道,以出墙报、黑板报、刷标语、组织演讲会等形式广泛宣传抗日救亡的道理;组织学生、妇女及其他青年捐款集资支援抗日。

1938年3月15日,中共中央发出《关于大量发展党员的决议》后,中共武陵小学支部组织工作得到加强和发展,培养和考察了一批先进积极分子。先后培养了林志群、肖冠槐、林自寿、林达光等18名积极分子加入中国共产党。11月,中共武陵小学支部也扩建为中共武陵安中心支部,林大蕃任书记,有党员21名,党组织的活动范围也从武陵小学发展到武陵乡的桃溪、百束,桃源乡的兰玉、王山及谢洋等乡村,直至城区的大田县初级中学。中共武陵安中心支部建立后,积极筹建武陵小学新教学楼,以扩大招生,容纳更多地下党员和开明教师到校任教。新校舍很快建成,学生数增加一倍以上,不少外地教员、地下党员被安排到校任教。新校舍成为秘密发展党员、进行抗日救亡宣传活动的新阵地。至1939年上半年,大田县中共党员已秘密发展到30多名。

随着大田党组织活动的开展、党员人数的增加和活动范围的扩大,在此基础上,1939年11月,成立了中共大田县委(隶属中共闽江工委),林大蕃任县委书记,县委下设四个区委。大田县委成立后,紧紧围绕"建立交通站,开辟基点村"这一工作重点开展工作。随后,各区委在大田各区建立基点村,发展了一批接头户,并建立了交通站,吸收了一批先进分子加入共产党组织,交通站、基点村星罗棋布,同时在站与站、村与村之间打通秘密交通线,便于游击武装的活动。

1940年2月,大田县委从"人民自卫队"(群众组织)中物色骨干30余名,秘密组建了县委游击队,队长林茂森,政委林大蕃。大田县委游击队是抗日战争时期在共产党领导下的闽西北第一支革命武装,其骨干多是中共党员。游击队采取隐蔽活动,平时主要进行政治和军事训练,担当保卫领导机关,分散到各基点村做群众工作,镇压反革命,以及站岗、放哨和为上山的党员、游击队员代耕的任务。

1942年2月,根据中共福建省委指示,将中共大田县委改建为中共闽中工委,林大蕃任书记。共建立了9个直属党支部,17个农村党支部,共有党员142名,同时将大田县委游击队改为闽中工委游击队,共有队员80多名。

中共大田县委和游击队成立后,还致力于建立和发展抗日统一战线工作,先后与开明人士林笏隆、省咨询员、大田县民团营长林维邦、省参议员、县参议长蒋超等人建立统战关系。同时,还与各乡镇长、小学校长建立了各种形式的联系。特别是在爱国华侨领袖陈嘉庚来大田县视察集美职校,并发表了抗日救亡的重要演说之后,大田地下党组织将陈嘉庚的讲话翻印并广为传播,特别是发给统战对象和各界知名人士,激发了大家的爱国热情,坚定了抗日救亡的决心。中共大田县委和游击队通过深入开展抗日统一战线,使大田党组织和游击队在各地的活动有了广泛的群众基础。

2. 三元、沙县以内迁单位为基础迅速恢复建立党组织

这一时期,除大田县外,三明的共产党组织也逐步得到了恢复和发展,三元、沙县先后建立了中共地下组织。1939年春,福州乌龙江峡南汽车站职工内迁到三元,不久在三元汽车站成立中共三元支部。在沙县,1938年春,内迁到沙县的福建省立医学专科学校的学生成立了党小组,后沙县党小组改建为沙县党支部。

三元、沙县党组织建立后,广泛开展抗日救亡宣传活动。沙县党组织出版《医学院院刊》,并以此为平台,积极传播马列主义,宣传中国共产党的抗日主张,发动组织学生开展抗日救亡宣传工作,反对国民党反动派的腐败政治及其在学校师生中的特务活动。并在院刊写文章宣传抗日,利用在"抗建室"的定期刊物发表文章宣传抗日救亡工作。同时党组织还领导学生开展反迫害、反奴化斗争,利用"五四""七七""九一八"等纪念日,在沙县广大城乡广泛开展抗日救亡演出宣传活动。

内迁沙县的省立福州高级中学,也有党的组织活动。党组织派陈振先来省立福州高级中学就读,通过开展学生运动,发起组织读书会,出版《文艺专刊》等进步刊物,开展抗日救亡活动。此外,陈振先发动同学起来斗争,形成一次强大的学潮,迫使学校当局改善学生的伙食。还发动全校师生驱逐反动教务主任出校。

二、全力组织开展抗日救亡运动

抗日战争爆发后,在全国人民抗日救亡呼声的推动下,国民党当局在各地组织了"抗敌后援会",以发动群众积极抗日。福建各地的"抗敌后援会"相继成立。在三明,中共地下组织的许多中共党员以个人身份加入"抗敌后援会"及其所属的各类组织,利用公开合法的名义大力开展抗日救亡活动。他们利用各种条件,发动群众,在城镇和乡村组织了各种的抗日救亡活动,并逐步在全地区各阶层掀起抗日救亡运动的高潮。

1. 大田首先掀起抗日救亡运动

1937年冬,中共地下党员林鸿图利用教员和抗敌后援会指导员的合法身份,领导大田县城的抗日救亡活动,组织学生办墙报、出专刊,到各乡镇巡回宣传,演出抗日剧目,以唤起民众抗日决心;以县级初级中学为中心,组织"一日一分会",号召每人每天节约一分钱,支援抗日前线;组织学生"晨呼队",同时进行军事训练和实弹射击,使抗日救亡活动轰轰烈烈、深入人心。在农村,党组织领导人林大蕃以武陵小学为阵地,组织学生大唱抗日歌曲,大演抗日戏剧,并组织文艺宣传队,深入乡村宣传演出。还通过发

大田抗日宣传队合影

动学生和社会男女青年开展义卖、募捐等活动,筹集资金开展支前工作,支援抗日救亡斗争。

在这期间,大田共产党组织还善于及时抓住典型事件,开展群众性的抗日宣传鼓动工作:一是大田武陵籍中共党员林其蓁参加北平西山游击队,执行任务时被日寇杀害,大田县当局怀疑林是"红色"的,不愿为其召开追悼会。中共大田县委抓住机会,发动各界人士据理力争,迫使国民党大田县党部为林其蓁烈士召开追悼会。二是利用1940年以爱国华侨领袖陈嘉庚先生到大田视察内迁的集美职校时发表对延安、重庆观感重要的演说之机,在大田城乡掀起抗日宣传热潮。三是利用在广西的林鸿图寄来陈嘉庚先生在广西的福建同乡会上,揭露蒋介石腐败政治、抗日不力和抨击福建省主席陈仪的演说材料,广为散发,掀起抗日救亡宣传高潮。

2. 沙县成立数十支抗日救亡宣传队

随着全国、全省抗日救亡运动的掀起,在沙县,成立了数十支抗日救亡宣传队,利用业余时间、假期、乡镇墟期,到各地举行抗日宣传活动。每逢乡镇墟期,宣传队轮流下乡进行宣传。沙县青年学生、妇女等组成了几支抗日救亡歌咏队,以高昂的政治热情,分头深入到县城的大街小巷、集镇村寨,教唱或演唱《义勇军进行曲》、《大刀进行曲》、《黄河颂》、《松花江上》、《大路歌》、《热血》、《枪口对外》、《流亡三部曲》、《游击队之歌》、《抗战莲花落》等抗日救亡歌曲,用歌声唤起劳苦大众的爱国热情。县后援分会经常演出话剧、歌剧、闽剧、京剧、街头剧等,以人民群众喜闻乐见的形式进行抗日救亡宣传活动,生动形象地对广大民众进行爱国主义思想教育。1941年大湖战役歼灭日军600多人,战利品在沙县展览期间,各界人士、群众纷纷参观展览,内迁沙县的院校,组织学生观展览后写心得体会、出专栏专刊,宣传正义必定战胜邪恶、日本侵略者必败的思想。

抗日救亡报刊是民众的声音、社会的喉舌,在抗日救亡运动中起着正确的舆论导向和鼓动作用。沙县创办的刊物有《沙县青年》、《教师良友》、《大众画刊》、《生力抗敌漫画》(半月刊)、《抗战歌曲集》、《抗战歌谣选》等。同时,还办有《虹声周报》,发行抗敌广播电讯、报道,每日发甲种通讯稿一次,每周发乙种专稿一次,经常性地在墙壁上刷制文告、壁报、漫画、宣传大纲、标语口号等。1943年,沙县还举办国防科学论文竞赛,前5名除颁发资金奖品外,还赠送《国防与科学》、《中国抗战与国际条约》、《日本军人》、《日本人口论》等宣传反对日本帝国主义的进步书籍。省立图书馆迁到沙县后,经常开展以抗日救亡为主要内容的读书活动,在城区开辟阅览所三处:第一阅览所设在中山堂,可容纳读者200余名;第二阅览所为省图书馆办公处前厅,可容纳50多名读者;第三阅览所设在水南车站,每日阅读者20至60名。同时,图书馆还开设沙县巡回文库,在沙县的省银行办事处及企业工艺公司、助产医院、卫生院、镇公所及商店等巡回,每星期调换新书一次,并应读者所请,酌情配送。省图书馆还举办抗日救亡展览、书画展览和战利品展览。

此外,沙县民众积极踊跃地捐募、献金、征募旧衣、棉鞋,发起"一元还债"等运动,以自己的实际行动,支援前方抗日将士打击日本侵略者。据不完全统计,在抗战期间全县仅募捐、购买公债和储蓄款共达257万元,按当年全县人口平均每人为25元,这在当时是一项巨大的财力支援。从抗日战争开始,沙县就有壮丁应征入伍开赴前线抗敌,全县征集入伍的青年壮丁共达6751名;还有许多青年学生投笔从戎,从1939年起,共有316名青年学生志愿从军,有的还参加远征军,开赴缅甸抗击日寇;1943年全县发动民夫11632名,为抗日提供大量的人力支援。每年农历除夕,发动组织10支慰劳队,慰劳抗日军人家属,每家赠送慰劳金,并制荣誉旗悬挂出征人家属门口以示敬钦;学生们举办春礼劳军,分别组成慰劳队参加慰劳;还发动机关单位、学校写慰问信数万封寄往前方将士。

3. 将乐、泰宁、建宁抗日救亡运动的形式多样

1938年9月,在将乐,由青年学生俞诺、孙肇祥、廖翔鹏等,配合将乐县各乡镇小学教职工一起蹲点农村,开展了全县战时民校教学和宣传抗日工作;由战时民众教育学生队组织的一支演出队,以宣传抗战必胜、日本必败为主要内容,用说唱、快板、小话剧等通俗文艺表演形式,深入街道、农村演出;由中共地下党发动组织的"精神总动员宣导队"到将乐进行宣传演出,这支宣传队深入乡村,出墙报、刷标语、散传单、演抗日戏剧;迁到将乐水南后的福州协和高级农校党支部组织"抗日协职剧团",经常在城关水南公演、义演抗日戏剧,组织师生开展抗日歌咏活动,在城关街头、乡镇墟场教唱《义勇军进行曲》《大刀进行曲》等歌曲。并组织晨呼队,每天早上到码头、城关街头唱抗日救亡歌曲。还开展募捐活动,组织学生到山上采杜鹃花到街上义卖、打短工、砍柴、烧炭、做豆腐、做粉干等等,筹集资财,支援抗日前线。

在泰宁,1937年,由代县长胡邦宪(1923年加入中国共产党)主持成立了"福建省抗敌后援会泰宁分会",大力发动民众投入抗日救亡中,组织"杉阳抗敌吟社""抗敌剧社",走上街头、深入农村墟镇宣传演出抗日话剧、歌剧;开展抵制日货的"仇货拍卖"活动;发动民众捐款捐物,支援抗日前线,仅1937年8月至1939年,全县就筹募慰劳捐献18万多元支持前线。同时,开展征集冬鞋劳军运动、为远征军捐献书报等,从物力财力上支援抗日前线。为了抵御外侮、救国保家,泰宁县共有1426名青壮年走上抗日前线,其中的一大批人牺牲在抗日的战场上。为纪念为国捐躯的抗日烈士,当局在县城北建造了"抗日阵亡将士纪念碑"。

在建宁,中共地下党员、国民党福建省军训会建宁县少校军训官刘润世创办的《建宁三日》刊,该刊除转摘《新华日报》和其他报纸的抗日消息外,还报道建宁民众抗日救亡活动的新闻与短评,同时还发动各界成立抗日剧团,在学校组织童子军等,大力开展抗日救亡宣传活动。随着省立龙溪简易师范内迁建宁,福州高级中学和师范学校的20多名应届毕业生也来到建宁任实习教师,这批热血青年与建宁县知识青年组织起"青年剧社",多次组织大型文艺晚会、演出抗日剧目宣传抗日。县城锦绣文书店还发行出售了介绍八路军抗战的《抗日的第八路军》丛书100多册。此外,全县发动民众捐款捐物,支援抗日前线,县组织2个支援抗日前线常备铁肩队450人运送军粮到邵武。

4. 宁化、清流、明溪抗日救亡运动蓬勃发展

1937年10月，宁化县成立了抗敌后援分会，后改称为宁化县抗敌动员委员会。在抗敌动员委员会统一领导下，在内迁的厦门大学广大师生的带动下，城乡各地纷纷组织了抗敌宣传队、歌咏队、话剧队、演讲队、征募队、慰劳队、防护队等各种抗敌宣传和后援组织，并进行了全民抗日动员教育活动。他们利用节假日、纪念日、墟日，采取人民群众喜闻乐见的通俗文艺形式，如化装演出宣传、演唱抗日歌曲、作通俗讲演等，在全县上下广泛深入地开展抗日救亡宣传活动。开辟版报、壁报等宣传阵地，书写和刻印文字材料，采取定期或不定期出刊，墟日上街巡回展览、发贴通告，揭露日本侵略者的罪行，宣传抗战将士英勇杀敌的事迹，激发广大群众的抗日情绪。还编印《告民众书》及传单和标语，广泛散发张贴；翻印连环画《王老五当兵》数千册，分发全县城乡各地；请画家绘制抗战漫画，由宣传队在城乡进行巡回展出宣传；开办抗日宣传专题讲座。同时，宁化县还从人力、物力、财力等方面大力支援前线，动员全县各阶层人士、团体和民众募捐，支援抗日前线。热血青年踊跃报名参军，奔赴抗日疆场杀敌，从1937年至1945年，宁化全县实际参军出征的人数达4909人。

在清流，抗战爆发后，各阶层群情激奋。由国民党清流县党部、清流县抗敌后援会联合创办的《清流抗日周报》每周一期，向全境发行，主要转载《中央日报》、省内县内抗日救亡讯息，还刊登通讯员、社会人士及学校师生漫画、文章、诗歌；成立清流县战时生活促进会，除募捐救济金外，也对殷富阶层取缔宴会、限制酒食等做出规定，从财力、物力上支持抗战；实施国民教育，规定9—30岁的公民都要入学，成年人还要参加军训，提高人民身体素质，以唤起民众共同的抗日情绪。此外，组织清流剧社、嵩溪青年剧社计79人，组织宣传队深入乡村，利用墟期为群众演唱《大刀进行曲》《军民合作歌》《义勇军进行曲》等抗战歌曲，用歌声唤起和鼓舞民众的抗日救亡活动。同时筹集价值400多万元的物资、粮食支援前线，先后动员2031名青年走上抗战前线。

在明溪，1937年8月，先后成立了抗敌后援明溪分会、仇货委员会和抗敌后援队。1939年胡邦宪调任明溪县长，坚持以发挥民权、改善民生为动员群众的方针，组织群众性的抗日救亡团体，整治社会风气和弊政，努力推动明溪民众的抗日救亡运动。在明溪各阶层人士积极投入抗日救亡活动中，充满激情的知识青年起了先锋的作用，他们组织抗日宣传队、歌咏团、演讲团，举行集会游行、散发传单、张贴标语，发动民众抵制日货，发动民众捐款捐物支援抗日前线。明溪小学师生组织了4个抗日宣传巡回队，深入农村宣传；明溪初级中学师生义卖演出《麒麟寨》，收入捐作抗日救亡经费；各校师生在抗战两周年纪念活动中，掀起节约献金、捐献金、银器的活动，还筹款救济出征军人家属等。全县创办了《明溪消息》《谷音》《明溪抗敌刊》《明溪民报》等，传播抗战消息。县抗敌剧团、民间的京剧团、闽剧团深入到城乡宣传演出《捉汉奸》等抗日救亡剧目,大唱《义勇军进行曲》等抗日歌曲,唤起民众抗日救亡。许多青年通过宣传后,踊跃应征入伍上前线。

5. 尤溪、三元、梅列的抗日救亡运动如火如荼

在尤溪,卢兴荣部国民党军第52师,在抗战爆发后奉命驻杭州,编为第十集团军上海战区总预备队。"八一三"上海事变后,卢兴荣部4000多名官兵被派往上海参加淞沪会战,该部担负上海闸北的警戒任务,卢兴荣亲临战地制定作战方案,在与日寇搏斗中,取得一些战果。因孤军作战,蒋介石见死不救,拒绝支援,借日寇之手,消灭"杂牌军",在苦战中卢部官兵阵亡4300名,几乎全军覆没,仅存400多名伤兵回到后方。在卢部官兵上海浴血奋战、为国捐躯的同时,民众的抗日救亡运动也如火如荼。尤溪县立初级中学师生成立喇叭剧社,组织学生大唱抗日歌曲、大演抗日戏剧,组织街头文艺宣传队,深入城乡宣传抗日救国。学生们组织"晨呼队",每天清晨上街呼喊抗日救国口号。国民学校附设民众教育班,开展抗日宣传和识字教育。成立了5个抗日救亡巡回宣传队,各宣传队到城乡街头演出话剧、闽剧、歌咏、舞蹈,办墙报,开展多种形式的抗日宣传活动。《打倒列强》、《打回老家去》、《大刀进行曲》等抗日歌声响彻尤溪城乡,鼓舞了民众的爱国热情和抗日必胜信心。

在三元、梅列,迁入三元的江苏学院大学生在县城掀起声势浩大抗日宣传,一批三元籍的青少年,如林伦榕、邓明访、林正钰等,在抗日爱国宣传影响下,走上革命道路,参加革命工作。

6. 永安的抗日救亡运动声势浩大

永安是抗日战争时期国民党福建省政府所在地。1938年5月,福建省会从福州迁至永安,省政府在永安相继开办了大中专院校,学生人数达数千名。期间,东南沿海城市的沦陷区不少进步文化人士也相继来永安,顿时人才荟萃,推动了永安教育文化事业的发展,也为永安的学生开展抗日救亡活动提供了有利条件。

1938年10月武汉失陷后,日军分路深入中国广大领土,山城永安先后遭到日军飞机轰炸达12次之多。日军飞机的轰炸激发了永安在校学生的爱国热情,各校掀起了轰轰烈烈的抗日救亡宣传运动。期间,福建师范的二、三年级学生集中到沙县进行民教训练,后分配到各地开办民校,结合宣传抗日,进行军事训练,在民众中宣传抗日救国。民校将抗日宣传运动与普及民众文化教育结合起来,分时间、按年龄办班;演唱《大刀进行曲》、《义勇军进行曲》等抗日救亡歌曲;演出《流亡三部曲》、《打回老家去》等话剧。此外,燕江小学和全县各小学还开展劝募寒衣和捐献破铜烂铁活动支援前线。

1939年1月,国民党当局掀起第一次反共高潮。永安学生利用各种形式开展抗日和民主活动。以福建师范和永安中学为先导,各校相继组织了歌咏队、话剧团;创办小型刊物、壁报作为抗日宣传阵地,从校内走向校外,由街头深入农村。《保卫福建》、《我们在太行山上》、《大路歌》等抗日歌声飘扬在永安城乡。同学们在街头、戏院演出剧目《为国牺牲》、《醉生梦死》、《还我河山》等。并及时大力宣传百团大战的战果。

1940年后,永安抗日救亡运动更加深入地开展。永安各校充分利用各种纪念日,在学生中广泛开展抗日救亡宣传活动,使抗日救亡运动深入人心。如利用五四运动纪念日,组织鲁迅作品、学术专题研究,展开热烈讨论;积极响应"白沙献金"运动等。此外,永安各校学生还办起了剧社和歌咏团,通过演出和歌唱,掀起了文艺宣传的热潮。永安各戏剧团队移植、改编、演出的剧目有200多种。其中如曹禺、崔嵬、丁玲、老舍等人的著名剧作,在永安及各地演出都深受欢迎,影响甚大。还有一些体现爱国主义精神的传统剧目,如《岳飞》《郑成功》《戚继光》等,亦为群众所喜闻乐见,有力地促进了抗日救亡运动的开展。

7. 中国国民党中央直属台湾党部积极开展抗日救国活动

1943年底,以台湾彰化人谢东闵为负责人之一的"中国国民党中央直属台湾党部",迁址永安文龙复兴堡。从1943年11月至1945年10月,中国国民党中央直属台湾党部在永安开展了一系列抗日救亡、光复台湾的活动。如与省政府相继共同举办了纪念"六一七"台湾沦陷(指甲午中日战争后日本侵略者于1895年6月17日正式开始统治台湾)49、50周年纪念活动,活动宣传大纲明确指出"中国与台湾之不可分裂性"和当时国民党中央"收复台湾之决心",打出"台湾是中国的领土""台胞是中国的同胞""纪念'六一七'要誓死收复台湾"等宣传标语,体现了国共两党在台湾问题上的共识。同时,举办台湾史料展览,举行在永台胞座谈会,创办《新台湾》、《台湾研究季刊》杂志,编撰"台湾问题丛书",系统地介绍台湾的历史与现状,探索发动民众、反抗日本殖民统治的策略。1945年5月,谢东闵作为台胞唯一代表,从永安赴重庆出席国民党第六次代表大会。会上,他提出的台湾作为中国领土的一部分,应以行政省对待的提案,被中央政府采纳。11月2日,台湾党部全体人员赴台工作,台湾党部随即赴台湾接收。

第二节 精英荟萃，成就中国东南抗战文化中心

抗日战争时期，随着沿海各城市的沦陷，1938年5月，福建省会内迁，永安作为国民党临时省政府所在地达七年半之久。

随着省政府内迁，不少行政机关、大中专学校、文化团体等各种机构，陆续向永安及其附近的山区疏散；东南沿海沦陷区的苏皖临时政治学院、暨南大学、东南联合大学等一些大专院校，亦先后迁到福建内地。一大批共产党人、革命知识分子、爱国进步文化人士以及国民党内的爱国人士汇集永安。永安顿时成为我国东南的文化人士荟萃之地。他们中有坚强的无产阶级文化战士，如邵荃麟、羊枣、卢茅居、王毅林、王西彦、叶康参、刘子崧、李达仁、余志宏、郑书祥、钟尚文、谢怀丹、萨一佛等。有爱国文人、学者、教授，如王一帆、王亚南、谌震、许钦文、林舒谦、卓克淦、赵家欣、章靳以、章振乾、葛琴、董秋芳、黎烈文等，总人数达100多名。在永安各种进步刊物发表作品和出版专著的著名作家、学者，也达100多人，如郭沫若、巴金、茅盾、夏衍、柳亚子、臧克家、艾青、朱自清、老舍、马寅初、千家驹、季羡林、费孝通、萧军、萧乾等。他们和一批热情奔放、血气方刚的爱国进步知识分子以及支持抗日文化活动的国民党文化官员，形成了永安抗战文化的中坚力量。

齐聚永安的爱国文化人士在中国共产党倡导的抗日民族统一战线旗帜下，团结起来。在受国民党特务严密监视的情况下，巧妙利用国民党福建省政府官办或半官办的文化阵地，开展了轰轰烈烈的、以抗日救亡为主要内容的文化活动。一时间小小山城报刊如雨后春笋般涌现；印刷声鸣、油墨飘香；通讯社、印刷所和书店鳞次栉比；戏剧演出遍及八闽大地，抗战歌声响彻城乡。

在7年多时间里，永安抗战文化硕果累累，其中出版发行事业尤其显著，其出版物之多，作者队伍之强，内容之丰富多彩，发行面之广，发行量之大，战斗性之强，在东南各省堪列首位。有近30家出版社，19家印刷厂，近20个编辑单位，4家新闻通讯机构和40余个文化学术团体，有12种报纸、129种期刊、17家书店，出版各类书籍800多种。抗战戏剧活动也影响甚大，抗战时期永安共有话剧团、评剧团、歌咏团、音乐团、巡回团、特教团等10多个，除定期在永安举行公演和联谊之外，先后到达50多个县市、200多个乡镇演出700多场，观众达150多万人次。发表的剧本达70多种，各戏剧团队移植改编的剧目达200多种，其中有曹禺、丁玲、老舍等人的著名剧作，演出深受欢

迎,是当时东南各省戏剧创作的繁荣之地。

国民党顽固派对永安抗战文化的发展极为恐慌,并制造震惊中外的"永安大狱"事件,使长达七年之久的永安抗战进步文化活动惨遭扼杀。

总体上永安抗战文化历时长,贯穿于整个抗日战争时期;内容广,涉及政治、经济、军事、文学、艺术、教育、新闻等各个领域;形式多样,有小说、诗歌、戏剧、歌咏、漫画、杂文、评论、通讯报道、出版印刷丛书、标语壁报、读书会、报告会、理论研究等等;成果显著,影响深远。从而与大后方抗战中心重庆及桂林、成都、昆明等重要文化据点,起着互相配合、遥相呼应的作用,成为东南抗战文化中心。

一、《老百姓》揭开永安抗战文化活动的序幕

《老百姓》是由中共地下党员直接领导和创办的报刊。1938年夏,在中共闽北特委的领导下,由在福建省教育厅任职的中共党员陈培光,邀请经济学家章振乾等,以教育厅为据点,自费创办报纸《老百姓》(五日刊),揭开了永安抗战文化活动的序幕。

《老百姓》以党的"抗日救国十大纲领"为指导,旗帜鲜明地宣传抗日统一战线的政策和中国共产党发动群众全面抗战的方针,并揭露国民党顽固派的反动面目,刊登的大多是"坚持抗战,反对投降;坚持团结,反对分裂;坚持进步,反对倒退"的进步文章,内容十分丰富,在知识界和政府部门有很大影响,也深受社会各界的欢迎,它的发行量比当时国民党在南平印行的《东南日报》的发行量还大。

由于《老百姓》鲜明的政治主张和它在知识界、国民党政府部门和广大工农群众中的影响,使国民党福建省党部十分憎恨这个新生进步的出版物。国民党福建省直属教育厅区党部委员周锋把《老百姓》的一切活动及主要成员名单向上汇报;国民党永安县党部书记长林葆忠顺势插手进行破坏,向永安县政府施加压力;国民党福建省党部主任委员陈肇英则通过教育厅厅长郑贞文向教育厅参加编辑《老百姓》的人员发出警告,企图进行分化。1939年11月12日是孙中山先生诞辰纪念日。国民党报纸借纪念之名,吹嘘他们是三民主义的"忠实信徒",并造谣污蔑浴血抗战的八路军、新四军。而《老百姓》则针对当时的形势发表了题为《拥护孙中山先生的三大政策》的"谈话"(社论),痛斥汪精卫卖国投降、背叛孙中山三民主义的罪行,阐述抗战必胜、投降必亡的道理,赞扬浴血奋战的前方将士才是真正的忠于三民主义。"谈话"一发表,国民党福建省党部遂断定《老百姓》亲共,当即勒令停刊,所有编辑人员均被认为有"赤化"嫌疑而被重点审查。国民党在南平的宪兵还到印刷厂逮捕《老百姓》的编辑人员和创办人,叶文炬在印刷厂工人的保护下幸而脱险。

《老百姓》从创刊到被迫停刊,时间仅一年余,共发行100多期。时间虽短,但作为一份宣传抗日的通俗报刊,其政治影响力和所形成的历史意义是非凡的。

二、巨子之作:《国际时事研究》周刊

1944年9月,羊枣得到福建省政府秘书长程星龄的支持和编译室李由农、董秋芳等人的协助,创办了《国际时事研究》周刊。该刊是一份政治性很强的刊物,为避免国民党图书杂志审查机关的纠缠,特意请刘建绪题签,并以社科所和编译室的名义编发,实际上主要是羊枣主编,李达仁、谢怀丹协助编辑。《国际时事研究》周刊主编杨潮(羊枣)是一位驰誉新闻战线的巨子和著名的新闻时事、军事评论专家。他1933年加入中国共产党,并加入中国左翼作家联盟,任"左联"宣传部负责人。羊枣学识渊博、才华出众,是著名的国际问题专家、军事评论家和新闻记者,而且也是一位精明干练、骁勇善战的社会活动家。他在主编《国际时事研究》周刊的同时,兼《民主报》主笔,还举办"国际时事讲座",是一位才华出众、不知疲倦的革命文化活动家。

羊枣对第二次世界大战中轴心国和同盟国双方各国的历史和现状,对战争全局及欧洲各个战场的战略战役态势,都有详尽的研究、深刻的剖析和精辟的论述,并以其犀利的文笔和科学的预见而令人叹服。羊枣对太平洋战争有过较系统的论述,他撰写的《方兴未艾的欧洲政争》、《欧洲现实政治与英国》、《从莫斯科看欧洲》、《歧路上的法兰西》、《环绕世界战场》、《世界空前的攻势》、《伟大胜利与伟大前途》、《从柏林到东京》、《欧洲的现实问题》、《德意志的悲剧》等国际军事评论和政论文章,为广大读者所传诵。1944年9月,他撰文预计盟军对西南太平洋的新攻势部署已近就绪,而且认定麦克阿瑟在攻登菲律宾的民答那峨及其他任何岛屿之前,必先攻占哈尔马里拉或帛琉岛,或更近一点的摩洛台等岛。文章发表后两天,盟军果然先后在摩洛台岛和帛琉群岛登陆。1945年5月,他在《从柏林到东京》一文中精辟地分析了希特勒德国垮台后的世界政治军事局势,准确计算了盟军为解决太平洋战争需要调动的兵力及所需的运输工具、基地和时间,科学预测了对日战争最后胜利的时间。他指出:"至多三四个月,日本便可能完全崩溃",结果正如羊枣所料,文章发表不到3个月,日本就宣布无条件投降了。他对盟军在太平洋战争节节胜利感到欢欣鼓舞的同时,对国内局势发展却深感忧虑,指出:"敌人越是在海上失败,他必越拼命地在陆上挣扎",呼吁当局认清今日危机的严重性,羊枣的《太平洋战争新局势》、《环绕世界战场》文章发表后,日寇发动了空前规模的豫湘桂战役。在这个战役中,国民党当局并没有"集中最强大最精锐的力量去保卫全局的要害",而是以"兵力不敷分配""战线太长"为借口,拒不调用"西北的劲旅"和"滇缅的精锐",结果日寇长驱直入,国军闻风溃逃。羊枣剔肤见骨

地揭露了国民党顽固派陈兵西北,对日采取不抵抗和逃跑政策的险恶用心。

《国际时事研究》周刊,从1944年9月至1945年6月共出39期,羊枣所写的国际时事评论的部分文章,当时就选编为两册单行本,他有关太平洋战争的论文,由赵家欣编成《太平洋战争新局势》一书,在永安"战时中国出版社"出版。有关欧洲关系的论文,由金仲华编成《欧洲纵横谈》一书,由"世界知识出版社"印行。

三、影响广大:改进出版社

1939年初,30年代蜚声文坛的左翼作家、翻译家黎烈文创办改进出版社,其编辑部设置在离县城七八里的虾蛤村,以一座破旧的小祠堂作为据点。该社在广大中共地下党员的积极支持下,出版《改进》《现代青年》《现代文艺》《现代儿童》《战时民众》《战时木刻》等六种固定期刊。还编印发行《现代文艺丛刊》《现代青年丛刊》《建设丛刊》等近百种书籍。省内设有3个营业处、3个总经销处,省外往来同业有300余家,销往全国各地,在东南各省影响很大。

《改进》(1939.4—1946.7)是一份政治、经济、社会、教育、科学、文艺的综合性刊物(半月刊,后改为月刊),是国统区坚持时间最长的期刊之一。该刊在抗战发展的不同阶段,先后编了不少特辑、专号,集中介绍或评述国内外政治、军事局势,使人认清形势、坚定信念。该刊发表的作品,多出自名家手笔,如郭沫若、马寅初、朱自清、邵荃麟、冯雪峰、臧克家、千家驹、王西彦、老舍、巴金、羊枣、杨朔、艾青、萧乾、艾芜等,影响很大。

改进出版社的期刊中,战斗性最强、艺术性较高的是《现代文艺》月刊。该刊于1940年4月25日创刊,1942年12月25日终刊,先后由王西彦、章靳以主编。《现代文艺》在文艺理论建设上的成就特别突出,前后发表的文艺理论文章达60多篇,紧紧围绕当时全国文艺界争论的"民族形式""文艺大众化"及"暴露与讽刺"等问题而展开。该刊的"短论"栏,针对当时论争问题,有感而发,旗帜鲜明。皖南事变后,短论栏被迫取消,他们又以杂感、书评等形式继续开展文艺界的思想斗争。与此同时,对梁实秋等人鼓吹的"与抗战无关"论以及为法西斯特务政治张目的"战国派"文学逆流也进行了严肃的批判,对国民党的反动文艺政策进行有力抨击。《现代文艺》创刊以来先后发表中短篇小说80多篇、报告通讯40多篇、散文60多篇、新诗百余首、外国作家作品译介30多篇,其中不少出自名家手笔。这些作品都从广阔的背景上艺术地再现了抗战时期丰富多样的现实生活,揭露了国民党实行片面抗战路线的危害,揭示了国共两党在抗日战争中两条不同路线的本质问题,鼓舞全民抗战,坚信抗日战争一定能够取得胜利,产生了广泛的影响。

在改进出版社的期刊中,"现代文艺丛刊"影响最大,前后共编出4辑25册,多是艾芜、邵荃麟、葛琴、聂绀弩、黎烈文等名家文集。此外,《现代儿童》(月刊)、《现代青年》(月刊)、《战时民众》、《战时木刻画报》针对不同的阅读群体,以通俗的内容和大众喜爱的形式,如故事、漫画等,大力宣传抗战,报导抗战时事新闻、人物传记等,在民众中影响颇深。

四、抗战后期进步文化主阵地:东南出版社

东南出版社创办于1943年秋,由湛震(国民党左派人士)筹办。它兼营办报、出书、发行三项业务,是抗战后期传播进步文化的一个重要阵地。该社在重庆设有分社,在桂林设代办处,与粤、湘、浙、赣、贵、川等地都有业务往来,常与《新华日报》及渝、桂进步文化团体、文化人士取得联系。出版和重版了许多有较大影响的书籍。其中有郭沫若翻译的歌德诗剧《浮士德》、小说《少年维特之烦恼》及史学力作《先秦学说述林》,张天翼的《贾宝玉出家》,茅盾、于潮(乔冠华)的《方生未死之间》,夏衍的《水乡吟》以及曹伯韩的论著、孙用的译著等三四十种书目。尤其《先秦学说述林》,是郭沫若十多年考古研究的一个重要成果,在永安首次出版后影响很大。该书以后经修订,分为《青铜时代》和《十批判书》两个单行本。郭沫若收到该书精装、平装两种版本后曾大加称赞。《方生未死之间》是一本扣人心弦、催人战斗的杂文选集,畅销各省,发行至五版,它选集了原发表在重庆郭沫若主编的《中原》杂志上的六篇文章,以于潮(乔冠华)的《方生未死之间》一文为书名,编成一本小册子。此书影响很大,作者揭发批判蒋介石政权的阴暗现实和旧传统的遗毒,深入浅出地做出时代分析,发出了时代的呼声:我们正处在方生未死之间,我们的任务很简单,叫未死的快死,叫方生的快生。中国人民的血日夜在流,中国的土地是再也不能沉默了!阐明了旧的、腐朽的社会制度必然要灭亡;新的、向上的,一定要成长。激起了千万人的共鸣和猛省。《方生未死之间》给予人们巨大的精神力量。这本书之后在解放战争时期重新出版,对当时"反饥饿、反内战、反迫害","反对美帝国主义扶植日本"的人民民主运动起过很好的战斗宣传作用。

《联合周报》原由《东南日报》驻永安办事处主任蔡力行主编,1944年2月创刊,1945年7月停刊。该刊曾举办过"永安劫后诗画展览",展出萨一佛在1943年11月初永安被日机狂炸后的现场写生、素描等一百余幅,由留日诗人覃子豪配诗,先后在永安、建瓯、南平、沙县等地巡回展出,影响颇大。1945年1月,该刊移入东南出版社后,实际的主编人是李达仁,主要撰稿人有羊枣、王亚南、章靳以、叶康参、郑书祥、王西彦、彭世桢等。他们针对抗战局势,从全民抗战的角度出发,以紧扣形势、号召大众,贴

近实际、反映民意为宗旨;以介绍各国情况、巩固盟国团结入手,开设抗战国策,坚定胜利信念;反映民间舆论,促进政治进步;传播学术知识,帮助青年进步;实行文化合作,强化精神堡垒为主要方针。在重庆、桂林等地的郭沫若、巴金、茅盾、柳亚子、艾芜、骆宾基等,也在该刊发表作品,影响甚大。

东南出版社除经销本版书刊和羊枣主编的《国际时事研究》外,还通过图书发行界的业务关系,从渝、桂、粤等地运回大量进步书籍在东南销售。其中相当部分是鲁迅、高尔基、郭沫若、茅盾、巴金、曹禺、艾思奇、华岗等名家作品;还有《新华日报》《群众》杂志和《列宁传》《毛泽东传》《西行漫记》等"禁书",这对传播进步思想,引导青年走上革命道路,都起了难以估量的作用。

此外,1945年初,著名经济学家王亚南创办了经济科学出版社,出版《中国学术丛书》和《新社会科学丛书》,王亚南的《中国经济原论》《新社会科学论纲》,郭大力的《生产建设论》等。这些学术书籍的出版,帮助人们从理论上认识中国社会经济的性质及发展规律,在国内外产生深刻的影响。《建设导报》是刘建绪主闽后为推行"地方自治"而建立的言论阵地,由湛震任社长,周佐严任总编辑(周因中共金衢特委被破坏,疏散来闽)。1943年,由李达仁(曾任中共湖南宁乡县委书记)担任主笔,使该报基本上掌握在进步文化人士手中。该报大量刊登宣传抗日、民主思想和评述国内外重要政治、时事等进步文章,影响很大,后因进步倾向明显,于1944年2月停刊。

五、声势浩大:印刷声鸣、书店林立、歌声回荡

这一时期,永安设立了中央通讯社福建分社、华南通讯社、永安联合新闻社、美国新闻处东南分处等4家新闻通讯机构。大小印刷所多达20家,除机关、报社、出版社自办的以外,其他多由私人经营。其中不少印刷所已有铸字、制版等设备,业务也很发达,有的还承接外地刊物和书籍的印刷业务,图书发行非常兴旺。当时改进出版社、东南出版社、民主报社、政干团等都设有营业处、门市部、服务部等,兼营书刊经销业务,此外,还有中华书局、开明书店、正中书局、商务印书馆永安支馆、立达书店、青年书店、古今书店、文明书局、联合书屋等,共有17家。这些书店,有的是重庆、桂林在永安设立的分支机构,多数书店与重庆、桂林、昆明、韶关、衡阳、赣州等文化据点,都有频繁的业务往来(如采用航空版报纸),成为进步文化界互相传递讯息、沟通进步读物的一条重要渠道,使整个国统区进步文化界紧密联结在一起,形成互相配合、彼此呼应的局面。

永安的戏剧活动特别活跃,尤其话剧运动盛况空前。永安各戏剧团队移植、改编、演出的剧目有200多种,当年在永安各出版物发表的剧本就达70多种。在繁荣的戏

剧活动中,最引人注目的是省教育厅戏剧教育委员会先后组建的3个"战时民众教育巡回施教团"的公演,从1940年至1943年前后3年多时间,足迹遍及八闽大地,先后到50多个县市、200多个乡镇,演出700多场,观众达150万人次,《为国牺牲》、《好汉子》、《生死线》、《仇》、《自投罗网》等抗战话剧,对动员群众、加强抗敌意志和福建话剧运动的发展,都起到了积极作用。他们除主演话剧外,还兼带电影放映、图画展览、体育表演、文字宣传、通俗讲演等,同时还通过开座谈会,办短训班、讲习班等方式,为沿途各地培养戏剧运动骨干,辅导基层戏剧团队演出,有的还到学校进行示范教学,集文艺、体育、教育于一体,对全省话剧运动和文化艺术事业推动很大。随福建省属机关进入永安的业余剧人赵玉林、林次东等,组织起一支抗日救亡歌咏队,每天清晨必绕城歌唱,以《义勇军进行曲》、《流亡三部曲》等歌曲鼓动抗战。此后,各种剧团应运而生,如话剧团、评剧团、歌咏团、音乐团、巡回团、特教团、研究会等等。他们除定期在永安举行公演和联演外,还经常配合抗战形势,深入战地、乡村宣传演出。

这一时期,在永安的大中专院校的青年学生,在中共地下组织和进步老师的引导下,用各种形式开展抗日和民主活动。他们创办小型刊物、壁报,组织读书会、报告会,成立剧团、歌咏团、劝导队,经常开展时事、文艺研究等活动。不少学生冲破特务和反动教官的严格控制,走上街头、田间,教唱抗日歌曲,一时,《大刀向鬼子们头上砍去》、《保卫黄河》、《松花江上》等抗战歌声,响彻永安城乡的上空。他们还举行话剧表演、通俗演讲,开展各项知识指导,张贴标语等,宣传抗战形势,宣传八路军百团大战辉煌战果,鼓动民众捐募款物,支援前线。不少师生还因此而被国民党特务拘捕、追查和迫害。

古民居里的抗日标语,70条抗日标语藏身永安民宅

六、"永安大狱"事件震惊中外

1943年春至1945年夏这段时间,是永安进步文化活动最活跃的时期,它以"抗战、团结、进步"为主要内容,贯穿着整个活动过程,期间,羊枣是领军人物。由此也引起国民党顽固派的恐慌和镇压。1944年11月至1945年4月,国民党的喉舌《中央日报》(福建版)连续发表了一系列反共文章,说共产党是"在福建境内的反革命、假革命","滥用公私报纸、杂志发表谬论……"要"地方各级领袖先行肃清包围自己周围的鬼祟人物",等等。1945年7月7日《中央日报》又抛出一个所谓"闽省文化界"(130人署名)的反共通电,大声叫嚣:不许"政府之外另组政府",不许"国家之外另有一种军队"。

1945年7月11日,俞嘉庸承顾祝同的密令,召集省府调查室(军统)和省党部调查统计室(中统)等头目策划行动计划,他们首要的目标是永安进步文化活动的核心和骨干。12日清晨,特务倾巢出动,由俞嘉庸亲带部分武装特务到刘建绪官邸,要刘以"商谈公事"为由通知羊枣、谌震到省府开会,谌先到即遭逮捕,羊枣到时见机不妙,机智脱身,避进美新处。特务闻讯后,立即武装包围了美新处,逼美新处交人,相持几天后,顾祝同电告重庆国民政府,由外交部向美驻华大使馆交涉。这时美国政府的对华政策,已由支持中国联合抗日转变为"扶蒋反共",美国大使馆竟以"不干涉中国内政"为借口,命令永安美新处将羊枣"引渡"给第三战区,接着羊枣被捕入狱。也就在7月12日这天,特务们分别搜查了羊枣和谌震的住处。接着又先后搜查了东南出版社、省社会科学研究所、省政府编译室、图书馆、省气象局、行政干部训练团及东南"工合"永安事务所等单位和有关人员的办公室、宿舍。7月12日开始,特务们还先后在永安逮捕了王石林、李达仁、李力行、贵婉兰、叶康参、董秋芳、赵伯衡、陈耀民、曾列明、易湘文、余敦、李达中、刘作舟、姚勇来、沈嫄璋;在连城逮捕了毕平非、杨学修;在福安逮捕了钟尚文(骆何民);在龙岩逮捕了陈学铨、潘超;在闽南逮捕了霍劲波、林子力、陈伟顺、尤淑德;在顺昌逮捕了陈文全。积极支持进步文化活动的省府秘书长程星龄亦被蒋介石召往重庆监视,随后被软禁,江子豪亦被扣留审查。这一事件,共计逮捕、软禁、扣留31人。国民党顽固派还要进一步扩大事态,继续在各地进行大逮捕,不少人已被列上黑名册。王亚南也打好被包,做好了随时被捕的准备。他在社会科学研究所全体人员会议上气愤地说:"国民党可以抓去我们的人,但决不能迫使我们做他们要做的事。"不久,他愤然辞职,前往厦门大学任教,以示抗议。

羊枣被引渡后,关押在永安上吉山保安司令部,8月6日半夜,与谌震、李达中、姚勇来押往铅山与周璧关在一起,1945年8月,抗日战争胜利后,羊枣随第三战区长官部解往杭州监狱。他在狱中坚贞不屈,顾祝同曾妄图以少将军衔为诱饵请羊枣为他办报,被羊枣严词拒绝,表现了一个共产党员忠于党忠于人民的解放事业,威武不屈、高官厚禄不能诱的高贵品质。1946年1月11日,羊枣被虐死在杭州监狱。消息传出,国内外新闻界大为震惊。中国共产党在延安的机关报《解放日报》和在重庆公开发行的《新华日报》,都用醒目的标题,刊登《名记者羊枣于1月11日死于杭州狱中》的新闻,并连续报道全国各地悼念文章和各界的抗议声明。《新华日报》就羊枣冤死狱中发表了《迅速释放政治犯》的社论。羊枣胞妹、共产党员,时任香港《大公报》驻美记者杨刚,从纽约致电全国新闻界同业,控诉蒋介石、顾祝同非法虐死羊枣,蹂躏人民的残暴罪行,痛心疾首地指出:"羊枣之狱不伸,即中国人民之生命不得保障生。"上海新闻界于友、金仲华、林淡秋、柯灵、孟秋江等60余人联名发表了《为羊枣之死向政府的抗议声明》,要求严惩非法下令逮捕的祸首,彻底查清受虐待致死的原因,释放全案无辜被牵连的一切人士,号召"全国同业一致呼吁言论自由,向政府索取新闻记者的人权保障!"旧政协委员罗隆基等人,当面责问蒋介石,要求按照政协会议决议,释放"永安大狱"一案的全部政治犯。美国新闻界的名记者、作家史沫特莱,美新处中国分处总编辑、名剧作家华慈,名记者斯坦和怀特等24人联名向国民党政府提出严重抗议。上海《密勤氏评论报》连续发表了《论羊枣之死》和《再论羊枣之死》的文章,揭露和抗议国民党政府虐死羊枣的严重罪行。1946年5月19日,上海市各界人士包括工人、学生和羊枣生前外国友好人士等计1000多人,在国太殡仪馆举行杨潮(羊枣)追悼大会,哀悼战士之死,抗议国民党暴政。追悼会由郭沫若主持。他高呼:"我们誓和一切不民主、假民主、反民主的分子作毫不容情的斗争,完成死者未完成的任务。"马叙伦、梁漱溟、熊佛西、金仲华、许广平、田汉等陆续在会上讲话。陆定一代表中国共产党送了悼联:"新

革命烈士羊枣被捕处——渡头宅

闻巨子,国际专家,落落长才惊海宇;缧绁蒙冤,囹圄殒错,重重惨痛绝人寰!"会后,上海及全国各重要报刊都进行了报道。内外舆论的严正谴责,国民党当局噤若寒蝉,不得不在强大的压力下,于1946年4月后陆续释放"永安大狱"中被捕的部分人员。

1945年7月至1946年5月,国民党反动派制造的"永安大狱",使坚持长达七年之久的永安抗战进步文化活动惨遭扼杀,充分暴露了国民党顽固派反共反人民的反动本质和妄想消灭进步文化,巩固其反动统治的险恶用心。但他们并没有达到消灭进步文化的目的,反而使进步文化活动取得更多的同情者和支持者。长达七年的永安进步文化活动,历程是艰难而壮丽的。这是永安的中共地下党员和革命知识分子为着民族的解放和民主事业,在国统区的东南一隅,机智勇敢地坚持战斗,与重庆、桂林的进步文化活动遥相呼应。

七、永安抗战文化光芒绽放

永安抗战文化的发展是一个奇迹。永安作为一个内地山城,仅为临时省政府所在地,却能随省政府内迁而迅速汇聚文化名流,各种文化成果竞相纷呈,以其发展时间长、涉及领域广,形式多样、成果丰富而载入史册。这一奇迹是在中国共产党领导推动下创造出来的。

1938年3月在武汉成立了中华全国文艺界抗敌协会,号召"我们应该把分散的各个战友的力量,团结起来,像前线战士用他们的枪一样,用我们的笔,来发动民众,捍卫祖国、粉碎敌寇,争取胜利。民族的命运,也将是文艺的命运。使我们文艺战士能发挥最大的力量,把中华民族文化伟大的光芒,照彻于全世界,照彻于全人类。"这是中国共产党领导和掌握下的抗战文化堡垒,是文化界的统战组织。党通过这一协会,发动共产党员并积极争取国民党内的爱国人士和其他进步文化人士,积极努力,推动永安抗战文化发展。

在历时七年多的永安进步文化活动中,聚集在永安的共产党员基本占领和掌握了永安的十多种主要报刊阵地,其余的报刊,也有不少地下党员和进步同志在那里活动。中共地下党员、进步文化人士以合法身份,巧妙利用省政府官办或半官办的文化阵地,发展抗日文化活动。如时任中共东南文委书记的邵荃麟指示,要尽量利用官方或半官方办的刊物宣传党的抗日主张,并委派王西彦到永安主编《现代文艺》,托他带去许多稿子,具体帮助和支持改进出版社,把《现代文艺》办成当时发行量最多、战斗性最强、影响力最大的抗战刊物。1940年六七月间,中共浙江金(华)衢(州)特委被破坏,邵荃麟紧急疏散来到永安,经黎烈文聘请为改进出版社编辑,推进改进社的发展。中共党员羊枣创办的《国际时事研究》周刊,由他撰写的国际时事评论的部分文章,就被选编为两册单行本,影响很大。其他影响较大的有中共闽北特委领导下创办的《老百姓》(五日刊),周佐严任总编辑的《建设导报》等。

中共地下党影响先后担任国民党福建省政府主席的陈仪、刘建绪,实行了一些较为开明的措施,支持各种刊物、出版社的创办;帮助国民党左派、爱国文人、学者,推动抗战新闻出版事业的发展。时任改进出版社《战时木刻画报》主编萨一佛指出:改进出版社就是得到共产党的支持,才团结了一些作家,组织了一批力量,才出了许多好书的。主编《现代青年》的地下党员卢茅居"在改进出版社的各项工作中,都发挥了很大作用"。他在改进出版社的许多刊物上写文章,分析抗战形势,而且出主意,如怎样对付图书审查等。由国民党左派人士谌震创办的东南出版社,国民党爱国人士颜学回为总编辑的《民主报》,爱国学者王亚南为名誉社长的经济科学出版社等,都得到了共产党的大力支持和帮助。

一批中共新闻工作者更是以犀利的笔锋点评时事,宣传党的抗战方针政策,揭露了国民党实行片面抗战路线的危害,激发人民争取抗战胜利的信心。其中最著名的是羊枣,他不仅主编《国际时事研究》周刊,兼《民主报》主笔,而且发表大量文章,仅在《国际时事研究》就发表了54篇国际时事和军事评论的文章,总计40多万字,影响很大。

永安抗战文化具有深远的意义。第一,它成为中国东南抗战文化的一面旗帜,与大后方抗战中心遥相呼应。永安与重庆及桂林等文化据点,通过各种渠道,广泛联系,密切配合。通过互设文化分支机构,推动文化人士的互相流动,促进业务往来,特别是新闻、出版、发行界往来尤为密切;文学作品交叉发表,并注意加强文学作品评价和书刊广告宣传;在一些重大活动上互相声援,遥相呼应。如《新华日报》批判"与抗无关"论和"战国派"文学,声讨汪伪投降卖国罪行,延安文艺座谈会精神的传播和讨论等,在永安都有强烈的响应,并发表了大量文章。由于各地进步文化界的紧密联系,使得以重庆为中心的整个国统区文化界结成整体,推动抗战文化运动的发展。第二,宣传党的抗日民族统一战线政策,激发群众抗战热情,坚定人们抗战必胜的信念。永安的进步报刊、读物,以大量通俗易懂的文章,大力宣传抗日民族统一战线的方针政策,鞭挞国民党最高当局消极抗战政策,无情揭露和讨伐汪伪之流投降卖国的可耻行径和嘴脸,如《掀起抗敌情绪的最高潮》、《重展我们的全民抗战》、《坚持反对投降》、《讨汪特辑》等对内地特别是东南地区群众了解党的抗战主张、坚持抗战起了积极作用。永安文化志士面向群众,以抗日救亡为主题,开展形式多样的宣传教育活动,激发群众抗战热情。他们用通俗的大众化的文艺形式,揭露日本侵略者的罪行,号召全国各族人民团结一致抗日救亡,如公演的《为国牺牲》、《打鬼子去》,演唱的音乐《大刀进行曲》《保卫黄河》《保卫福建》等,表达了"要与国土共存亡""誓死不当亡国奴"的民族自尊心和自信心。永安抗战文化科学分析抗日战争及世界反法西斯战争的形势,指明抗战未来的发展方向,坚定了人们争取抗战胜利的信心。特别是羊枣主编的《国际时事研究》周刊,以反法西斯战争为宗旨,发表大量的精辟的国际局势分析、军事评论文章,成为东南各省的畅销刊物,甚至远销海外,影响很大。第三,成为培养革命人才的摇篮。永安抗战文化活动培养了一批新生力量和文化新军。据不完全统计,在永安各进步刊物发表作品和出版专著的著名作家、学者,先后有100多人。一批经过永安进步文化影响的知识分子和进步青年,成为进步文化活动的生力军。他们在抗战胜利后转到福州、厦门和其他城市,纷纷参加党的地下组织或党所领导的各种群众组织,成为解放战争时期党领导下的重要革命力量。如1947年5月,福建省委城工部在厦门鼓浪屿成立的厦门市委,6名成员中,在永安战斗过的就有4名。"永安大狱"被捕者之一的钟尚文(原名驼何民)出狱后到上海,任《文萃》编辑,由于他的反内战、反独裁、争民主的文章而遭国民党反动派杀害,是人们所景仰的"文萃三烈士"之一。第四,形成一批具有较高学术价值的革命文化遗产。其中羊枣的军事论文,在当时是战斗的武器,现在仍然是战争史上很有学术价值的论著。郭沫若、王亚南、邵荃麟、冯雪峰等在永安发表的有关考古学、经济学、文艺学等方面的文章,在今天仍然具有较高的学术价值。

第三节 坚持原则,抗日反顽

1938年10月,武汉、广州失陷后,中日战争逐渐转入战略相持阶段。日本侵略者对其侵华的战略和策略做了一些调整,对国民党政府及其军队实行政治诱降为主、军事打击为辅的方针,将其主要注意力用于打击共产党领导的八路军和新四军。国民党统治集团内的投降、分裂、倒退活动日益严重。1939年1月,国民党召开五届五中全会,推行消极抗日、积极反共,制定了反动的"溶共""防共""限共""反共"方针,还秘密颁布了一系列反共文件,4月,又设立了专门从事反共活动的"特别委员会"。此后,反共摩擦事件接连发生。三明人民在中共地下组织领导下,为维护三明地区的抗日民族统一战线大局,与国民党顽固派进行了艰苦的自卫反顽斗争。

一、组建挺进队开通地下交通线

1940年10月,国民党顽固派掀起第二次反共高潮,将反共中心由华北转到华中。11月,中共福建省委根据党中央和东南局的指示精神,召开扩大会。会上确定了实行武装组织的隐蔽精干政策,针对将要到来的斗争,作出了进行斗争、避免摧残、保存有生力量的具体部署。1941年3月,中共福建省委闽江特委青年部长黄扆禹接替余光的工作,传达了中共福建省委指示精神,指出:面对蒋介石消极抗战、加紧反共的倒行逆施,大田县委的主要任务是在"隐蔽精干"、"独立自主靠山扎"的前提下,继续向农村发展,建立巩固的游击根据地,扩充游击队员和人民自卫队,并抓紧党的政策、形势教育。

永安是战时的福建省政府所在地,是福建党政军机构驻地,也是大田通往南平县、沙县及闽西北各地的必经之地。因此,大田县委和游击队必须千方百计向永安发展。从1941年春开始,县委利用各种关系把活动范围扩大至永安。先后发展了五丘仔、青水乡上甫粥村、洪田乡公所、西洋乡漈头村和畔口的下府、小螺村等一带的接头户和联络员,形成了以洪田乡为中心的游击基点,给县委和游击队的活动提供了极大的方便,成了大田通往闽西北的枢纽。

1942年2月,根据中共福建省委的指示,将中共大田县委改建为中共闽中工委,同时,将大田县游击队改为闽中工委游击队。

1942年6月,随着福建各地反顽斗争的不断深入,国民党第三战区指挥系统迁移闽北,使昔日交通不便的闽北,不但成为交通中心,而且成为国民党东南战区的战略要地与大本营。因此,国民党顽固派对闽北的控制愈来愈严,"清剿"越来越频繁,其规模也越来越大。特别是1943年春夏期间,国民党顽固派发动的第六次"清剿",使闽北党组织遭受了严重的摧残。

1943年春,中共闽中工委召开边委领导会议,传达苏华带来的省委关于"隐蔽精干"、"背靠山头,面向群众"和反特务斗争的指示,着重研究了如何粉碎国民党顽固派反共"围剿"等问题,采取"巩固老区,开辟新区,打通路线,精干队伍,准备转移,各地党组织立即转入地下,隔离动摇分子"等措施。为此,工委派出部分游击队员开辟了从大田县广平的大竹林至南平县菖蒲洋的交通线。至此,各个基点村已连成一片。为了应对时局发展的变化,中共闽中工委采取了三条重要措施:一是恢复南平菖蒲洋党支部,开辟南(平)沙(县)尤(溪)根据地,以备闽中工委领导机关的转移;二是加强游击队的军政训练;三是组建南下挺进队,开辟与省委联系的交通线。

同年9月至12月,中共福建省委机关从闽北建阳陆续南迁至永泰的青溪。这一时期,为适应反顽斗争的需要,阻止顽固派进攻,保存自己的有生力量,打通各块基本地区联系已非常必要。省委分析局势认为,在闽中必须开辟一条以古田为中转站,从闽北到闽中的地下交通线,作为沟通闽北、闽中等基本地区的联系网络,以便省委发挥中枢领导作用,更好地建立武装,发展地方工作,开展抗日和反顽自卫斗争。为此,省委派闽江特委代理书记黄扆禹、永(春)德(化)大(田)地区特派员吴天亮,由毛票带路,负责打通从仙游经德化到大田,再大田到永泰的路线。中共闽中工委根据省委的指示,立即开会研究并做出部署,一是派林大森配合吴天亮、毛票先去探索行军路线和沿途设立宿营地点,以便周密制订行军计划,开辟往德化、永泰、仙游边境的交通线;二是精选人员组成挺进队,确定由黄扆禹总负责,林大蕃任政委,林达光任队长;三是挺进队进行短期的政治、军事集训。

11月中旬,挺进队集中武陵安下岩村整装出发,沿途经过大田的京程、福塘、张乾村,再进入德化县境内,经丰山、山茶、曾坡、毛厝、溪里、纸山、仙游境内的里坪、东湖、角秋、东山等村,12月底,到达中共福建省委机关驻地永泰的青溪村。挺进队这次为时一个月的行动,完成了打通大田到永泰的地下交通线的任务,沟通了闽北、闽中、闽西北区域之间的联系,使他们得以在省委的统一领导下相互配合、相互支持。

1944年4月,中共闽中工委奉中共福建省委指示,组织第二次南下行动。挺进队由大田城关直属区委书记林大森任队长,带领蒋清广、池冲等7名队员,沿第一次挺进的路线,打通大田至南平莒上的路线,开辟了这一带的秘密据点,恢复发展南(平)沙(县)尤(溪)地区,顺利到达省委机关驻地永泰的青溪。挺进队员与省委武装会合后参加了袭击莆田涵江银行的行动,缴获了大量时币,省委从中拨给八九十万元帮助闽中工委和游击队解决经费困难。这批挺进队员除蒋清广、池冲编入省委游击队外,其余队员在林大森的带领下,日宿夜行返回大田县武陵安基地。

二、积极开展武装反顽斗争

1944年春,以大田为活动中心的中共闽中工委在隐蔽中顺利发展壮大。中共福建省委根据抗日战争即将胜利,蒋介石准备发动全面内战,各地区应积极准备应付时局的逆转,以及闽中工委的活动范围已从大田、永安、宁洋、漳平、永春、德化、沙县、尤溪、南平扩展到闽北各县的实际情况,决定把中共闽中工委改建为中共闽西北特委,闽中工委游击队改建为闽西北游击队。

1944年5月闽西北特委成立。面对闽西北党组织和游击队的发展壮大,国民党顽固派加紧策划和制订"围剿"计划,为此,福建省特务机关和省保安厅策划成立了"大田特种会报",专门从事侦破共产党组织和侦察游击队的活动,研究"剿共"策略和实施办法。"大田特种会报"由国民党福建省监察委员第六行政区专员林学渊坐镇大田指挥,省第六行政区上校保安副司令钟大钧任主任。林学渊、钟大钧到任后,在大田全县掀起了一股"剿共"恶浪,叫嚣"三个月内一定要将大田'奸匪'斩尽杀绝",并成立了"大(田)永(安)宁(洋)漳(平)四县联防办事处"(后改为"五县联防办事处",增加德化县),林学渊兼任办事处主任,钟大钧为"剿共"总指挥,提出了"三分军事,七分政治"的策略,在大田及周边各地采取各种措施进行"围剿"行动。钟大钧专权指挥省保安特务大队第8中队、省保安纵队第2大队、第六行政区自卫大队第3中队、大田县自卫中队、大田县便衣队、大田县警察局刑警队,总计800多人投入"围剿"行动。一时间,整个大田陷入白色恐怖之中。

7月15日,国民党顽固派集中3个团的兵力,进剿武陵安一带根据地。中共闽西北特委领导和在机关的党员、游击队员已先得到急讯,迅速撤离武陵安基点,后转移到谢洋的后村、科里一带隐蔽。进剿敌军在武陵安扑空后,气急败坏,便丧心病狂地搜捕地下党员、游击队员的家属和革命群众,当天就抓走149人。接着又进剿桃源的兰玉、王山,上京的丰田,太华的汤泉,石牌的京程、拱桥和漳平县的西埔等基点村,仅两三天就有300多人被投入监狱或就地监禁、施刑。11月后,"剿共"总指挥钟大钧坐镇大田县指挥,施行更加毒辣的抓、抢、砸、抄、刑并举的手段,捕杀革命家属和群众,先后有55人被枪杀、活埋,17个村庄被移民,5座民房被焚烧拆毁,755户计2930人背井离乡。

在这腥风血雨面前,许多共产党员毫不畏惧、决不屈服。他们在牢房里、法庭中、刑场上都表现出惊天动地的壮举。中共大漳边委委员林金凤被捕后,受尽严刑拷打,刽子手惨无人道地将她乳房割去点上煤油烧,她一声不吭,最后在押往刑场时高唱《国际歌》,慷慨就义。中共汤泉区委书记蒋光斗在牢房领导难友进行斗争,当局软硬兼施,他视死如归。敌特无奈,令他父亲出面劝降,他大义凛然,一脚踢翻审判桌,大骂敌特卑鄙无耻,最后遭枪杀。为粉碎敌人的"自新"诱降阴谋,中共闽西北特委统战部部长、闽西北游击队队长肖冠愧动员全家老少疏散,把自己家的整幢房子付之一炬,以示破釜沉舟,表现了共产党人宁死不屈的英雄气概。

面对国民党顽固派的疯狂"围剿"和血腥镇压,中共闽西北特委和闽西北游击队遵循"人不犯我,我不犯人;人若犯我,我必犯人"和"有理、有利、有节"的原则展开反顽自卫斗争,采取小分队袭击的办法,袭击了顽固派、特务密集的乡公所,处决了一批血债累累的反动分子,1944年10月24日,闽西北游击队挑选14名队员组成小分队,由中共大永宁边委委员肖应时任队长,闽西北游击队政委林大蕃亲自指挥,准备除掉上京乡乡长黄春光。黄春光穷凶极恶,到处搜集地下党和游击队的情报,设岗布哨,破坏交通线,还抓丁派款敲诈勒索,中饱私囊,上京乡百姓忍无可忍。小分队经过侦察后做出严密部署,在掌灯时分袭击了上京乡公所,将"剿共"特务、上京乡乡长黄春光及其妻子当场击毙,并缴获乡公所警备武装的长短枪14支和一批弹药。撤出时游击分队一把火焚毁了乡公所的小土楼,安然撤离上京。之后,游击队转移到大田与德化交界的老林中,使顽军捉摸不着,求战不得。12月26日,仍由肖应时带领的10队员返回武陵根据地,袭击了"剿共"特务、武陵乡乡长林朝栋的老窝,其妻系顽固派密探,当即将其击毙。接着,又组织8名游击队员夜袭武陵乡京程村保长家,抓获保长刘志成。经过审讯,刘志成交代了自己多次密报共产党组织在京程村的活动情况,致使接头户林龙使被捕后遭活埋的罪恶事实,游击队当即将这个罪大恶极的保长押往山沟处决。通过一系列的反顽行动,有力地回击了国民党顽固派掀起的反共高潮,保存了党的组织和游击队武装,为此后开辟闽赣边新区奠定了坚实的基础。

第五章 为三明的全面解放而斗争

抗日战争胜利后，饱受日本帝国主义侵略苦难的人民迫切地渴望和平。国民党当局却违背历史潮流，不顾人民的愿望，发动了全面内战。三明苏区的各级党组织领导和带领人民，为获得全面的解放而不断地斗争。

1945年9月，三明特委及挺进游击队在大田龙门战斗中失利，三明革命斗争遭受重大挫折。10月，在省委"三明党组织以南沙尤工委为基础"的指示下，重新组建了中共闽西北特委和闽西北游击支队，并且广泛积极地开展巩固南沙尤根据地的斗争，迅速在南沙尤地区打开了新局面。此后，三明革命斗争的活动中心由大田、永安边区转移到沙县、尤溪、南平边区，南沙尤地区成为三明革命斗争的重要根据地。1946年，中共闽西北地委在三明的沙县、三元、尤溪、将乐、泰宁、宁化、清流、明溪、永安等县先后建立了城工部组织，为尤溪、宁化、清流、明溪等县的和平解放奠定了坚实的基础。

1948年4月，中共闽西北地委和闽西北游击纵队认真吸取了三次挺进闽赣边失败的教训，紧紧依靠南沙尤根据地，建立革命的"两面政权"，改造大刀会，攻打乡、镇公所，摧毁国民党基层政权，把武装斗争同维护群众的利益、政治斗争有机地结合起来，迅速打开了三明人民群众爱国游击战争的新局面。

1949年5月，人民解放军入闽后，闽西北游击纵队在沙县进行了整编，革命队伍得到了发展壮大。闽西北游击纵队和三明城工部组织一起，紧密配合人民解放军，以武力或者和平的方式，先后解放了三明全境各县，建立了人民政权，迎来了中国新民主主义革命的伟大胜利。从此，三明这块红土地，永远地载入光荣的红色文化史册。

◆ 第一节 广泛开展游击战争

一、对敌力量估计不足：游击斗争遭遇挫折

1. 大田龙门战斗失利

由于对大田境内国民党的力量估计不足，闽西北特委和游击队提出了到大田袭击龙门保安队缴夺机枪的决定。虽然取得了战斗的胜利，但是所缴获的枪支并无机枪，还暴露了挺进队的行踪，遭到敌人围剿，导致挺进队大部分指战员牺牲，坚持了八年的大田革命最终被扼杀，三明革命斗争蒙受重大损失。

1945年8月，日本正式宣布无条件投降。9月，挺进队在永安洪田基点休整一个多月后，计划迅速挺进闽赣边以恢复老区、开辟新区。正当队伍抵达永安、清流的边境桑溪村的时候，获悉"日本正式无条件投降"这个特大喜讯，因此推迟了行动的计划。为了庆祝抗战的伟大胜利，闽西北特委和游击队在桑溪村召开会议。会议上，正确地分析判断了战后的形势，指出国民党反动派发动内战的可能性较大，必须有所准备。但是却对大田境内国民党的力量估计不足，错误地提出了"三大任务"：筹款、夺枪、扩充队伍，并且错误地做出由政委林大蕃、队长游栋率领挺进队30余名骨干返回大田县，等待时机筹款、夺枪，并要求一个月内完成任务后返回桑溪基点村，继续挺进闽赣边的决定。林大蕃、游栋率领挺进队骨干队员日宿夜行，秘密返回顽军重点"清剿区"大田。经过秘密访查，获悉大田龙门保安队有2挺机枪、几十支步枪。而龙门保安队兵痞每夜打麻将至深夜，毫无警惕，机枪就摆在下侧屋。只要把这些兵痞镇住，机枪唾手可得。

1945年9月22日深夜，由政委林大蕃、队长游栋率领30余名挺进队骨干队员从小合村出发，悄悄到达乡公所保安队驻地。兵分两路，一路由游栋指挥，从侧屋寻找入口以便进入屋内；另一路则由林大蕃指挥，从正面大门伺机翻墙入屋，并拦截可能逃窜的保安队，形成两面夹攻之势。游栋带领的一路进屋后便惊动了保安队卫兵，挺进队员冲进大厅向放置机枪的下侧屋发起进攻。林大蕃一路听到枪响，立即紧密配合。双方发生激烈的交火，其中保安队5人被乱弹射倒，挺进队员中2名中弹牺牲、1名受

伤。可是战斗结束后,发现在所缴的枪械中并无机枪。经审问得知,机枪于当日被送往大田县城检修。战斗便这样结束了。

虽然大田龙门战斗取得了胜利,但却因此暴露了目标,挺进队随即陷入了省保安8团和钟大均指挥的大田各路预伏的反动武装数千人的重重包围。在突围过程中,由于频繁的战斗,挺进队损失惨重。城关直属区委书记林大森、特委宣传部副部长郑超然壮烈牺牲,特委妇女部副部长林友梅、游击队班长林占赓被捕后被活埋。游栋、林大蕃带领挺进队奋勇冲杀七天七夜,9月30日夜,在永安县西洋乡内炉村的黄村洋又遭遇敌人重兵包围。激战中,挺进队员们浴血奋战,弹尽粮绝,闽西北特委书记、游击队政委林大蕃不幸中弹,身负重伤后壮烈牺牲。队长游栋率领剩余的队伍,埋葬了牺牲的烈士的遗体后,继续向永安县洪田方向突围撤退。10月2日,挺进队在洪田忠洛村渡口又遭遇敌人伏击,队长游栋指挥着仅存的4名游击队员奋勇抵抗,最终因寡不敌众,壮烈牺牲。此时,游栋年仅28岁。

至此,参加龙门夺枪战斗的30多名挺进队指战员,经过九天九夜的艰苦斗争,大部分牺牲,少数负伤、被捕和失散。中共闽西北特委和游击队遭受重大损失。挺进闽赣边行动因此也被迫中止。闽西北特委和游击队主要领导人牺牲后,敌人又加紧对大田根据地的"清剿",大肆搜捕屠杀地下党员、革命家属,无数革命志士以及无辜群众被残杀,大量村庄被毁灭,许多百姓被迫背井离乡。在国民党反动派极其凶暴的高压政策下,坚持了八年之久的大田革命最终被扼杀,三明革命斗争蒙受重大损失。

敌我力量悬殊是龙门夺枪失利的主要原因。但其根本原因是闽西北特委和游击队对大田境内国民党的力量估计不足,脱离实际情况,脱离人民群众,而决定进行军事冒险行动,导致自我暴露行踪,遭到敌人重兵重围,葬送了挺进队这支久经考验的队伍,教训是极其沉痛深刻的。首先,没有坚决执行省委关于"游击队迅速撤离大田及周围老区,避开国民党重兵,迅速挺进转移到闽赣边"的多次指示。在省委派出武工队与闽西北游击队会师后的四个多月时间内,仍旧在老地区转来转去,引得国民党当局增调重兵前来"清剿"。其次,桑溪村会议上错误地提出返回大田县境内筹款、缴夺机枪的决定。大田是国民党顽固派重点"清剿"区域,有几个团的顽军驻扎大田,敌我力量悬殊。正是因为龙门夺枪战斗导致了挺进队目标的暴露,其后果正如后来中共福建省委书记曾镜冰指出的那样是"飞蛾扑火自取灭亡"。再次,脱离老区基本群众,游击队失去了人民群众的支援。当地群众在顽军重兵重点"清剿"下,已经遭到严重的摧残,游击队频繁地进行军事冒险行动,使得国民党顽军对当地人民群众的摧残更加剧烈,群众或躲避或逃离,导致游击队失去了人民群众的支援。

1945年9月,大田龙门战斗失利后,三明党组织和革命武装遭到严重破坏。根据中共福建省委的指示,以中共南沙尤工委为基础,重新组建了中共闽西北特委和闽西北游击支队。三明革命斗争的活动中心由大田、永安边区转移到沙县、尤溪、南平边区。沙县及其周边各地由此成为闽西北特委和游击支队的根据地和活动中心。

2. 三次挺进闽赣边行动受挫

1945年5月至1947年7月，游击队先后三次挺进闽赣边行动，都做了极大努力，经历了种种难以想象的困难，但都未获成功。

第一次挺进闽赣边行动被迫中止，主要是由于当时的领导对当前形势估计不足，没有坚决执行省委关于"游击队迅速撤离大田及周围老区，避开国民党重兵，迅速挺近转移到闽赣边"的多次指示，忽视了主客观条件和人民群众的利益，进行单纯的军事冒险行动。抗战末期，国民党顽固派全面部署了对闽西北党组织和游击队的"围剿"。1945年5月，中共福建省委果断做出了"保存老区，必须退出老区"的指示，并派遣黄扆禹、游栋（刘发海）率领武工队，到大田与闽西北特委游击队会合，组建挺进队迅速挺进闽赣边。这样既可以保存闽西北现有地区和游击队的实力，又可以恢复建宁、泰宁等地的老苏区，开辟闽赣边新区。挺进队没有立即执行省委的指示决定，在离开大田之前还频繁地进行军事冒险行动。特别是1945年9月龙门战斗的失利，致使30多名游击队指战员经过九天九夜的奋战，大部分牺牲，少数负伤、被捕和失散的情况，导致中共闽西北特委和游击队遭受重大损失。

第二次挺进闽赣边的行动也没有完成任务，被迫中断，但是沿途扩大了游击队的政治影响。1946年2月，中共福建省委在福州召开了抗战胜利后的首次会议。会议分析了国内外形势和国共两党谈判后的发展趋势，决定在继续开展和平民主运动的同时，加强自卫武装，做好对蒋介石发动内战的准备。会议着重讨论部署了以武装工作队的形式，再次挺进闽赣边，恢复以建宁岭腰为中心的闽赣边老苏区和开辟新区的任务。3月中旬，中共福建省委为了加强对闽赣边革命根据地的领导，充实武装力量，派遣建（瓯）松（溪）政（和）特委书记陈贵芳、特派员黄扆禹，配备2挺机枪及其所属的60多名游击队主力，组成精干队伍，从福州出发，途经南平到达沙县隆兴洋，与闽西北游击支队会合，组成闽赣边挺进队，以陈贵芳为队长，准备第二次向闽赣边的泰宁、建宁挺进。4月中旬，挺进队从隆兴洋出发。由于挺进队人数多、目标大，加上正当雨季，尽管昼伏夜行，仍然暴露了行踪，一直遭遇敌人围追堵截。挺进队在泰宁、建宁、明溪、将乐边境与敌周旋了一个多月，仍然无法甩掉追击之敌。由于给养困难，挺进队内部对行动的意见不一致，既无法继续前进，又不宜长久滞留，最终只能放弃原定目标，秘密撤退返回沙县根据地。

第三次挺进闽赣边的行动，由于领导人在认识上对开展公开的游击战争存在偏差，急于"公开亮旗号"和"立即挺进江西"，致使挺进队遭到了重大损失。1946年6月，内战全面爆发,国民党向解放区发动了全面进攻,正规部队北调,后方空虚。1946年11月至1947年1月,中共福建省委在古田县大陆村召开了为期75天的党员代表大会。中共福建省委更名为中共闽浙赣区委员会,各特委改为地委。会议根据华中分局转发的中央《对福建发动游击战争方针的指示》精神,做出了《关于发动爱国游击战争的决定》。闽浙赣区党委强调指出,闽中、闽浙、闽东北、闽赣边、闽浙边均已具备发动游击战争条件,必须立即发动游击战争;提出将过去分散隐蔽的斗争改为公开的游击战争;部署各个地区的游击战争工作。1947年3月,中共闽西北特委更名为中共闽赣边地委,王一平任书记、夏润珍任组织部部长、林志群任宣传部部长、沈崇文任武装部部长、张羽任电台台长,中共闽赣边地委下辖中共南(平)尤(溪)边委、中共沙(县)顺(昌)工委、中共闽赣边地委机关总支。4月初,闽浙赣区党委派遣王一平、夏润珍、沈崇文带领50多名武装人员以及唐仙有率领建松政根据地的小部分武装,到达南平的白塔乡上坑村,与闽西北游击支队会合,组成闽赣边游击纵队。沈崇文任司令员、王一平任政委、林志群任政治部主任、夏润珍任民运部部长。游击纵队下辖直属支队和4个分队,队员共120多名。准备第三次挺进闽赣边,以恢复闽赣边老苏区,开辟新苏区,建立根据地,扩大队伍,向江西发展,争取与赣南连成一片。这个时期,还组成了以蔡敏为书记、池冲为委员、黄屎禹为特派员的中共江西工作班子,跟随纵队出发,计划到达闽赣边后转往赣南开展工作。出发前,由于纵队领导存在认识指导上的偏差,急于"公开亮旗号",急于"立即挺进江西",决定公开挺进。因此,制定了"以里应外合的手段夺取国民党南平县西芹沙门军用仓库的枪支弹药,沿途打下沙县的夏茂、明溪的盖洋、宁化的泉上"的单纯军事冒险计划。行动中,内线反水告密,派出做内应的人员被捕,暴露了行动目标,大批敌军向游击纵队发动攻击。由此计划落空,导致行动失败。最终第三次挺进闽赣边的行动再次中止。

三次挺近闽赣边失败,主要原因有三个方面。一是敌我力量悬殊。闽赣边老苏区丧失后,敌人在建宁、泰宁一带一直有重兵驻防,警特活动频繁。一旦发现共产党和游击队活动目标,便紧盯不放、穷追猛打。二是缺乏人民群众基础。由于将乐、建宁、泰宁等县的反动势力较强,保甲制度健全,人民群众长期受到压迫,受到反动思想的宣传影响,不敢接触外乡人。游击队难以得到当地人民群众的支持,孤军奋战。三是领导认识思想上的错误。第一次挺进的失败,主要的原因就在于领导对当时形势估计不足,发动单纯的军事行动,导致挺进队全军覆没的严重后果。尽管如此,后两次行动在一定程度上使游击队在战斗中得到了锻炼,总结了教训,丰富了斗争经验。同时,宣传了游击队,扩大了中国共产党的政治影响。

二、重建中共闽西北特委和闽西北游击支队：迅速在南沙尤地区打开了新局面

1. 重建中共闽西北特委巩固南沙尤根据地

南平、沙县、尤溪三县的交界区域，具有山高岭峻、森林茂密、地势险要的地理特点，为革命斗争提供了有利条件。1940年，中共南平工委曾派余维新在南平的菖蒲洋建立了中共菖蒲洋支部，秘密发展党员。1943年3月，由于活动暴露，支部书记余维新被捕牺牲，党的活动因此中断。1943年底，中共闽中工委根据福建省委"继续坚持南沙尤据点活动"的指示精神，委派林志群以及肖冠槐、林大森、林友梅等8名武工队员来到菖蒲洋，逐渐恢复党的组织活动。在南平的下场、白塔等地的农民中发展了一批党员，经中共闽中工委批准，成立了中共南(平)沙(县)尤(溪)边委，由林志群兼任边委书记。

1944年3月，中共南沙尤边委改为中共南沙尤工委，张羽兼任书记，林志群兼任副书记，隶属中共闽中工委。此后，在沙县的朱源、前山、白云、村头、马铺、涌溪、山尾等地建立游击基点村。5月，中共闽中工委改建为中共闽西北特委，进一步积极主动地加紧开展工作，慎重地发展一批农民党员，加快了基点村党的建设和武装建设。南平的土堡、西芹、水潮，沙县的青州、涌溪、隆兴洋、正地、上洋、山尾、许坑、姜后、荷山、土桥等村庄也建成巩固的基点村。马铺村作为水陆交通要道，设立了秘密交通站，接送来往人员，传递情报。这个时期，中共南沙尤工委工作扎实，革命力量不断得到发展壮大，南沙尤据点成为三明革命斗争的重要组成部分，南沙尤地区成为解放战争期间三明革命斗争的重要根据地。

1945年10月，中共闽西北特委组织部长蔡敏从桑溪村前往省委，汇报闽赣边挺进游击队在大田龙门夺枪战斗中失利以及闽西北特委受挫的情况。福建省委立即对闽西北地区的工作做了重要指示。省委认为，闽西北地区大部分县是第二次国内革命战争时期中央苏区的主要组成县份，地理位置上是连接江西和闽西老区的通道，有较好的群众基础。加强这块根据地工作，对发展抗战胜利后的革命形势，有其重要的战略意义。因此，省委命令蔡敏立即返回沙县，以南沙尤工委为基础，重建闽西北特委。蔡敏任书记，林志群任副书记，特委机关设在沙县高桂(今高桥)乡的隆兴洋。工委下辖南(平)尤(溪)边委和沙(县)顺(昌)区委。同时组建了闽西北游击支队，由林志群任支队长、陈顺有任副队长、蔡敏任政委。支队下设2个武工队，第一武工队队长蒋荣德，第二武工队队长池冲。不久后，从南平接来一部电台，张羽任台长，加强了特委与省委的联系。从此，三明革命斗争的中心从大田转移到以沙县为根据地的南沙尤地区，沙县由此成为闽西北特委和游击支队的根据地和活动中心。

第五章 为三明的全面解放而斗争

经过一年多的努力,重建后的闽西北特委和闽西北游击支队,迅速在南沙尤地区打开了新的局面。扩大了根据地,加强了游击武装,组织群众获得了抗丁、抗粮、抗税一系列斗争的胜利。各基点村都建立了党组织,迅速向顺昌、将乐、明溪、清流、建宁、泰宁的广大农村发展,不断开辟新的游击基点村,形成了以沙县高桥隆兴洋为中心,东、西、南、北、中各农村根据地或基点村连成一片,并向顺昌县的元坑、郑坊,南平的西芹、王台、溪后、罗源和明溪、将乐的境内发展的态势。隆兴洋成为后来两度向闽赣边挺进的出发点。解放战争时期,隆兴洋还成为闽西北地委机关和游击纵队司令部巩固的驻地。

2. 连云贫农团斗争:尤溪人民革命史上的光辉一页

尤溪连云贫农团于1945年建立,拥有成员217名,在15个自然村组织农民开展抗租、抗丁等斗争。1948年惨遭国民党反动派的镇压,历时3年。贫农团领导农民取得的胜利活动,极大地鼓舞了农民革命斗争的积极性,给地主恶霸以沉重打击,导致国民党对其进行"围剿"。连云贫农团虽然最终在国民党反动势力的镇压下惨遭失败,仍然为三明的红色革命斗争史写下了光辉的一页。

尤溪的连云村与南平莒上、下场以及沙县等地相毗邻,是上云、下云和云山的合称,既是尤溪往返南平、沙县的必经之路,也是南沙尤革命据点的重要组成部分。穷苦的连云人民饱尝了八年抗日战争所带来的痛苦,生活非常困苦。当地的国民党反动派及地主、恶霸对农民多层盘剥,六成以上粮食都作为地租赋税必须上交。连云曾经流传着这样的歌谣:"地瓜当粮草,蔬菜当饭饱,松柴点灯火,火笼当棉袄。"饱受剥削压迫的连云人民群众,受到活跃在沙县、南平一带闽西北游击队的影响,奋起抗争。南平的地下党员陈正盛、陈元朗利用亲属关系,在抗日战争时期培养了连云第一个地下工作者林正品。1945年,在林正品的积极活动下,地下工作者发展到13名。他们积极配合游击队,宣传发动群众开展捐粮捐款等革命活动。

1947年7月至8月,闽浙赣区党委在林森县尚干乡南阳顶召开会议。8月28日,通过了《闽浙赣人民斗争特点与闽浙赣人民游击战的指示》,简称"八二八"指示。指示强调,游击战争必须充分相信人民群众,依靠人民群众,发动人民群众,反对单纯的军事观点。这次会议的召开,标志着闽浙赣党委开始扭转指导思想上的偏差。根据"八二八"精神,闽西北游击支队第一武工队队长蒋荣德奉闽赣边地委之命来到连云领导组织贫农团斗争。

1947年冬,在贫农团成员林立水家中,蒋荣德主持召开了贫农团主要骨干会议。此次会议确定了贫农团今后的斗争方针是:发动群众,进行抗丁、抗税,让贫苦农民获得切身利益。会后,蒋荣德领导林立水等13名贫农团骨干,积极开展革命活动。他们利用连云的地理优势以及当地人民群众革命情绪高涨的特点,在上云、下云和云山等地区积极对人民群众开展革命思想的宣传教育,揭露蒋介石发动内战的阴谋和地主阶级统治剥削的反动本性,既提高了农民群众的阶级觉悟,激发了斗争热情,又坚定了斗争信心。广大贫苦群众纷纷加入贫农团,积极投身革命斗争,先后配合游击队镇压了林绍婢、陈跃团、蔡世庆3个恶霸,沉重打击了当地地主恶霸的嚣张气焰。

1948年2月,根据革命斗争形势的需要,贫农团骨干陈振活、杨仰青、林修祝等向周围村庄开展工作。这些骨干具有良好社会基础和活动能力,利用职业做掩护,经过数月的努力,将贫农团的革命活动扩展到今天的联合、梅仙的18个自然村,队伍扩大到217名团员。6月14日晚,蒋荣德在上云村水尾庵主持召开贫农团大会,上云、下云、云山三个自然村108名团员全部到会。会上,蒋荣德总结了前一阶段的工作经验和存在问题,分析了革命斗争的大好形势,号召全体团员坚定信心,讲究策略,进一步开展革命斗争。会议决定成立贫农团总指挥部,下辖5个分团,并由民主选举产生总指挥部领导成员。会后,总指挥部主要领导采取分片包干、分工合作、互相配合的形式,领导贫农团开展各种革命活动。

1948年6月15日,上云突然进驻了尤溪县保安队的一个排。面对敌情,蒋荣德召集总指挥部主要领导,经研究决定:将保安队士兵分散接到各自家里,"热情"款待,等有利时机,缴下他们的枪弹。保安队觉察情况有异,召集全体士兵,集中撤回云源乡公所(今联合乡政府)。但是临走时,突然以乡公所要召集贫农团团员林修祝(当时任保长)开会为名,将其带走。6月16日,林修祝逃脱,回到上云。此时,连云一带"肃奸组"特务活动十分猖獗。针对这种情况,贫农团秘密召开会议,研究部署具体斗争方案,决定利用较开明的上层人士开展工作,把合法斗争与秘密斗争有机地结合起来,惩治了顽固不化的地主、恶霸保长包国成,国民党区分部书记林腾芳等人,打掉了他们的嚣张气焰。

1848年,随着农民觉悟的迅速提高,贫农团队伍不断发展壮大。贫农团发动农民开展大规模的抗租、抗丁活动,并取得活动的胜利。在抗租斗争中,当地大地主林红妹上门催租逼债。贫农团利用这个有利时机,发动群众开展针锋相对的抗租斗争,从开始的合法"一五减租"维权,到后来的干脆不交租,再到以贫农团的名义向地主募捐,取得了抗租斗争的胜利,展示了农民团结起来的巨大力量。贫农团把募捐等收来的谷子,除支援游击队外,还用来购买枪支弹药。在抗丁斗争中,贫农团发动广大贫苦农民起来反抗国民党派丁、抓丁行为。通过向地主保长说理的抗丁斗争方式,提出"你们的孩子不去,我们也不能去,大家都是人",由此取得了国民党向当地派征28名壮丁一个都没有去的斗争胜利。

土豪劣绅们气急败坏,接连向国民党县府报告:"连云等地有游击队破坏活动。"

当年贫农团用过的武器(左)、游击队使用的马灯和手雷(右)

尤溪县戡乱委员会主任洪钟元急忙派遣保安中队长陈玉麟等30多人,进乡"围剿"。在敌我力量悬殊的情况下,连云贫农团转入秘密活动,部分领导骨干分散隐蔽,转移到南平。保安队在"围剿"扑空后,改变方式拉拢收买贫农团成员,继续破坏革命斗争。由于林正何、林光宇、林新年等人的反水,给贫农团造成巨大的威胁,贫农团的处境内外交困。1948年7月8日后几天内,林立水、林正品、林修祝、林正恩、杨仰青等20多名贫农团骨干分子及贫农团成员相继被捕。其中,林立水被捕后,被关押到铁场峡的亭子里吊打拷问。敌人残忍地用竹签插进他的手指。剧烈的疼痛之下,林立水始终坚贞不屈,只字不吐,最终被杀害在铁场峡,时年33岁。其他被捕贫农团成员,都不同程度地遭受了香火线烧、灌水、灌辣椒汤、夹棍棒、坐老虎凳等各种酷刑。贫农团成员们始终表现英勇,宁死不屈。他们当中有的遭敌杀害,英勇就义,有的被捕入狱英勇不屈。至此,尤溪连云贫农团在国民党反动势力镇压下惨遭失败。

尤溪连云贫农团运动失败后,在其与地主恶霸开展斗争取得胜利的影响下,1948年六七月间,在沙县的富口、高桥、青溪等25个乡村相继成立了贫农团、基干民兵组织,成员1300多名,组织农民开展"六废""挖蒋根"等各种形式的斗争及生产自救活动。

3. 攻打乡公所:摧毁国民党基层政权

闽西北地委和游击纵队以攻打乡、镇公所等方式,有力地摧毁了国民党的基层政权,打开了三明群众爱国游击战争的新局面,闽西北游击纵队也从隐蔽斗争迅速转向公开的游击武装斗争。

富溪除"三霸" 1948年5月初,中共闽西北地委和闽西北游击纵队召开工作组长和分队长以上干部联席会议。会议全面分析了革命面临的大好形势,一致认为全面开展游击战争的主客观条件已经成熟。会议决定,首先拔掉安插在根据地内和边沿的一批国民党乡镇政权,然后全面出击,消灭敌人。根据首战必须确保全胜的具体分析,会议确定首战沙县富溪除"三霸",由此拉开闽西北游击纵队主动进攻战的序幕。

沙县富溪乡(现富口)伪乡长邓秀扬、乡队副陈章臣及其弟陈章炎,是横行富口乡的三个恶霸。根据群众控诉,其主要的罪状有:勾结官府、欺压百姓;抓丁派款、敲诈勒索;贪赃枉法、霸占民田;奸淫妇女、仗势欺人等。群众对他们的胡作非为,早已恨之入骨,敢怒不敢言,一致要求游击队能早日除掉"三霸",为民泄愤。为此,经缜密研究制定出除"三霸"的作战方案。

1948年5月21日,正值富溪墟日。老奸巨猾的陈章臣,身佩短枪,威风凛凛地在街上逛了一趟,感到今天陌生人多,与往常不同,即对陈章炎说:"卖完米快回家。"九点时分,暨文海见此情况当机立断,决定擒贼先擒王,采取先下手为强的办法,急抽出手枪将陈章臣击毙。陈章炎一听枪响,情知不妙,立即拔腿而逃。童启华和林德胜听见枪声,也急抽出手枪,邓秀扬脑袋开花,一命呜呼。除掉"三霸"后,由王德标带领的机枪小分队,听到枪声后迅速下山占领了富溪乡公所并解除警备班武器,缴获长短枪20多支,子弹千余发,手榴弹11箱,民团枪支16支。这场战斗仅十几分钟就结束了,并且获得了胜利。马刚毅(林志群化名)率领全体队伍,以整齐的步伐开进墟场。马刚毅和王德标登上石阶,向群众讲述了全国解放战争的大好形势,并历数了"三霸"的罪状,号召人民群众组织起来,废征兵、废征粮、废征科、废高利贷、废保甲制、废地主田租。富溪群众第一次在墟场见到除"三霸"情景,听到这些新鲜的革命道理,群情激奋,无不拍手称快。

富溪除"三霸"行动的胜利和"六废"政策的提出,极大地提高了党和游击纵队的威望,也鼓舞了群众的斗争热情。之后,群众性的"六废"运动和"除恶霸,挖蒋根"的斗争,在根据地内外全面推开,势不可挡。

1948年12月13日,闽西北游击纵队派遣第2支队120多名游击队员包围了富溪乡盖竹村,处决了勾结大刀会、杀害几十名工农红军的国民党保长邓幼妹以及大刀会头目7人,收缴被抢夺的机枪

富溪乡公所战斗遗址

1挺、长短枪30多支。同时强制推行"六废"政策,威震各地。至此,闽西北游击纵队控制了沙县等地农村的大部分区域。

高桂战斗 1948年12月30日,游击队在洋花坑休整,一位50多岁的老乡连夜跑来报告游击队,他的儿子和一批青年被高桂乡警备班强抓壮丁,关在了高桂(高桥)乡公所,恳请游击队设法解救,由此引发了高桂战斗。

闽西北游击纵队司令林志群和王德标等几位主要领导一致认为,我们的宗旨是解放人民、保护人民,人民有了苦难,就应当挺身而出。当即研究决定:集中两个支队兵力400多人,并动员一批民兵,连夜紧急行军赶到高桂。立即包围了乡公所,切断了通往沙县和夏茂的电话线,派出两个排的兵力担任阻击,以防沙县、夏茂两路增援之敌,游击队采取了军事与政治的、火力攻击与喊话劝降相结合的灵活战术,分化瓦解敌人。敌人的碉堡内驻有自卫队和警备班两支武装,共50多人。战斗打响后警备班却使劲朝游击队开枪,对峙到天亮。群众得知游击队攻打乡公所,纷纷出谋献策。有一位长者献计,把伪乡长、乡队副的妻小找来,押到前沿喊话劝降。躲在碉堡里的伪乡长、乡队副听见自己亲人啼哭呼唤,心里大为震惊,立刻停止射击,并同意谈判。提出三个条件:释放全部家属;马上解围,将部队撤出高桂境内;交出枪弹要保密。游击队将计就计,答应对方条件,但要乡公所的枪支全部交出不留一枪一弹,县自卫队应缴一半,以示警告。经过几个回合谈判,双方才达成协议,乡公所的武装全部解除,伪自卫队的枪解除一半。计缴获步枪15枝,子弹700多发,手榴弹30枚。王德标等人又制定第二个作战方案:一部分坚守原阵地,不动不撤,到敌人打开大门释放被抓全部壮丁为止。突然听见枪响,夏茂方向敌人援兵与阻击部队交火,同时碉堡里的残敌也猛烈射击呼应,王德标立即带领预备队前去接应。几分钟后,敌人被打得落花流水,丢下几具尸首,逃得无踪无影。

游击队全部火力集中射向敌堡,唐仙有、王德标等指挥员来到前沿阵地,拿着土制话筒向敌人喊话:"你们听着,你们贼心不死,反动本性不改,现在命令你们:一、立即打开碉堡大门,放出被抓全部壮丁;二、彻底缴枪投降,不得保留一枪一弹,如果再负隅顽抗,就把你们全部烧死在碉堡里。"游击队将火油浇到土堡门上,准备点火烧门。守敌感到死神临头,不得不向游击队投降。至此,高桂战斗结束。

高桂战斗是闽西北游击纵队由分散游击战向集中攻坚战的开始,充分显示出游击纵队的重要作用。由此,革命队伍也得到迅速发展。1949年初,随着"三大战役"胜利结束,国民党蒋介石在中国的统治面临崩溃。为迎接全国革命胜利,以沙县为活动中心的闽西北游击纵队,放手武装群众,转入主动进攻、全线出击。

罗溪整编 1949年1月,闽西北游击纵队在攻占富溪、高桂两个乡公所后,在沙县富口罗溪进行了整编。设立参谋长以及政治、作战、群工、后勤等处,任命林志群为纵队司令员兼政委、唐仙有为参谋长、黄维泉为政治处主任、王德标为作战处主任、蔡文明为群工处主任、李万珍为群工处副主任。战斗力共有600余人和枪,下辖共5支队伍和南坑支队。各支队分设支队长、政委。闽西北游击纵队整编后,立即派遣各支队在沙县、将乐、顺昌、三元、南平、大田、清流、尤溪、明溪等地活动,占领广大农村。2月16日夜,闽西北游击纵队司令员林志群带领20余名短枪队员,抵达儒罗乡,包围了国民党沙县参议长杨高堂的住宅,令杨高堂写字条找来夏茂镇镇长张廷标、儒罗乡乡长杨高伊、彭梨乡乡长姜圣川,对他们讲明共产党政策,让他们认清当前革命形势和个人的利害关系。要求杨高伊和姜圣川分别跟随游击纵队前往儒罗、彭梨两个乡的乡公所,喊话规劝警备班缴械受降。游击纵队和平解放了儒罗、彭梨乡的乡公所,缴获全部枪支弹药。17日凌晨,游击纵队包围了国民党夏茂镇公所和警察分局,经过一天的战斗,获得胜利。缴获枪支40余枝,分得粮仓11500余担粮食。21日,游击纵队南坑支队与沙县南霞乡乡公所7名警备班起义人员里应外合,攻下了南霞乡乡公所,击毙1人,俘虏5人,缴获步枪11支、子弹1000余发、手榴弹60枚。

罗溪整编,健全了游击纵队的领导机构,为牵制、瓦解、消灭敌人,转入全面斗争,配合人民解放军作战,占领广大农村创立了条件,同时为即将到来的三明地区的解放奠定了坚实的群众基础。

林敦战斗 罗溪整编后,闽西北游击纵队以沙县为活动中心,主动出击,连续作战,获得多次胜利,引起了国民党当局的高度恐慌。1949年2月22日,全副美式装备的省保安司令部"突击大队"在顺昌一带追击闽浙赣省委主力部队,接到国民党福建省政府主席兼保安司令部司令朱绍良急电后,转赴沙县。另一路全副美式装备的突击队在队长吴子高的率领下,由福州日夜兼程抵达沙县。他们在沙县的榜山、富口纠集顺昌、沙县的自卫队,准备南北夹攻游击纵队。25日,林志群、唐仙有、王德标为了提高游击纵队队伍的政治素质和战斗力,分别率领游击纵队3个支队,从不同地方集结到沙县高桥乡林敦整训。28日凌晨,省保安司令部"突击大队"400余人伙同沙县、顺昌自卫队400余人,分别从左中右三路直扑林敦,包围了整训中的闽西北游击纵队驻地,并发起猛烈攻击。林志群发布命令:"轻伤不下火线,与阵地共存亡。"林志群、唐仙有指挥闽西北游击纵队400余名指战队员,迅速占领后山制

林志群,1948年4月任闽西北地工委书记,闽西北游击纵队司令员兼政委

林志群2009年亲笔写的林敦战斗经过

高点有利地形,和敌人进行了长达11小时的激烈战斗,打退了敌人数十次冲锋,击毙敌军军官2人、士兵30余人。

林敦战斗是闽西北游击队成立以来所经历的一场硬仗,击退了国民党的进攻,打掉了敌人的嚣张气焰。林敦战斗后,闽西北游击纵队及时总结战斗胜利的经验,采取化整为零的办法,分成许多小队声东击西,扩大迂回地域的同时开展麻雀战。之后的几个月间,游击纵队攻下了沙县、顺昌、明溪、南平等县10余个乡、镇公所。国民党"突击大队"求战不得,四处奔走,多处告急。直至人民解放军南下入闽的时候,才慌忙逃回南平,之后全部被俘虏。

沙县高桥杉口林墩村后山右侧山顶,当年林敦战斗发生地

三、开展统一战线工作:团结一切可以团结的力量

1948年1月19日,中共闽浙赣省委(1947年9月,中共闽浙赣区党委改称中共闽浙赣省委)召开扩大会,作出《为开展群众性游击战争,恢复与建立民主根据地的决议草案》(简称"新方针")。"新方针"提出,游击战争的基本任务和目标是:消灭地主、官僚资产阶级,摧毁反动政权,建立民主根据地。遵照中共闽浙赣省委"新方针"的指示精神,中共闽西北地委根据南沙尤地区工作基础扎实的实际,吸取远离根据地三次挺进闽赣边的单纯军事冒险行动的教训,决定以南沙尤根据地为依托,发动群众,广泛开展统战工作,大力教育争取国民党下层人士,逐步建立革命的"两面政权",精心改造大刀会,扩大游击根据地,壮大游击纵队力量,为广泛开展群众性的游击战争做好准备。

1. "两面政权"在南沙尤地区的建立

南沙尤地区"两面政权"是中共闽西北地委建设根据地开展游击战争中的一大特色。既有力地支持了地下党和游击队的工作,又造成敌人"眼瞎耳聋",使反动政权陷于瘫痪。

1944年,南沙尤地区的统战工作打下了坚实的基础。当时,南沙尤工委第一批统战对象是南平县土堡乡的乡长、县参议员、区分部书记、乡代表会主席、小学校长和全乡10个保保长、保民代表、开明绅士。工委通过个别走访、召开座谈会、结拜兄弟等方式,进行深入细致的形势和前途教育,使他们心悦诚服地站到共产党一边来。土堡乡成了白天是国民党、晚上是共产党,表面是反动政权、实际是共产党控制的"白皮红心"的特殊政权。在"两面政权"的掩护下,南沙尤工委顺利地开展了各项"合法的""非法的"斗争。中共闽西北地委全面总结了南沙尤工委这一宝贵经验。

1946年4月,遵循中央和省委有关指示精神,即在敌人强大的压力下,要建立一个公开的根据地是不可能的,但敌人互相矛盾较多,要利用其矛盾建立隐蔽的游击根据地仍是有可能的,这种隐蔽根据地可采用两面性质的发展,其表面形式是反动的,实质是革命的……我们依靠这些隐蔽根据地,使敌人捉摸不到我们,而我们依靠这些隐蔽根据地,形成我们的中心。重建后的闽西北特委总结了南沙尤工委在统战工作中采取建立革命的"两面政权"这一宝贵经验,并将这一经验推广到沙县境内,通过对部分地区的乡、保、甲长的教育,争取让他们与共产党游击队秘密合作,促使他们采取"两面"的方法,晚上事先通知贫苦农民躲避国民党官兵的搜捕、抗税,次日却带领国

民党人员抓丁、征税。首先在富溪乡的姜后、山余等村先后做保长陈新华、张居文等人的工作,让他们为游击队送米、送菜、送情报,掩护地下党和游击队的活动。此后,"两面政权"的建立范围在沙县东部和北部山区逐步拓展。

自1948年春开始,闽西北地委进一步总结了"两面政权"的宝贵经验,并号召党员干部、纵队指战员认真学习这一经验,并在全区推广。分别对各乡长、参议员、区分部书记、保长、保代表和甲长做艰苦细致的工作,采取"派进去拉出来"的办法,把国民党基层政权改造为两面政权,促使其对国民党消极应付,与共产党、游击队积极合作,使国民党基层政权趋于瘫痪。同时,号召党员干部、纵队指战员认真学习并在全区推广这一经验。此后,沙县涌溪乡的7个保、高桥乡的6个保、富口乡的5个保都建立了"两面政权"。1948年底,沙县的夏茂、儒罗、彭梨又有一些乡镇的镇长、乡长、保长、甲长被争取为"白皮红心"人士。这个办法推广到了沙顺边、沙南边、沙尤边广大农村,并在沙县、顺昌县交界的10多个乡、村都建立了"两面政权",有力地支持了地下党和游击队的工作。

2. 争取、改造大刀会

中共闽西北地委成功地争取、改造了大刀会,是中共闽西北地委建设根据地开展游击战争中的又一特色。大刀会转变为革命力量的一部分,配合游击纵队的军事行动,成为纵队的得力后备军,在反"围剿"斗争中起到了重要的作用。

大刀会缘起于清末农民暴动的迷信集团,长期以来,三明区域内散布各地的大刀会组织庞大。民国时期,大刀会是福建秘密社会中的最主要一支,活动范围包括闽东、闽中、闽北大部分以及闽西、闽南部分地区。大刀会的活动,对福建地方的政治经济曾经产生过重要的影响。福建境内各支大刀会在活动中能促进革命发展的极少,因此,中共闽西北地委在三明沙县争取、改造大刀会的成功,为各地大刀会的改造提供了成功的经验。

三明地区大刀会在沙县及沙(县)顺(昌)、沙(县)南(平)、沙(县)明(溪)边境活动频繁。土地革命战争时期,曾被利用攻打工农红军,后来又反戈攻打国民党,受到国民党的残酷镇压。一些大刀会潜伏山区坚持秘密活动,伺机东山再起。沙县的隆兴洋具有山高林密、地形复杂、人烟稀少、交通不便的地理特点,远离国民党统治势力,既是大刀会的大本营,同时又是建立游击根据地的理想地方。为此,时任闽西北特委副书记的林志群了解了"大刀会"组织的特点后,认为如果把这一组织争取并改造为武装民兵,为革命斗争所用,将是不可忽视的一支力量。闽西北地委决定在隆兴洋建立游击根据地,争取、改造大刀会,使之转变为革命力量。

1948年底,林志群化名为"马刚毅",乔装成国民党逃兵深入隆兴洋开展秘密工作。经过一段时期艰苦细致的工作,采取以"旧瓶装新酒"的办法,与大刀会首领结拜兄弟,通过结盟,取得大刀会头目和骨干的信任后,林志群对他们进行了党的宗旨和党的政策的宣传教育。对他们的过往行为既往不咎,实行立功自赎的政策。动之以情,晓之以义,明之以理。帮助他们提高思想觉悟,放下思想包袱,并且逐渐转变思想,明白唯有投靠共产党才有光明前途。最终,大刀会首领黄老大考虑到自己年老体弱,两个儿子均被国民党杀害,眼下的处境十分艰难,没有出路,于是召集各山头的头目开会商议,最后达成一致协议,将其控制的各山头、据点的大刀会组织和成员名单全盘交由林志群接管。

闽西北地委接管大刀会后,成功地对其进行收编改造。由于大刀会基层骨干和成员绝大多数是贫苦农民,因此将他们改造成武装民兵。同时,将大刀会分散在各地的联络点连成一片,改造为游击根据地。在隆兴洋及周边几个村庄,分别成立抗丁队、尊老会、妇女会、贫雇农小组、统战工作小组等,并让大刀会骨干或成员在其中担任职务,甚至委以重任。组织"示范大刀会",从富口、罗溪、通门各村选拔年轻力壮的贫农团成员50多人为骨干,通过短期训练,以革命歌曲替代迷信咒语教育大刀会骨干,让他们既手握大刀长矛,又肩扛枪支武器,以灰色面目频繁活动于郑湖、碧溪、吕桐溪等地农村。经过接管、教育、改造后的大刀会,焕然一新,成为革命武装的一部分。游击队站稳脚跟后,不断开辟新的游击基点村,向顺昌、将乐、建宁、泰宁、明溪的广大农村发展,拓展革命统一战线。

四、三明区域城工部组织:敌占区工作的重要力量

城工部是党领导敌占城市进行地下工作的重要工作部门,主要负责组织地下工作者的交通往来及其信息搜集、联络等工作,在抗日战争期间及解放战争期间起到了重要作用。

自1947年1月闽浙赣区党委城市工作部建立以来,城工部人员在三明革命区域活动期间,先后发展中共党员100多名,建立了11个基层党组织和3个党的外围组织。三明的沙县、三元、尤溪、将乐、泰宁、宁化、明溪、清流、永安等县都先后建立了地下党组织,积极开展各项活动。建立交通站、联络站17个,负责递送情报,输送人员和物资,建立了下南区游击队、南坑游击队、闽宁游击大队等武装队伍;发动群众抗粮、抗税,打击反动分子,组织学生罢课;打入敌营内部开展策反等,为即将到来的沙县、宁化、清流、明溪等县的解放做出了应有的贡献。

1. 城工部在沙县、尤溪、三元、将乐的活动

1946年7月,中共闽江工委提出"既依靠农村发展城市,又依靠城市发展农村"的

方针以及"巩固福州,发展外县,向空白点发展""开辟外县十五号"的任务。8月,中共闽江工委委派徐仁忠从福州以转学的名义到沙县师范学校、沙县师范附属小学及沙县虬南开展地下工作,发展党员。傅孙焕到沙县后,接替徐仁忠的工作,继续发展党员,设立秘密交通站,在沙县师范学校、沙县师范附属小学及沙县虬南建立党小组。同时,傅孙焕还前往沙县的镇头、南坑一带活动,成立了党小组,并建立了沙县城关党支部(后改为虬南党支部),翁崇周任书记,下辖南坑、镇头党小组。张子谦到沙县后,回家乡涌溪开展活动,发展了一批党员,成立了涌溪党小组,后建立了管前党支部,并于1948年2月建立中共沙县下南区委,张子谦任书记,胡盛鸿任副书记。何有礼到沙县后,在沙县师范附小任教,建立了沙县师范附小党支部,陈铁生任书记。

1947年3月,城工部部长庄征派廖怀玉、廖逢卜回尤溪开展革命活动,组建中共尤(溪)德(化)永(泰)工委。廖怀玉回到尤溪后,立即召集地下党员在中仙竹峰开展活动。4月中旬,廖怀玉在中仙竹峰组织召开党员会议,廖逢卜、廖光国、陈孝廉等参加了会议。会议宣布成立中共尤(溪)德(化)永(泰)工委,隶属于闽浙赣区党委城工部,廖怀玉任工委书记,并进行了分工。廖逢卜负责开展德化工作,廖光国负责开展永泰工作,陈孝廉负责开展尤溪工作,工委机关设在竹峰小学。工委成立后,建立了多处活动据点和联络站,发展党员,办夜校,发动宣传群众,开展各种斗争,发动工人争取合法利益,揭露国民党特务的破坏活动等。

1947年春,在南平剑津中学的黄维泉奉城工部之命来到三元开展活动。在三元活动期间,黄维泉在三民镇、莘口镇等地设立4处交通联络站,在三民镇飞凤殿成立中共三元支部,并建立莘口党小组。由于黄维泉的活动引起了国民党当局的注意,后来转到沙县涌溪,以代课教员作掩护,开展活动。7月,黄维泉、翁崇周、胡盛鸿与失去组织联系的南平城工部党员马长光、马书贵取得联系。之后,张子谦、胡盛鸿与黄维泉、马书贵、马长光相约一起上山组织武装斗争。在闽西北特委老根据地隆兴洋,成立了中共南(平)三(元)沙(县)特支委,下辖中共三元支部、沙县下南区委、虬南支部,黄维泉任书记,张子谦任副书记,胡盛鸿、马书贵、马长光分别任宣传、组织、军事委员。黄维泉负责全面工作兼顾三元;马书贵、马长光兼顾联络南平地下党组织活动;张子谦、胡盛鸿负责沙县地下工作。中共南(平)三(元)沙(县)特支委成立后,在当地群众积极支持下开展各项活动。

1947年8月,受城工部委派,吴启江来到将乐,以将乐县立初级中学教员身份为掩护,开展地下工作。通过串联,组织读书会,介绍革命书籍,通过翻印《关于革命理论的几个问题》等材料分发给学生,在青年教员和学生中灌输进步思想,宣传革命道理,揭发国民党政府的黑暗、反动和腐朽。同时,还配合全国革命斗争形势,组织学生上街游行示威。经过一段时间考验,培养发展了党员,建立了党小组。10月,闽西北地委城工部负责人何非来到将乐组织开展活动,秘密发展党员加入城工部地下党组织,并且建立了党支部。期间,将乐县城工部开辟了秘密联络通道,与在龙栖山一带坚持游击斗争的闽赣边地委和闽赣边游击纵队互送情报,传达上级党组织指示。这条秘密联络通道一直维持到1948年初。

2. 中共泰宁城市工作特别支部的成立及其活动

1947年8月,闽浙赣区党委城工部领导李铁、何友于先后在福州西湖百合澡堂两次召集党员林文华、陈宗圭、魏钧等人开会,研究在泰宁建立城工部组织的工作,计划先城关后农村逐步扩大组织,然后与闽赣边游击队取得联系,配合游击队开展武装斗争。会后,陈宗圭、魏钧二人先行回到泰宁,以教师身份站稳脚跟。随后林文华也到达泰宁,并带回一些党内文件以及进步书刊。此后,他们三人利用合法身份在中小学教员及青年学生中传阅进步书刊,进行秘密宣传活动。9月,三人在魏宅秘密召开会议,正式成立中共泰宁城市特别支部,陈宗圭任支部书记,魏钧任副书记,林文华任组织委员。支部成立后以单线联系的方式,先后发展了28名地下党员。陈宗圭还利用他担任国民党泰宁县党部主办的油印小报《正义报》编辑的身份,以综合时事报导为名,刊登了《山东方面战鼓紧敲》《陇海激战·徐州告急》《石庄巷战·榆林苦守》等战地新闻,有意识地宣传解放战场的胜利消息,并不时登载一些抨击时弊文章,巧妙地将该报变成共产党的宣传阵地。10月,中共闽浙赣省委(1947年9月,中共闽浙赣区党委改称中共闽浙赣省委)决定将各地城工部组织划归当地的党组织统一领导。11月,中共闽浙赣地委派交通员到达泰宁,与泰宁城市特别支部取得联系,泰宁城市特别支部开始隶属闽赣边地委领导。1947年冬,泰宁竞选"国大"代表,两派势力闹得不可开交。泰宁城市特别支部利用《正义报》写文章,发传单,加剧两派的摩擦,揭露国民党假民主。

1948年2月,何友于到达泰宁,发现泰宁国民党当局已经对陈宗圭产生了怀疑,立即召开特别支部核心成员紧急会议,做出三项决定:陈宗圭次日晨离开泰宁;改选特支部委员,由魏钧接任书记,江德荣任副书记;泰宁特支的工作重点转向农村,准备在农村扩大党组织,发动群众开展抗丁抗粮斗争,并伺机与龙栖山一带的闽赣边游击纵队取得联系。之后,泰宁城市特别支部成员开始以小学教师的职业为掩护,分别深入到大田、弋口、龙善、朱口、东石等乡建立基点村。5月,国民党泰宁县自卫队到官常口搜走城工部存放在那里的文件、往来信件及进步书刊,并逮捕了1名党员。泰宁城工部成员除已经转移到外地和单线联系的几位没有暴露外,其余20名党员先后被捕。泰宁城市特别支部因组织遭受严重破坏而停止了活动。

3. 中共宁化城工部的建立及其活动

1948年1月,中共闽浙赣省委城工部派简印泉、雷臻新从福州到宁化开展党的工作,迎接人民解放军南下解放福建。雷、简来到宁化后,利用亲友、同学等关系,广交朋友,积极开展地下工作。由于骨干少,力量薄弱,难于广泛深入地开展各项工作。2月,应简印泉、雷臻新的要求,省委城工部又先后增派了邵敦、李晓东、黄族醒3人加强宁化工作。他们以在省立宁化中学、宁化简易师范任教为掩护,从事地下活动。同期,中共闽东地委书记阮英平被杀害及闽赣边游击纵队司令员沈崇文被捕事件,中共闽浙赣省委错误地断定城工部组织是敌人打入共产党内的"红旗特务组织",并做出在福建全省范围内处决城工部党员骨干的决定,由此发生了"城工部事件"。由于省委对城工部做出的错误处理,导致宁化县城工部组织与上级联络中断。在这样的逆境中,宁化城工部组织一方面坚持独立自主地工作,另一方面派人前往南平、福州等地寻找上级组织。但由于种种原因,一直没能和上级组织取得联系。为了能够继续坚持工作,他们只能根据从福州来宁化的人带来的一些文件作为工作指南,利用自制的一架简易矿石收音机,每天早晚秘密收听新华社的新闻广播,在学校进步师生和社会知识青年中,开展各种形式的宣传活动,传播革命思想,点燃革命火种。此外,他们还利用师生关系进行家访,深入群众了解民情,在进步师生和群众中秘密发展党员,建立党的基础组织。就这样,从1948年4月起,他们在简易师范学校、省立中学、道南中学进步师生中,先后发展党员18名,为宁化城工部注入了一批新鲜的血液。1948年夏,为了向外拓展地下工作,宁化城工部先后委派在宁化省立中学就读的明溪籍学生叶禹春、彭生香、汤贤铭,清流籍学生罗汗忠、黄汉宝,连城籍学生陈云生,永安籍学生聂诗治等人,分别回到各自所在县开辟地下党工作。

1949年初,宁化城工部决定把工作重心适时地有计划地转入到农村中发展,建立农村党组织,把活动逐步扩展到宁化全县各乡村。之后,党员分别深入到城郊、西乡、南乡、东乡、新乡等地开展活动,先后发展党员24名。为了开展统一战线工作,他们还在国民政府机关职员中发展了张志农(县参议员)、罗其光(石碧乡公所户籍员)入党,并成功地建立了翠北(安远)地下党组织。同期,他们还在清流、明溪、永安、连城等县开展工作,建立地下党组织。

1949年春,宁化城工部派彭生香回到明溪县,以合法身份掩护开展工作,发展党员11名,成立了中共明溪支部,彭生香任负责人,支委有叶禹春、罗毓华、吴熙等人,分别负责组织、宣传和统战工作。党支部根据明溪的实际情况,一方面以县城为阵地,充分发动群众、依靠群众、贯彻执行党的统一战线政策;另一方面,深入翰仙、沙溪等乡村建立地下联络站,迅速摸清各乡镇的政治情况,及时地对乡镇长做规劝转化工作。5月,人民解放军挺进福建,一举解放了闽北重镇南平。中共明溪支部根据宁化城工部的指示,抓住这一有利时机,开展统一战线工作,分化瓦解明溪县国民党军政权势人物,宣传鼓动并劝其起义投诚,刻印散发《告明溪三万七千同胞书》。8月底,彭生香、黄树华、曾德骝劝规了国民党明溪县西北大队长率队投诚起义,签订协议。9月初,宁化城工部派陈君璞来明溪指导工作。10月下旬,在明溪城工部的攻势之下,钟日兴等带领国民党明溪县军政人员起义。

闽浙赣区党委城市工作部在三明的沙县、三元、尤溪、将乐、泰宁、宁化、明溪、清流、永安等县先后建立了地下党组织以及交通站、联络站17个,还建立了下南区游击队、南坑游击队、闽宁游击大队等武装队伍,积极开展各项活动,为即将到来的沙县、宁化、清流、明溪等县的解放做出了应有的贡献。

1948年3月,"城工部事件"后,中共福建省委召开会议,做出紧急处置城工部的党员骨干的布置。按照省委执行处决闽西北地区城工部成员的命令,闽赣边地委在沙县通知各地城工部骨干到沙县富口山上开会,到会的傅孙焕、吴启江等11人遭遇错杀。4月,闽赣边地委主要领导人调回省委机关工作,并改名为中共闽西北地委。新的领导人秉承实事求是的精神,对3月未到会的城工部骨干和成员采取了"防备和观察的对策"。8月,城工部骨干张子谦、黄维泉、胡盛鸿、马书贵、马长光等从沙县下南区到隆兴洋寻找党组织。为了不误杀自己的同志,闽西北地委书记兼西北游击纵队司令员、政委林志群不"唯上"而"唯实",采取布置任务在实际行动中考察的方法。例如派他们去处决青溪乡国民党特务陈子清等。实践证明,每次他们都能迅速圆满地完成任务,而非所谓的"被敌特控制",都是党的好同志。因此,闽西北地委领导从实际情况来考察,经过慎重考虑,动员他们重新办理入党手续,并将他们组织的下南区游击队编入闽西北游击纵队第5支队。随后,这些同志中有5人担任了闽西北游击纵队的支队领导职务。由于闽西北地委能及时地纠正认识上的错误,对泰宁、将乐、顺昌、三元、沙县的城工部成员均采取考察、保护的措施,使得城工部的一批先进骨干得以保留下来,为之后到来的闽西北的解放事业做出了贡献。

◆ 第二节 解放三明建立人民政权

一、解放前夕三明的政治军事形势

1949年4月21日,毛泽东主席、朱德总司令发布《向全国进军的命令》。23日,人民解放军占领南京,宣告了国民党反动统治的覆灭。5月初,人民解放军第二野战军一部进入闽北。5月14日,南平解放。在大好的革命形势鼓舞下,沙县、将乐、明溪、三元、顺昌等地的有志青年踊跃参军参战,闽西北游击纵队经过整编整顿,改善了武器装备,扩大了队伍,除原辖的7个支队1780余名队员归第2军分区指挥外,第2军分区又拨出大量武器装备,组建了宁洋游击大队、清流游击队、大田均溪游击大队,还接收了由龙岩地下党组建的永(安)宁(洋)游击队。至此,闽西北游击纵队共有指战员2400多名,扩大了兵力,加强了战斗力。

1949年5月下旬,负责解放福建的人民解放军三野部队仍未到达福建,二野部队正在南平待命,南平军分区司令员林志群针对这种情况,向南平城防司令部王根培司令员(二野51师副师长)提出请求,派出小部队帮助游击纵队解放沙县、顺昌和尤溪三个县。27日,林志群、王根培赶往建瓯向51师师长闽学胜、政委崔子明详细汇报了三个县敌我双方情况,并提出了要求解放沙、顺、尤的理由。部队领导根据对目前整个战况的分析,同意人民解放军第二野战军51师在交防前派部队协同配合闽西北游击纵队,解放沙县、顺昌和尤溪三个县,并做出战略部署:51师派出小部队在10天内配合闽西北游击纵队解放沙县、尤溪、顺昌三个县;尤溪有统战基础,可敦促其起义;解除敌主要武装后,部队返回南平待命,各县城防由游击纵队负责。根据这样的部署,三明各县加快了解放进程。

之后,闽西北游击纵队全面出击,和三明城工部组织一起,紧密配合人民解放军,以武力或和平的方式先后解放三明全境,建立人民政权。与此同时,1949年9月,福建省委决定由林志群、左丰美负责组建永安地区和所属各县的领导班子。10月,省委在福州筹备设立永安专区,筹建中共永安地方委员会、第7行政督察专员公署(永安专署)、福建军区第7军分区(永安军分区)。12月底,永安地区干部队伍在福州组建完成,同时永安专区各县党政领导班子也配备就绪。

二、各县的解放

1949年6月16日到1950年2月12日,三明各县全部解放,县委和县人民政府全部建立(见表5-1)。三明各县人民在中国共产党、人民政府的领导下,废除旧制建立新的政权,迎来了新民主主义革命的伟大胜利。人民从此开始当家做主,共同团结奋斗,跨进了新的时代。

表5-1 三明市各县解放时间表

序号	县名	解放时间	解放方式	隶属专区
1	沙县	1949年6月16日	武力解放	南平专区
2	尤溪县	1949年7月5日	和平解放	南平专区
3	大田县	1949年9月6日	武力解放	永安专区
4	宁洋县	1949年10月1日	和平解放	永安专区
5	宁化县	1949年10月21日	和平解放	永安专区
6	明溪县	1949年10月24日	和平解放	永安专区
7	清流县	1949年10月24日	和平解放	永安专区
8	建宁县	1950年1月26日	武力解放	南平专区
9	三元县	1950年1月28日	武力解放	永安专区
10	永安县	1950年1月28日	武力解放	永安专区
11	将乐县	1950年1月31日	武力解放	南平专区
12	泰宁县	1950年2月9日	武力解放	南平专区

三、强渡沙溪武力解放沙县

1949年6月14日,人民解放军51师151团政委骈引丁、副团长黄幼衡、1营营长马安才、教导员吴英才,率领1营3个连和林志群司令员带领的军分区警卫部队,同时向沙县进发。部队从南平乘船抵达西芹后,就下起了大雨。指战员们冒着大雨沿着南(平)永(安)公路急行军50多里,渡过沙溪河,于当晚抵达预定的目的地沙县涌溪村。顺利地与在此等候的闽西北游击纵队主力会师,并且召开了作战会议,研究部署攻打沙县城的作战方案。根据侦察,沙县城内驻扎国民党县自卫队2个中队、"国民兵团"基干队和警察共500多人,此外还有国民党伤兵教养院里有伤兵大约400余人,战斗力薄弱。但是他们占据地理优势,城高墙厚,濒临大河,易守难攻。沙溪河南面是通向三元、永安的公路干线,此时三元县的梅列有国民党省保安训练班驻扎,增援便捷,而且敌人有可能利用木排顺着水路逃跑。经过对这些情况的分析,会议做出部署:各部于15日下午出发,16日拂晓包围沙县县城并发起攻击。东门由闽西北游击纵队第4、第5支队负责;西门、北门由解放军1营2连、3连负责主要攻击;沙溪河南岸由闽西北游击纵队参谋长唐仙有率领第1、第2两个支队负责狙击;解放军1连和闽西北游击纵队第3支队为预备队。指挥部设立在西门外的小山坡上。

6月15日上午,部队召开排以上干部会议,传达了攻城部署。6月16日凌晨,攻城部队按预定方案包围了沙县县城,与守敌对峙到中午12时发起总攻,守敌投降,缴获机枪6挺,长短枪400多支。至此,沙县宣告解放。

6月21日,解放军撤离沙县。6月23日,解放顺昌。6月26日解放军返回南平。9月6日,大田县武力解放。1950年1月26日至31日,建宁、三元、永安、将乐4县均以武力的方式获得解放。

沙县旧城墙

四、福建省第一个和平解放的县——尤溪县

尤溪县地势险要,山高岭峻,是闽西北军阀卢兴邦的老巢,反动势力根深蒂固。卢兴邦以尤溪为据点,统治闽西北和闽北22个县,给人民群众带来了深重的灾难。为了迎接福建全境的解放,福州党组织曾经组织一批同志在尤溪县开展群众工作和统战策反工作,取得了一定的成效。

1949年6月14日,在进军沙县前夕,南平军分区司令员林志群和南平城防司令部司令员王根培联名写信给尤溪县县长罗俊,尤溪县守敌参谋长洪钟元,国民党军委高参、退休副军长卢兴荣,并派以余维藩为首席代表的谈判代表团前往尤溪县,敦促守敌弃暗投明,争取和平解放。17日下午,余维藩等人抵达尤溪县城。18日下午,谈判双方代表就有关和平解放尤溪的问题进行谈判。由于以卢兴荣为代表的主和派和以参谋长洪钟元为代表的主战派意见不同,致使整个谈判始终都在讨价还价中进行。为了加快和平解放进度,游击纵队又增派第1支队政委马长光等为第二谈判小组,带着林志群给卢兴荣、罗俊、洪钟元的信件,对卢、罗表示慰问,对洪做最后通牒。在卢、罗的劝导下,洪钟元有所收敛,和谈继续进行,最后达成和平解放尤溪的三条协议。6月25日,洪钟元密谋企图杀害我方谈判代表,被余维藩识破。卢兴荣得知后感到事态严重,决定迅速起义,派员赴南平请求解放军尽快接收尤溪。7月5日,人民解放军二野第5兵团17军51师151团焦剑侠参谋长率两个加强连和南平军分区司令员林志群率领的闽西北游击纵队部分部队及有关人员,在各界人士的欢迎声中浩浩荡荡开进尤溪县城,宣告尤溪县和平解放。

尤溪的和平解放,具有重要的意义。这是福建省第一个和平解放的县,为后来几个县城的和平解放树立了榜样。为人民解放军第三野战军进军福州,切断福厦公路,堵击南逃的敌人,扫清了道路障碍。1949年10月1日,宁洋县和平解放。10月21日,宁化县和平解放。10月24日,明溪县、清流县和平解放。

五、武力解放永安,成立永安专区

随着永安周围各县相继解放,永安境内盘踞的三大势力却持有不同的态度。各派之间争权夺利,矛盾重重。文人派,以国民党永安专署专员高恺、国民党永安县县长陈文孙、县参议长赖德炜和安沙的陈存志、西洋的詹国鼎为代表,赞成和平解放,但只是等待观望,不采取具体行动。实力派,以保安大队长王仁锋、副大队长陈邦文、县自卫队中队长陈元进等为代表,只为保存实力,霸占一方。顽固派,以国民党县党部代理书记长吴永福为首,企图壮大自身势力,不断深入乡村活动,千方百计阻挠和平解放。

1949年8月间,林志群在福州组建了七分区工作队(又称白区工作队)赴永安地区做策反工作,争取永安县国民党军政人员和地方实力派起义,为尽量减少人民生命财产的损失,争取和平解放永安。11月,七分区工作队抵达大田县。派工作队员到永安对地方实力派进行分化瓦解,进一步摸清了永安的基本情况并汇报上级。得到指示后,做两手准备,继续争取和平解放,同时准备武力解放永安。

1950年1月中旬,省军区下达命令,人民解放军第29军87师一部,从泉州向永安地区进军。师直侦察连和261团1营3连为先遣部队,开赴永安地区,伺机攻占永安城。25日,人民解放军第29军87师一部进入大田县,与大田均溪游击大队、七分区工作队人员会师。在分析并掌握了永安城的敌情后，师侦察科长卓凤鸣决定急行98华里奔赴永安县城，开展袭击。27日，部队在游击队警卫班和七分区工作队员的配合下从大田出发。28日，部队抵达永安桂口后，进一步分析敌情并对之后的战斗做出部署。28日晚，兵分三路开始攻打永安城。一路解放军直达永安县南门高地，进入南大街，用机枪对准县政府门口和各通道，形成包围之势，然后开始喊话逼降。县政府院内的陈文孙、陈元进及其率领的自卫队共80余人放下武器，表示投降。一路便衣班穿街过巷，直接进入住宅区，高恺投诚。一路从东面进击的1个排与县保安大队正面交火，我军猛烈攻击，敌人边打边撤，从后溪洋方向逃窜。23时左右，各路战斗相继结束，解放军控制了全城，宣告永安县解放。

1950年1月31日，永安专区党政军机关进驻永安县城，宣告永安专区成立。设立中共永安地方委员会，王敬群任书记，左丰美任副书记，常委有王敬群、左丰美、林乃清、林志群、曹俊梧。第七行政督察专员公署专员林志群、副专员任日淼。第7军分区司令员林乃清、副司令员游玉山、政委王敬群（兼）、第二政委王义勋、副政委左丰美。永安专区下辖永安、三元、明溪、清流、宁化、大田、宁洋、德化8个县。

六、四次进击泰宁

1949年5月，与泰宁邻近的邵武、黎川、南丰、广昌、光泽等县相继解放。闽赣边残存的各股匪徒纷纷逃往泰宁，投奔严正。泰宁县成为闽赣边大小16股4000余人的匪徒大本营。6月，严正在军统特务王调勋的帮助下，取得"福建反共突击军第七纵队"的番号，自封"中将司令"，并邀请闽赣边区13个县的代表在泰宁孔庙举行了为期3天的"应变会议"。8月，严正两次召集各部头领到上清溪头崇高乡公所集会，成立"闽西北情报总站"，并自任站长，以加强周边诸县的联络，气焰十分嚣张。严正多次率领匪部进攻邵武、光泽、黎川等地，都被人民解放军击溃。为了支付庞大的军费，严正一方面滥印滥发"流通券"，造成市场通货膨胀；另一方面向人民强征苛捐杂税，搜刮民脂民膏。同时还派出兵力四处设置关卡，劫掠过往的商客。

为了打击以严正为首的匪徒，巩固新解放区，人民解放军四次进击泰宁。第一次进击泰宁是1949年11月11日。由营长殷文良率领人民解放军三野驻邵武剿匪部队252团1个连以及邵武县大队，共220余名指战员，袭击龙湖乡公所。击毙警备班士兵3人，俘获支队长及士兵10余人，缴枪10多枝。第二次进击泰宁是11月18日，由人民解放军252团1营营长率驻邵武剿匪部队70余名指战员，追剿向泰宁县朱口逃遁的邵武荣军十六临时教养院伤兵。生擒敌营长及伤兵18人，缴获枪支10余支，并击溃朱口保卫队，击毙保卫队队长。第三次进击泰宁是11月22日，由人民解放军驻邵武剿匪部队70余名指战员和邵武县中队26名队员从大埠岗出发,23日天亮前包围了泰宁县城。在机枪的掩护下,炸开城门攻入县城。第四次进击泰宁是1950年1月22日,由人民解放军483团政委率领驻江西黎川的483团2个连、481团1个连,经德胜关进占泰宁新桥后,直扑泰宁县城抵达城下,向西门、北门发起强攻。严正等匪徒仓皇逃出泰宁。解放军攻破了北门后与敌激烈交火,顽匪投降。

人民解放军四次进击泰宁县,虽然给武装股匪以沉重打击,但都因没有及时建立人民政权,在部队撤离后,严匪又卷土重来。因此,负责承担解放将乐、泰宁、建宁任务的中国人民解放军第28军84师250团,最终决定采取分进合击的战斗方案进军泰宁。250团3营抄小路急行军于1950年2月9日拂晓直抵泰宁,土匪闻风逃窜,泰宁宣告解放。

至此,三明境内所有的县获得解放。三明这块饱经鲜血洗礼的红土地,永远地载入光荣的史册。

"雄关漫道真如铁,而今迈步从头越。"中华人民共和国的旗帜上染着三明人民革命的热血!在今天三明的红土地上,我们接过革命的旗帜,在以习近平总书记为核心的党中央的领导下,在实现全面建成小康社会的改革进程中,携手迈向更加灿烂辉煌的明天!

第六章 革命领袖和著名将帅在三明的革命实践

三明,是一代伟人从事革命实践的地方,土地革命战争时期,宁化、清流、归化(明溪)、建宁、泰宁、将乐、沙县、大田等地,曾留下毛泽东、周恩来、朱德等老一辈无产阶级革命家光辉的足迹,人民解放军十大元帅中的8位和共和国180多位开国元勋也曾在此战斗生活。

◆ 第一节 毛泽东、朱德、周恩来在三明的革命实践

一、毛泽东在三明的革命实践

从1928年3月到1933年11月,毛泽东先后七次来到福建进行革命实践活动,期间先后进入三明的宁化、清流、归化、建宁等县活动,扩大了中国共产党及其领导的革命武装在三明的影响,直接促进了三明革命力量的发展和三明各地工农武装斗争的兴起。在三明人民革命斗争史上写下了光辉的篇章。

1. 毛泽东首次入明

为了打破湘赣两省国民党军阀对井冈山革命根据地的第三次"会剿",并解决红4军经济补给上面临的严重困难,1929年1月4日红4军前委书记毛泽东在宁冈县柏露村主持召开井冈山前委,湘赣边界党团特委,红4军、红5军军委和边界各县党组织负责人联席会议,决定:红4军大部出发赣南,红5军(4军之34团)守山,移动目标,转

攻敌人之后,使敌人穷于应付,不能实现其两省"会剿"之计划,以解井冈之围。

"柏露会议"后,毛泽东、朱德、陈毅等率领红4军主力3600余人,于1月14日离开茨坪、小行洲,向赣南方向出击。红4军在赣南转战月余,疲于应付强敌的围追堵截,未能实现"围魏救赵"计划,便决定采取"打圈子"策略以对付敌人的跟踪穷追。2月底,红4军辗转游击于吉水、永丰、乐安、广昌、石城县境,于3月上旬到达瑞金壬田,随即便向闽西挺进。

1929年3月,毛泽东、朱德率领中国工农红军第4军首次由赣南经宁化到闽西开辟革命根据地,9日由赣南进入宁化,经宁化的凤凰山、大王、隘门岭等地,11日红军到达长汀县境。进入汀洲之后,毛泽东领导红4军一方面消灭汀洲守敌郭凤鸣部;另一方面成立中共长汀县委和长汀县革命委员会,建立地方工会、农会组织,发动群众打土豪、没收浮财,动员群众参军,招募赤卫队,筹措军饷等。

而就在此时,蒋桂战争爆发。毛泽东决定红4军暂时不下闽西腹地上杭、永定、龙岩,而转向赣南游击,利用赣敌后方空虚之机,扩大红色区域,建立红色政权,相机与湘赣边界连接起来。4月1日,毛泽东率部离开汀州到赣南。

这次红军入闽途经宁化期间,每到一地都进行了广泛的宣传发动,扩大了红军在群众中的影响,在三明播下了革命的种子。同时,三明人民积极参加红军,为革命做出了自己的贡献,仅宁化凤凰山一带就有20多名青年参加红军。红军占领长汀后工农红军的影响更是遍及宁化、清流、归化、宁、清、归又有一批青年闻讯奔赴长汀加入红4军。

2. 再次入明

1929年5月初,华中地区的蒋桂战争刚刚结束,在广东潮汕地区的粤桂军阀又起纷争。龙岩守敌陈国辉追随蒋系军阀张贞加入讨桂阵营,于五月中旬赴粤参战。因此,闽西守敌一时出现空虚状态。毛泽东决定利用粤桂军阀混战的有利时机,向敌人力量空虚的闽西进军,武装开辟闽西革命根据地。5月19日,毛泽东率军离开瑞金,从瑞金与武阳之间的黄善口,跨过武夷山,进入长汀耀田。随后,红4军三占龙岩,基本歼灭了闽西境内的大股军阀部队和民团势力,扩大了闽西红色区域,红4军本身也由3个纵队扩编为4个纵队。8月,粉碎了蒋介石对闽西苏区发动的第一次"三省会剿"。

红4军在闽西的胜利,使敌人受到很大的威胁。1930年1月,蒋介石调集赣闽粤三省军队14个团,对闽西苏区发动第二次"三省会剿"。红4军前委召开军事会议,认为敌人的主要目标是红4军,决定离开闽西转战赣西南,调动赣军回援赣南以减轻闽西压力,并发展赣南局面。由朱德率主力第1、3、4纵队先行向北线出击入赣,毛泽东率第2纵队暂留闽西阻击敌人以掩护主力转移,待主力转移后再向赣南转移。1月3日,朱德率红4军第1、3、4纵队,从古田出发向赣南转移。1月7日,毛泽东率红4军第2纵队在完成阻击敌人掩护主力转移的任务后,也离开古田转战赣南。

在转战赣南的过程中,1930年1月14日,毛泽东率红4军第2纵队由连城县姑田进入清流县,经余家畲、梦溪、吴坊、桥头(梦溪、吴坊、桥头三地现属永安罗坊管辖)抵沙芜塘的洞口宿营,15日经余朋、芹溪抵达林畲宿营,毛泽东住在林畲塘堀村"诒燕第"。16日从林畲进入归化县,经盖竹洋、张地到达红松岭。然后兵分两路,一路经土楼、村内,一路经王思坑、大坑、画桥、桂林,最后在葫芦形汇合。再经张良、雷西、盖洋、村头进入宁化县境。

进入宁化县境后,再经青瑶、罗坊坝、泉上,抵达泉下村宿营,毛泽东住在泉正的邱氏祖宅。17日经豪亨、庙前、大岭到达水茜在水茜村宿营。18日,第2纵队分两路向江西广昌进发。一路由毛泽东率领经安寨、大洋、岩前到达安远,当晚在安远村宿营,毛泽东住在李氏宗祠厢房,19日离开安远,经肖坊、营上、吴家,出宁化进入广昌。时值寒冬腊月,毛泽东因跋山涉水长途行军犯上脚疾,在安远请当地一民间郎中医治。另一部从水茜经建宁的半寮、洋坑、龙头、伊家湾、笔架、高岭、山下、中畲,于1月下旬出建宁进入广昌。行军途中,毛泽东吟就了脍炙人口的光辉词篇《如梦令·元旦》。

在这期间,毛泽东领导的红4军,沿途宣传发动群众,许多热血青年自发参加红军,壮大了革命队伍。通过发动工农群众,鼓舞了宁化、清流、归化、建宁等地劳苦大众的革命热情,1930年6月,宁化县党组织成功发动了宁化西南五乡农民武装暴动,建立了三明地区第一个县级红色政权和第一支地方工农武装,拉开了三明人民武装斗争的序幕。

3. 三次入明

1931年5月,蒋介石纠集20万军队,以何应钦为总司令,采取"步步为营,稳扎稳打"的战术,兵分四路,从江西的吉安到福建的建宁构成一条八百里长的战线,向中央苏区发动第二次反革命大"围剿"。毛泽东分析敌情后,提出"我军从富田打起,向东横扫,可在闽赣交界处建宁、黎川、泰宁地区扩大根据地,征集资财,便于打破下一次'围剿'。若由东向西打去,则限于赣江,战局结束后无发展余地。若打完再东转又劳师费时"。经过反复讨论,苏区中央局接受了毛泽东的主张。

1931年5月16日,第二次反"围剿"战役打响。至5月27日,红一方面军从富田打起,向东横扫,取得白云山、白沙、中村和广昌战斗胜利,四战四捷。28日,红一方面军总前委书记毛泽东在广昌城主持召开总前委第三次会议。会议分析敌计有17个团的兵力退据南丰县,建宁县只有第56师驻守,决定以红4军第十师佯装主力向南丰追击,但以不接触为原则,追到千善附近,红3军团和红12军去打建宁。会后,红军一万余人即刻挥师东进。

5月29日,毛泽东、朱德指挥红3军团、红12军和红一方面军总司令部先后翻越武夷山脉,经桂阳到达建宁县的里心镇。30日,红3军团进至建宁城北15华里处的枧头村。当晚,毛泽东在里心主持召开了总前委第四次会议,对攻打建宁城做了具体部署:以红3军团为攻城部队,准备300斤硝药,必要时挖地洞用炸药爆破城墙攻城;红12军为攻城预备部队,随总司令部在红3军团后面向建宁前进。当夜,彭德怀司令员和滕代远政委率领红3军团,由桂阳游击队带路,星夜从枧头村出发,直插建宁城。

5月31日拂晓,红军从西、南、北三面对建宁城发起总攻。下午3时,红3军团的第四师奉令从溪口塔下渡河迂回到建宁城东包抄,完成对建宁城的四面合围。下午6时,建宁城战斗结束,红军占领建宁城,取得建宁大捷,歼灭敌第56师4个团,击毙敌团长1人,俘敌旅长、团长各1人,俘敌官兵3000余人,缴获长短枪2500余支,手提机关枪11支,轻重机枪12挺,无线电台1部,山炮2门,无线电台人员全部投诚。还缴获西药、粮食、被服、布匹、光洋等大量军需物资。建宁城战斗是第二次反"围剿"的最后一仗。至此,红一方面军第二次反"围剿"五战五捷,痛快淋漓地打破了国民党军的第二次大"围剿"。当晚,毛泽东和朱德率总司令部进驻建宁城北溪口天主堂内。毛泽东高兴地挥毫写下了《渔家傲·反第二次大"围剿"》:白云山头云欲立,白云山下呼声急,枯木朽株齐努力。枪林逼,飞将军自重霄入。七百里驱十五日,赣水苍茫闽山碧,横扫千军如卷席。有人泣,为营步步嗟何及!

红一方面军总部进驻建宁后,立即部署所属部队向北发展进取黎川、泰宁,分散在建宁、黎川、泰宁及南丰等地创建新苏区和扩红筹款。

5月31日夜晚9时,毛泽东在红3军团司令部驻地建宁城西门何家屋,主持召开总前委第五次会议。会议决定:6月3日,红3军团以第6师推进泰宁工作筹款,其余进黎川;红12军仍置于建宁桂阳之线筹款工作,并处理在建宁之后方事情(如伤兵、战利品等),在35师到达建宁后,红12军应派部队进到建宁接替第6师工作。如敌人退出南丰后,我们拟以红1军团布置于黎川、资溪、硝石等处,即黎川到南城河以东地区。红4军则在南城到黎川河和南城到南丰河之间(南丰城在内)。红3军在南城至南丰河以西地区筹款。会议还决定组建红3军团山炮连、红1军团山炮连和方面军总司令部无线电队。

6月2日,毛泽东、朱德出席红军总前委直属委员会在建宁南门广场召开的军民祝捷大会,与军民共同庆祝第二次反"围剿"的胜利,毛泽东在会上做了激动人心的讲话。大会宣布成立建宁县县级红色政权——县人民革命委员会。

6月2日晚9时,毛泽东又在总部驻地建宁溪口天主教堂主持召开总前委第六次会议。会议重申和部署了第一期向北,第二期向南,第三期向西的战略进攻计划。第一期向北筹款发动群众,扩大苏区,争取南丰、南城、宜黄等县城。如敌退出南丰,则红3军团应全部进黎川,威逼南城,红4军进占南丰城,红3军进向宜黄及南丰以西地区,红12军仍在泰宁、建宁。如敌守南丰、南城、抚州以至宜黄,则红3军团应留1师于泰宁,在泰宁、建宁之间布1个团,其余在城内,第一步,红3军团不要进横村,只要占泰宁、黎川要道,以1师进黎川、硝石间架桥,向硝石游击,1师位于黎川城,1师在湖坊,1师仍在泰宁,总指挥应在黎川城。如敌守南丰、南城不进,则红3军团应向右靠向光泽、邵武、泰宁。红12军直属队位于建宁城西北,红34师在建宁西乡,红36师位于建宁东乡,红4军在南丰、黎川、建宁间。如敌进以不打为原则、向右靠集中后再打。红3军在敌未退时布置于南丰、白舍、东陂之直角内牵制朱、孙两师,并且在此地区内工作筹款。总部和红4军在一起,红35军调到瑞金接闽西重要物资,并维护闽赣交通,消灭靖匪吴文孙。红35师的103、105两团,调回建宁归红12军建制。第二期各军工作区域:红3军团在大余、遂川、上犹、崇义、泰和(河西)、万安;红4军在会昌、寻邬、安远、信丰;红3军在于都、泰和(河东)、南康、赣县;红12军在建宁、宁化、汀州、瑞金、石城、广昌。红12军现可派一团到新区域去布置工作,红3军团在敌退出南丰后,可派一个师到新区域布置,红3军、红4军同样在相当时期即派一部队伍到新区域布置。第一期工作最多不过两个月。对外四项工作:①迅速建立游击队;②迅速分田;③建立苏维埃;④建立党和团。对内工作三项:①筹款,除本身食用外要筹足100万元,作第三期作战费用;②加强军事技术训练、政治训练、党和团的训练;③扩大红军数量3万。整个三期工作的中心任务是准备第三期作战,以赣南为工作中心。

6月4日,毛泽东在南丰康都主持召开总前委第七次会议,对红1、红3军团的部队行动做了进一步部署。

6月10日,毛泽东在总部驻地建宁溪口天主教堂主持召开总前委第八次会议。会议研究了10个问题。对福建工作问题,指出闽西红军行动方向不应向漳州、东江而要向汀州、连城、归化、宁化、清流等县发展,才能与赣东南联系起来扩大红12军。

6月20日至22日,毛泽东在康都主持召开总前委第一次扩大会、扩大会主席团和总前委常委会会议、总前委第九次会议。这三次会议对战后的工作和各部队的情况做了总结,分析了局势,着重研究了第三次反"围剿"准备工作和战场选择问题,认为红军当前的主要任务是扩大红军和地方武装,加紧筹款,准备第三次反"围剿",并认为第三次反"围剿"的战场,仍应选择群众条件较好的赣南地区。会议决定改变向北发展、进逼抚州的计划,迅速在闽西和闽西北的广大地区开展群众工作和筹款,具体部署了红军各部的工作区域和任务:红4军(缺一师)、赣东独立师集中后即速以全力取进沙县,迅速分散筹款,然后分到归化、永安两县筹款40万;红3军团先以全部向将乐县逼进、驱逐周志群,占领将乐、顺昌两县,筹款60万;红12军分散于宁化、清流、汀州,筹款15万。在建宁的部队,在做好地方工作和部队工作的同时,要加紧筹款,在已筹到5万元的基础上,月底筹足8万元。

6月底7月初,根据敌军已开始部署第三次"围剿"这一敌情变化,毛泽东在建宁连续给各路红军发出三封指示信,调整工作部署。6月28日,在《以栗同志转边界工作委员会、震林同志转十二军军委》的指示信指出:须变更康都决议,我们不应去南丰以北,北出南丰事实上既不允许,策略上亦不宜,因一则无巩固政权可能,二则威胁长江太甚。西、南、北三面都不可便,只有东方(闽赣边界)是好区域:第一,蒋系地盘无直接威胁两广之弊;第二,地势偏僻,不受威胁,比去南丰、宜黄的危险性小;第三,有山地纵横而无河川阻隔,最适宜造成新战场;第四,有款可筹,一年之内不愁给养;第五,群众基础好,便于扩红。红3军团以建宁、泰宁、将乐为工作区域,以顺昌、邵武、光泽为筹款区域。红4军以归化、清流、连城为工作区域,以沙县、永安、宁洋为筹款区域。红35军以瑞金为工作区域筹款自给,红3军以于都、会昌为工作区域筹款自给,赣东独立师的中心工作区在广昌,使之联系建宁至石城。工作区域的中心任务是分配土地、建立政权;筹款区的中心工作是只打土豪做宣传而不分田地建立政权。工作时期暂定二个月,也可延长到三个月。敌军来,集中起来就在附近打;敌军不来我们就在这里工作下去。6月30日,红军电台侦知蒋介石驻南昌、何应钦已到抚州督战的消息,毛泽东立即发出指示信《十二军委并转以栗同志及边界工作委员、三十五军军委》,指出:据日前敌态势变化,形势决不容我们此时期做准备工作,大概下月内准备作战。因此,筹款与群众工作必须两具顾及。已电令红3军团不去顺昌、沙县,立即摆在将乐、归化筹款,以10天为筹款时期,自然要以敌情为转移,敌不进不集中,5天为集中时期,集中地点在宁化、石城。7月1日给《震林同志及十二军军委》的指示信指出:照你们现在的布置是以筹款为中心,可以做一个月。红34师在清流、连城的部队,即行撤回宁化,布置在中沙至长汀界线上及宁化与石城两县交界的线上,红104团仍在都上、安远司到中沙一线,但工作要向江西边界推进,便与江西赤区接连红103团及35师师部。建宁已经做起工作来的地方,暂时归你们指导,未做起来的地方,应归红3军团,将来在大局上建宁应划归红3军团。

从6月初开始,红一方面军各部按照总前委的部署,迅速向北发展,扩大根据地,开展建党、建政、建立地方武装和扩红筹款工作。6月3日,红3军团第6师在师长郭炳生、政委彭雪枫的率领下,从建宁进军泰宁县;红3军团其他部队(缺第6师)在彭德怀的率领下从建宁向黎川进军。4日,红6师占领泰宁城和将乐县北部的余坊、安仁、大源等地;6日,红3军团占领黎川县城。随后,红一方面军各部即分散在闽赣边界的建宁、泰宁、黎川、南丰各地开展建党、建政、建立地方武装和扩红筹款工作。6月下旬至7月上旬各主力红军按照康都会议和毛泽东三封指示信的部署,改变向北发展计划,迅即向闽西北的宁化、清流、归化、沙县、将乐、顺昌移动,加紧了在该地区的赤化工作和筹款工作。

7月初,得悉蒋介石调集23个师另2个旅共约30万兵力对中央苏区发动第三次"围剿"的消息后,毛泽东在建宁召开了红一方面军师以上干部军事会议和江西、福建、闽赣边界苏区负责人会议,做出了主力红军千里回师赣南以打破敌人第三次"围剿"的决定,毛泽东在建宁起草并签发了第三次反"围剿"动员手令。会后,毛泽东还到明溪检查指导工作。

6月初至7月上旬末,红军在闽西北和闽赣边界创建了建黎泰苏区和宁清归苏区,在建宁组建了红一方面军无线电总队和红1、红3军团2个山炮连,筹足了115万元的第三次反"围剿"作战经费。

7月10日左右,红一方面军总司令部、总前委以及方面军所辖各部队,各自从所在地区开始转战赣南。7月10日毛泽东与朱德率红一方面军总司令部、总前委及总部直属部队离开建宁县城到建宁里心。11日到达建宁桂阳,当晚由桂阳向江西广昌进发。12日晨到达广昌尖峰,与朱德在尖峰于6时、7时写了2封指示信,第一封给红4军红12师35团团长朱水秋、政委刘亚楼,第二封给耿凯并转俊隆。红军到赣南后,9月打破了敌人的第三次"围剿"。

4. 毛泽东在三明的两首诗词

集政治家、军事家、哲学家、诗人于一身的无产阶级革命家和杰出领袖毛泽东,在20世纪30年代初曾在三明境内中央苏区革命根据地从事革命实践时,即第二次国内革命战争时期写下了著名的两首词《如梦令·元旦》和《渔家傲·反第二次大"围剿"》。纵览这一时期毛泽东所作的从《西江月·井冈山》到《清平乐·会昌》10首词,是处于坚持武装斗争和建立农村革命根据地,以实现农村包围城市的战略和策略时期。正是这一时期,既有环境极度艰难的敌我斗争,还有处境极其艰难的路线斗争,其在三明境内所作的这两首词,都是在心情十分愉快的情况下所作,表现了我军在艰难境遇中驰骋纵横、所向无敌的英雄气概,以及杰出领袖的坦荡心胸和必胜信念。

《如梦令·元旦》为毛泽东作于1930年1月的行军途中。

> 宁化、清流、归化,
> 路隘林深苔滑。
> 今日向何方,
> 直指武夷山下。
> 山下山下,
> 风展红旗如画。

时代背景:突围转战,形势严峻

1929年底,江西、福建、广东三省的国民党军对我闽西苏区发动了第二次"会剿"。当时红军为

了粉碎敌人的"三省会剿"而突围转战,红4军于1930年元旦后数日即分两批离开闽西回师赣南。1月3日,由朱德同志所率领的红4军第1、3、4纵队从古田出发,于9日抵达清流县里田锅蒙山。敌保卫团马鸿兴部奉命利用锅蒙山的险要地形,企图阻止红军前进。红军在朱德等人的指挥下,攻占了锅蒙山主峰,继而向两侧迅速移动,很快形成了对敌包围之势。经过4个多小时的激烈战斗,红军摧毁了敌人的暗堡,打开了行军通道。这一战,红军共歼敌600多人,并缴获部分武器弹药,威慑了敌人。11日,朱德同志率部抵达宁化县城关,在县衙门前的火烧坪召开了群众大会,朱德同志在会上做了鼓舞人心的讲话,号召工农起来闹革命。同时,红军还将打土豪劣绅没收的财物、粮食分给工农群众,在宁化播下革命的火种,鼓舞了宁、清、归等县人民的斗志。然后向江西的广昌挺进。

同年的1月7日,由毛泽东同志率领的红4军第2纵队在完成阻击敌军、掩护主力部队转移的任务后,亦撤离闽西。从古田出发,14日经连城县姑田进入清流的余家畲抵沙芜洞口宿营。15日由洞口经余朋、芹溪、桐坑抵达林畲,在塘堀宿营。16日经归化县(今明溪)盖洋、张地,进入宁化县的青瑶、罗坊坝、泉上、泉下、水茜等。19日队伍经安远、肖坊、营上、吴家等地越武夷山入广昌。月内,两军在广昌之西的东韶重新会合。此词即作于此次战略转移的行军途中。

愉快的心情:源于何处

只要细细品味这首小令,认真诵读句子,不难发现前部两句都由三个两字一组的语段构成:"宁化、清流、归化,路隘林深苔滑。"前一句描写行军所经的一连串地名;后一句道出了行军的艰苦。众所周知,此种写法属于局部写实来代表总体,其修辞手法是"转喻";而后一部分"今日向何方,直指武夷山下,山下山下,风展红旗如画",则采用想象中部队将到达武夷山下时的场景,用"如画"点出情境,此乃用其他事物比喻描述对象的方法,属于"隐喻"。一"转喻",一"隐喻",其风格显然不同,文学批评家认为,"转喻"为写实风格,而"隐喻"则是象征的或是浪漫的风格。

何以前后变化两种不同的风格来描写,这正是毛泽东愉快心情的体现使然。其一,此次战略转移之前的1929年12月,在上杭县的古田镇曙光小学举行了著名的"古田会议",即中国工农红军第4军党的第九次代表大会。大会由毛泽东主持,会上毛泽东做了长篇政治报告,朱德做了军事报告,陈毅传达中央"九月来信"精神并做了关于废止肉刑和枪毙逃兵的报告。会议还总结了红4军建军以来的经验教训,批判了红4军党内存在的各种错误思想,坚持以无产阶级思想建设人民军队。会议通过了毛泽东起草的《中国共产党红军第四军第九次代表大会决议案》。会上选举毛泽东、朱德、陈毅、罗荣桓等11人为前委委员,选举毛泽东为书记。应当说,"古田会议"不仅为红4军党和军队的建设指明了方向,也对全党全军的建设产生了极其重大而深远的影响。其二,毛泽东针对林彪的来信,于1930年1月5日晚在古田赖坊的协成店给林彪复信一封,此信正是后来更名为《星星之火,可以燎原》的著名文章。毛泽东在信中批评了林彪的错误思想,深刻地阐述了必须将武装斗争、土地革命和农村根据地建设紧密结合、走农村包围城市道路的思想,预言中国革命的高潮很快就要到来。

欢快的意趣:乐观浪漫

"今日向何方,直指武夷山下。"自问自答,节奏由前部的平稳而变得疏快,其内容也由客观描写转为具有主观色彩的对话;一个"直"字的运用,更是画龙点睛托出了"动势"。"山下山下,风展红旗如画。"前句四字的叠用,显得无比肯定、跳跃,亦把前部平稳、凝重的节奏所压抑、积累的气势在此释放、扩大;最后的"如画"更是充满了对远方目标的欢快意趣想象。"既感受到现实,而更关注于理想。"这是毛泽东一贯的气质倾向,由这首小令对"现实"与"浪漫"的处理来看,正是毛泽东在艺术上提倡现实主义与浪漫主义(或理想主义)相结合的体现,亦是现实需要。因为,一方面是现实的"突围转战",形势紧急逼人,由不得常人不紧张,而在红军部队少数指战员中也确实存在着"红旗能打多久"的疑虑;而另一方面,由于毛泽东的政治理想和生活追求、思想境界和人生情致、阅历视角和思维方式,都不同常人,故有"星星之火,可以燎原"的论断;其情绪的突转与变换,正是一种对未来的乐观与浪漫,亦表现出一往无前的气概和奋发进取的精神。细细体味这首小令,其表现出的这种豪爽乐观、奋发进取的精神,难道不正是我们在建设和谐社会过程中所需要认真思索的吗?

《渔家傲·反第二次大"围剿"》这首词是毛泽东作于1931年5月的反"围剿"胜利之后。

> 白云山头云欲立,
> 白云山下呼声急,
> 枯木朽株齐努力。
> 枪林逼,飞将军自重霄入。
> 七百里驱十五日,
> 赣水苍茫闽山碧,
> 横扫千军如卷席。
> 有人泣,为营步步嗟何及!

自古以来,描写战争的诗篇不在少数,可以说佳作妙句甚多。然而以词的形式比较完整地表现战事过程,在前人所作中极为少见,更不必说局限性了。所谓流传千古的名篇,大都是文人之作,少有对战争生活的实际体验,更难体现对千

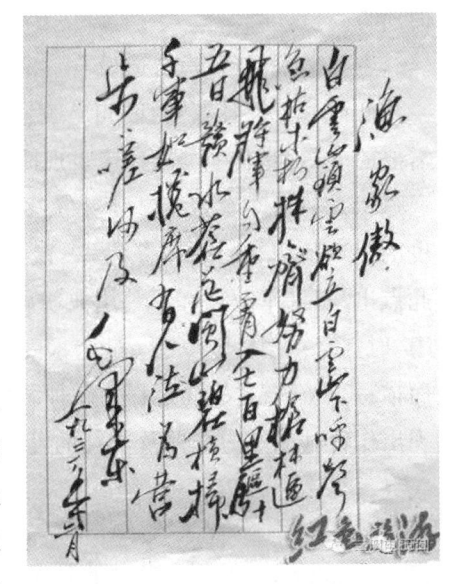

毛泽东词作手稿

变万化战争场面的正面描写,其传神之作少见。然而,由于毛泽东的经历和斗争生活,其丰富的生活实践和强烈的现场感受,使他对战争活动有着特殊的兴趣,多年的军事实践,作为卓越的军事家,对红军所取得的赫赫战果,常使他在歌咏之作中,屡以战事入词,写下了大量讴歌革命战争的诗篇,其中直接描写战场的精彩篇章不在少数,《渔家傲》即是记录中央苏区根据地反"围剿"战争的光辉词章之一。

时代背景:第二次反"围剿"

1931年1月,红一方面军总政委毛泽东、总司令朱德高瞻远瞩,深谋远虑,估计到第一次反"围剿"胜利后,敌军的进攻不会放松,定会组织新的更大的反革命"围剿",决定红一方面军在江西和福建的边界加紧发动群众,筹集经费,开辟新区,创造战场。果然,同年2月蒋介石即委任军政部长何应钦代行总司令职权并兼南昌行营主任,调集20万军队,意图对我中央革命根据地进行第二次大"围剿"。4月1日,敌军分四路开始大举进攻。我红一方面军三万余人,在毛泽东亲自指挥下,仍采取诱敌深入、歼敌于根据地内的战略方针,以少数兵力结合地方武装迟滞、消耗、疲惫敌军,主力部队则退至根据地中部,自4月下旬至5月中旬,集结于东固(吉安东南)、龙冈一带,迫敌而居,依山设伏,隐蔽待敌。5月16日至17日,首战告捷,在富田、东固间围歼了敌28师和47师1个旅的大部。接着向东扩大战果。19日,歼灭北逃之敌第43师大部、第47师1个旅的残部于白沙(江西永丰南)。22日,歼灭西援之敌第27师1个旅于中村(江西乐安南)。27日,攻克广昌,歼敌守军第5师一部。30至31日,袭占建宁(福建),歼敌守军第56师3个多团。15天中,五战五胜,横扫七百里,共歼敌三万余人,缴枪两万余支,痛快淋漓地打破了这次"围剿"。此词即作于此后不久,显然是在心情极为舒畅时所得。

主要艺术特色:声势造设

此词上下阕各五句,四句七言,间以一句三言,句句押韵,从而显示出战争题材所需要的节奏,此其一。未直接表现搏战场面,却写云、山、林木及呼声等为其二:一方面通过拟人、象征、夸张等艺术手法多方渲染激战声势,如密布的战云、回应的山谷、摇曳的树木及四起的杀声等;另一方面转入对战场的直接描写:"飞将军"自重霄入,由此点出"飞将军"乃"红军",用典明确。其三,上阕描摹细致,声色并作;下阕却大处落墨,时空变换,体现了诗人对艺术内容与表现形式高度统一的自觉追求:上阕初战场面描写,下阕概述战局过程。此种结构的变换,显得既笔势跳脱却又气韵融贯,充分体现出作者对战况的把握及非凡的笔力,更是渲染出了胜利之师锐不可当、所向披靡的气势。

二、朱德在三明的革命实践

1929年5月,朱德与毛泽东、陈毅,乘闽西军阀陈国辉旅主力参加广东蒋桂战争,闽西敌人防卫空虚,再次率红4军从江西瑞金进入闽西。随后,红4军三占龙岩,基本歼灭了闽西境内的大股军阀部队和民团势力,扩大了闽西红色区域,红4军本身也由3个纵队扩编为4个纵队。6月下旬,红4军召开第七次党的代表大会,选举陈毅为前委书记,会后毛泽东离开红4军主要领导岗位,到闽西养病兼做地方工作。7月,蒋介石组织赣、闽、粤三省"进剿"军对闽西发动"三省会剿"。7月29日,为粉碎敌人的"会剿",红4军召开前委会议,决定留第4纵队在闽西与地方武装一起,采取游击战术,阻拦敌军的正面进攻,保卫根据地;军部率第1、第2、第3纵队出击闽中,以分散和转移敌军"会剿"闽西的力量。会后,陈毅赴上海参加中共中央召开的会议并向中央汇报工作,朱德代理前委书记。

7月30日,红4军前委命令在上杭县回龙的第1纵队、在连城县姑田的第2纵队和在龙岩县龙门的第3纵队星夜赶赴龙岩县白沙会合,以便出击闽中。第1纵队因汀江河水上涨,不好渡河,无法按期与第2、第3纵队汇合,遂留闽西和第4纵队与敌周旋。8月2日,朱德率前委机关、军直属队和第3纵队抵达白沙与第2纵队汇合后,即向闽中进发。8月4日,红军攻占宁洋县城。7日,攻占漳平县城。15日,红4军前委开会布置出击闽中。17日至19日,部队分批撤离漳平向大田、德化进军。

8月20日,朱德率红4军第2、第3纵队经漳平县境的厚德进入大田县的武陵安。21日经大石、福塘、福塘到达城郊玉田,组织攻打县城制高点的霞山、白岩山、马路岭三处国民党炮楼。在进攻城西的白岩山战斗中牺牲7名红军战士,其中连长1名。因守敌凭借险要山势和坚固炮楼负隅顽抗,加之红军因暑热和长途行军,军中疾病流行,红4军决定放弃攻城,回师闽西。当天下午,队伍转返石牌隔老街和老厝坪宿营。22日红4军离开玉田经半岭到达屏山村,23日向洞口一带进发,24日离开大田县境折到永春一都的福鼎村。28日再次攻克漳平县城。9月6日攻占龙岩,在白沙与第1、第4纵队会合,打破了第一次赣闽粤"三省会剿"。12月,红4军在上杭古田召开红4军第九次党代会(古田会议)。

这时蒋介石对闽西苏区发动第二次"三省会剿"。1930年1月初,红4军前委召开军事会议,认为敌人的主要目标是红4军,决定离开闽西重返赣西南,调动赣军回援赣南以减轻闽西压力并发展赣南局面,由朱德率主力第1、3、4纵队先行向北线出击入赣,毛泽东率第2纵队暂留闽西阻击敌人以掩护主力转移。待主力转移后再向赣南转移。

1930年1月3日，朱德率红4军第1、3、4纵队，从古田出发向赣南转移。9日，部队由连城的北团进入清流县的灵地，翻过鳌峰山抵达里田渔沧峡锅蒙山下。10日，在锅蒙山击溃设伏截击红军的敌马鸿兴部1000余人，歼敌600多人，并于当日进入宁化县境，经俞坊、马家、安乐抵达谢坊村宿营。11日，经丁坑口、鱼龙铺进入宁化县城，在县衙门前的火烧坪召开千人群众大会，朱德军长亲临大会演讲，宣传革命思想、党和红军政策，号召工农群众起来闹革命，打土豪，分田地。红军还把从土豪那里没收来的衣服粮食分发给群众。11至13日，朱德在宁化县城宿营期间，住在谢氏家庙厢房，接见了张志农、黄鸿湘、范祥云等宁化进步青年，指示他们要迅速发动工农武装暴动，开展土地革命、建立红色政权和党的组织。14日，朱德率部离开宁化县城，经武层、神坛坝、济村抵达龙头村宿营，15日离开宁化县境进入江西广昌。

1931年1月蒋介石对红军的第一次"围剿"失败后，随即部署规模更大的第二次"围剿"，至3月底，共调集20个师4个旅，约20万兵力，构筑了一条西起赣江边的吉安东至福建建宁的800里弧形阵线，"限令4月底一律肃清各处共匪"。苏区中央局经反复讨论，采纳了毛泽东的战略战术，决定集中优势兵力在运动中各个击破敌人，先打弱敌，从富田打起，向东横扫，到闽赣交界之建宁、黎川、泰宁地区扩大根据地，征集资财，以便打破下一次"围剿"。

1931年5月16日至27日，朱德与毛泽东指挥红一方面军从富田打起，向东横扫，连续取得白云山、白沙、中村、广昌战斗胜利，四战四捷。28日，在广昌出席红一方面军总前委第三次会议，决定以红3军团和红12军继续向东攻打敌第56师驻守的建宁县城。会后，红军一万余人即刻挥师东进。

5月29日，朱德与毛泽东指挥红3军团、红12军和红一方面军总司令部先后翻越武夷山脉，经桂阳到达建宁县的里心镇。30日，红3军团进至建宁城北15华里处的枧头村。当晚，在里心出席总前委第四次会议，对攻打建宁城做了具体部署。5月31日拂晓，红军对建宁城发起进攻，下午6时，红军占领建宁城，取得建宁大捷，歼灭建宁守敌第56师4个团。至此，红一方面军第二次反"围剿"五战五捷，痛快淋漓地打破了国民党军的第二次大"围剿"。当晚，朱德与毛泽东率方面军总部进驻建宁城北溪口天主堂内。

红一方面军总部进驻建宁后，朱德与毛泽东立即部署所属部队向北发展进取黎川、泰宁，分散在建宁、黎川、泰宁及南丰等地创建新苏区和扩红筹款。

5月31日夜晚，朱德出席在建宁召开的总前委第五次会议决定：6月3日，红3军团以第6师推进泰宁工作筹款，其余进黎川。决定组建红3军团山炮连、红1军团山炮连和方面军总司令部无线电队。6月2日,朱德出席总前委直属委员会在建宁召开的军民祝捷大会,大会宣布成立建宁县县级红色政权——县人民革命委员会。当晚,由毛泽东、朱德主持在建宁总部驻地溪口天主教堂召开的总前委第六次会议,部署了红军第一期向北、第二期向南、第三期向西的战略计划。整个三期工作的中心任务是准备第三期作战,以赣南为工作中心。6月4日,毛泽东、朱德主持在南丰康都召开的总前委第七次会议,6月10日,在建宁总部驻地召开总前委第八次会议。

从6月初开始,红一方面军各部按照总前委的部署,迅速向北发展,扩大根据地,开展建党、建政、建立地方武装和扩红筹款工作。6月3日,红3军团第6师在师长郭炳生、政委彭雪枫的率领下,从建宁进军泰宁县;红3军团其他部队(缺第6师)在彭德怀的率领下从建宁向黎川进军。4日,红6师占领泰宁城和将乐县北部的余坊、安仁、大源等地;6日,红3军团占领黎川县城。随后,红一方面军各部即分散在闽赣边界的建宁、泰宁、黎川、南丰各地开展建党、建政、建立地方武装和扩红筹款工作。

6月20日至22日,朱德出席在康都召开的总前委第一次扩大会、扩大会主席团和总前委常委会会议、总前委第九次会议。会议着重研究了第三次反"围剿"准备工作和战场选择问题,认为第三次反"围剿"的战场仍应选择群众条件较好的赣南地区。会议决定改变向北发展、进逼抚州的计划,迅速分兵在闽西北的广大地区加紧群众工作和扩红筹款,加紧准备第三次反"围剿",具体部署了红军各部的工作区域和任务。

6月底7月初,根据敌军已开始部署第三次"围剿"这一敌情变化,毛泽东在建宁连续给各路红军发出三封指示信,调整工作部署。

7月初,出席在建宁召开的红一方面军师以上干部军事会议和江西、福建、闽赣边界苏区负责人会议,做出了主力红军千里转战赣南以打破敌人的第三次"围剿"的决定。

康都会议后,各主力红军按照康都会议和毛泽东三封指示信的部署,改变向北发展计划,迅即向闽西北的宁化、清流、归化、沙县、将乐、顺昌移动,加紧了在该地区的赤化工作和筹款工作。

6月初至7月上旬末,红军在闽西北和闽赣边界创建了建黎泰苏区和宁清归苏区,在建宁组建了红一方面军无线电总队和红1、红3军团2个山炮连,筹足了115万元的第三次反"围剿"作战经费。

7月10日左右,红一方面军总司令、总前委以及方面军所辖各部队各自从所在地区开始转战赣南。7月10日,朱德与毛泽东率红一方面军总司令部、总前委及总部直属部队离开建宁县城到建宁里心。11日到达建宁桂阳,当晚由桂阳向江西广昌进发。12日晨到达广昌尖峰。12日6时、7时,与毛泽东在尖峰写了2封指示信,第一封给红

4军12师35团团长朱水秋、政委刘亚楼,第二封给耿凯并转俊隆。红军回师赣南后,9月,在赣南打破了敌人的第三次"围剿"。

1932年10月12日,为粉碎国民党军的第四次"围剿",打通中央苏区与闽北、赣东北的联系,朱德与红一方面军代总政委周恩来在江西广昌召开军事会议,制定《红一方面军战役计划》(即建宁黎川泰宁战役计划)。

10月16日,朱德与周恩来率红一方面军从广昌发起建(宁)黎(川)泰(宁)战役,分兵5路向建宁、泰宁、黎川并进。18、19日,红一方面军2天连克建宁、黎川、泰宁3座县城。10月18日红军攻克建宁县城当晚,朱德率红军总司令部进驻建宁溪口天主堂。

红一方面军总部进驻建宁后,周恩来、朱德、王稼祥等在建宁起草发布了许多重要文件,领导红军赤化建黎泰,开展土地革命,建立地方武装和征集资财,准备粉碎敌人的第四次"围剿"。12月底,朱德由建宁前往黎川。此后,朱德虽不时在前线指挥红军作战,但红军总部基本都驻在建宁。

1933年7月中旬,朱德与周恩来由江西重返建宁,就近指挥东方军在宁清归的作战。8月18日,由建宁到达泰宁城,指挥红军东方军在将东、沙县、顺昌等地的作战。10月,朱德与周恩来在泰宁倡导开展城市"清洁卫生周"运动,并带领总部工作人员、红军医院的医生、护士以及城区群众共数百人上街打扫街道,疏通沟渠。12月12日,在建宁出席闽赣省第一次苏维埃代表大会开幕式,并为大会做军事形势报告。

1933年12月底,中共中央撤销红军总司令部、总政治部和红一方面军司令部、政治部,红军总司令部、总政治部和红一方面军司令部、政治部机关撤离建宁并入在后方瑞金的中革军委机关,调周恩来、朱德回瑞金工作。随后,朱德离开建宁,于1934年1月初抵达瑞金。之后,朱德又多次到三明第五次反"围剿"前线视察指导工作。

1934年2月,朱德到泰宁、将乐指导工作。9日,从泰宁到将乐城,在县城住了3天,接见了县苏维埃政府的领导干部和20多名坚持地下斗争的党员,对将乐苏区的工作做了具体指导,并决定红7军团第21师61团留守将乐,从各营、团抽调20名干部充实地方。13日从万安经余坊返回泰宁。

1934年5月建宁县城保卫战前夕,朱德到建宁前线视察。当时闽赣省保卫局决定炸毁万安桥,以迟滞敌人对苏区的进攻。朱德得知此事后,下令制止炸桥行动。他说:"即使炸毁了大桥,也阻止不了敌人的进攻,却给两岸群众带来极大不便。损害群众利益的事,红军不能干。"因此,朱总司令保护万安桥的故事,在建宁苏区群众中广为流传,万安桥也因此被苏区群众称为"红军桥"。

三、周恩来在三明的革命实践

1932年10月12日,为粉碎国民党军的第四次"围剿",打通中央苏区与闽北、赣东北的联系,红一方面军代总政委周恩来、总司令朱德在江西广昌召开军事会议,制定《红一方面军战役计划》(即建宁黎川泰宁战役计划)。14日,周恩来、朱德、王稼祥致电苏区中央局,报告主力红军决定以广昌之东北为出击点,首先打击周志群部,进占建宁、泰宁、黎川三县,赤化建宁、宁化、广昌之间的地区,打通与赣东北的交通,筹集给养,并集结兵力求得战机。同日,红一方面军总司令部从广昌向各部队下达战役计划。为配合部队行动,加强对建黎泰地区的领导,周恩来在广昌与中共南(丰)广(昌)中心县委书记余泽鸿谈话,指示南广中心县委要加强对建宁工作的领导。

10月16日,周恩来、朱德率红一方面军从广昌发起建(宁)黎(川)泰(宁)战役,分兵5路向建宁、泰宁、黎川并进。18、19日,红一方面军2天连克建宁、黎川、泰宁3座县城。10月18日,红军攻克建宁县城当晚,周恩来、朱德、王稼祥率红军总司令部、总政治部、中革军委进驻建宁溪口天主堂。不久,为方便工作,周恩来、王稼祥率总政治部迁驻建宁县城县衙小白楼,小白楼楼上大厅为会议室,楼上东侧前部大间为周恩来的办公室兼卧室,王稼祥率中革军委驻县衙小白楼左侧武官衙内。

红一方面军总部进驻建宁后,周恩来、朱德、王稼祥等在建宁起草发布了许多重要文件,领导红军赤化建黎泰,开展土地革命,建立地方武装和征集资财,准备粉碎敌

1933年11月,周恩来与红一方面军部分领导人在建宁合影(左起叶剑英、杨尚昆、彭德怀、刘伯坚、张纯清、李克农、周恩来、滕代远、袁国平)

人的第四次"围剿"。10月24日,中革军委在建宁发出关于加强筹款、节约开支的训令。25日,周恩来在建宁发表《帝国主义国民党的第四次"围剿"与中国工农红军当前的任务》的文章。26日,中革军委在建宁下达《给各作战地域指挥部的密令》。27日,红军总政治部在建宁下达了《关于粉碎四次"围剿"政治工作》训令。29日,朱德、周恩来、王稼祥发表《告全体红色战士书》。11月16日,红一方面军发起金(溪)资(溪)战役。12月12日,周恩来、王稼祥联名致电中共江西省委书记李富春:"建泰黎可先派工作团及建宁县委书记来。"12月底,周恩来、朱德由建宁前往黎川。此后,周恩来、朱德虽不时在前线指挥红军作战,但红军总部基本都驻在建宁。

红一方面军发起的建黎泰战役,恢复和巩固了建黎泰苏区。1933年1月,红一方面军金(溪)资(溪)战役取得胜利,先后占领黄狮渡、资溪、金溪、贵溪,并先后在邵武和贵溪上清宫与闽北红军和方志敏所率的赣东北红军会师,实现了中央苏区与闽北、赣东北连成一片的战略目标,在江西信江、抚河之间开辟了大片新苏区,为创建中央苏区闽赣省打下了基础,1933年2、3月间,周恩来、朱德在红一方面军强攻南丰城不克、面临被敌人包围夹击的情况下,毅然从南丰城撤围,采用"集中优势兵力打歼灭战"和"各个击破"的战略战术,将红军主力秘密移师于广昌以西、宁都以北的东韶和洛口设伏,在宜黄南部先后取得黄陂战斗和草台冈战斗(即黄陂、东陂战役)的胜利,粉碎了国民党军对中央苏区的第四次"围剿"。

1933年7月中旬,周恩来、朱德由江西重返建宁,就近指挥红军东方军在宁清归的作战。8月18日,由建宁到达泰宁城,指挥东方军在将乐、沙县、顺昌等地的作战。10月,周恩来与朱德在泰宁倡导开展城市"清洁卫生周"运动,并带领总部工作人员、红军医院的医生、护士以及城区群众共数百人上街打扫街道,疏通沟渠。11月,周恩来在建宁主持召开部分红军领导干部政治工作会议并与叶剑英、彭德怀、杨尚昆、张纯清、刘伯坚、李克农、滕代远、袁国平合影留念。12月12日,闽赣省第一次苏维埃代表大会在建宁文庙召开,周恩来为大会做政治报告。

1933年12月底,中共中央撤销红军总司令部、总政治部和红一方面军司令部、政治部,红军总司令部、总政治部和红一方面军司令部、政治部机关撤离建宁并入在后方瑞金的中革军委机关,调周恩来、朱德回瑞金工作。1934年1月4日,周恩来回到瑞金。

◆ 第二节 著名将帅在三明的革命实践

三明是一块极具革命传统的红色土地。在土地革命战争时期的历次反"围剿"战争中,彭德怀、刘伯承、陈毅、罗荣桓、聂荣臻、叶剑英、林彪、杨尚昆等著名将帅多次率领工农红军在这块土地上展开过艰苦卓绝的革命斗争,谱写了光辉的诗篇。萧劲光、罗瑞卿、黄克诚、粟裕、谭政、刘亚楼、李克农、杨成武、杨得志等中国革命的先驱者,也曾经在这里浴血奋战,践行革命理想。

一、彭德怀在三明

1931年5月16日至27日,红一方面军第二次反"围剿"战斗从富田打起,向东横扫,连续取得白云山、白沙、中村、广昌战斗胜利,四战四捷。28日,彭德怀在广昌出席红一方面军总前委第三次会议,决定以红3军团和红12军继续向东攻打敌第56师驻守的建宁县城。会后,红3军团军团长彭德怀即刻率红3军团从广昌渡过旴江向建宁前进,红12军随总部后面跟进。

5月29日,红3军团和红一方面军总部先后到达建宁里心镇宿营。30日,红3军团前锋部队晚上推进到建宁城外15里左右的枧头村一带,并设立前线指挥所。同日晚,彭德怀出席在里心召开的总前委第四次会议,对攻打建宁城做了具体部署:以红3军团为攻城部队,红12军为攻城预备部队,随总司令部在红3军团后面向建宁前进。当夜,彭德怀司令员和滕代远政委率领红3军团,由桂阳游击队带路,星夜从枧头插向建宁城。31日拂晓,红3军团和红12军向建宁城发起进攻,下午6时攻克建宁城,共击溃建宁守敌刘和鼎师4个团,俘敌3000余人,缴获2500余枪,敌手枪营、无线电台人员全部投诚,取得了第二次反"围剿"最后一仗大捷。之后,红3军团总部驻建宁城西门何家屋。

5月31日晚和6月2日晚,彭德怀出席红一方面军总前委第五、第六次会议,参与总结第二次反"围剿"经验、研究部署军队和地方工作,准备第三次反"围剿"。6月3日,按红一方面军总司令部和总前委的部署,红3军团第6师从建宁向泰宁进军,彭德怀率红3军团(缺第6师)向黎川进军。4日,红6师占领泰宁县城。6日,红3军团攻占黎川县城。

6月20日至22日,因敌情变化,总前委在江西南丰的康都召开系列会议,决定改变向北发展计划,分兵在闽西和闽西北工作,加紧准备第三次反"围剿",并划定红3军团以建宁、泰宁、将乐为工作区域,以顺昌、邵武、光泽为筹款区域,发动组织群众,帮助地方建立政权和党的组织,建立赤卫军和游击队,并筹款60万元。根据康都会议的部署,6月22日,红3军团第6师第7团在师政委彭雪枫的率领下,兵分两路向将乐县城逼进。一路由余坊张都经光明逼向西门,另一路由万安、新路口逼向北门。驻扎在将乐县城的敌军周志群旅闻风弃城而逃。6月23日,红6师解放将乐县城。同日,彭德怀亦率红3军团军团部进驻将乐城。6月28日,红军在将乐县城召开群众大会,宣布成立将乐县革命委员会,任命安徽籍红军干部顾勇珍任将乐县革命委员会主席。6月30日,总部电台收到蒋介石驻南昌、何应钦已到抚州督战的消息,毛泽东判断敌军很快向红军进攻,立即电令红4军和红3军团不去顺昌、沙县,立即集中在将乐、归化地区筹款。7月初,彭德怀出席在建宁红一方面军总部召开的军事会议,会议做出了千里回师赣南打破敌人第三次"围剿"的决定。7月12日,红3军团奉命由建宁、泰宁、将乐出发,回师赣南参加第三次反"围剿"。

1933年7月1日,根据中央决定,红3军团(缺第6师)和红19师组成东方军,执行入闽作战任务,彭德怀、滕代远分别兼任东方军司令员、政委,并指挥红34师及闽赣军区、宁清归军分区所辖各独立师、团、营,协同东方军作战。2日,彭德怀、滕代远率东方军所属红3军团第4师、第5师从广昌向福建挺进。4日,彭德怀、滕代远决定"首先消灭泉上之敌,后再同时攻击嵩口、清流之敌"。5日,东方军在宁化以西地区完成战略集结,指挥部设在石碧区石碧乡张氏家庙(下祠),决定对泉上土堡采取"围点打援"与强攻相结合的战术,先消灭土堡外围之敌及援敌,最后彻底歼灭泉上土堡之敌,命令部队急速挥师泉上。7日,东方军冒雨进至距离泉上只有35里的湖村,兵分三路向泉上推进,实施战术包围,将指挥部设在湖村陈家官氏民宅。红5师15团迅速发起泉上土堡外围战,夺取了红洞岗和天子崬阵地,将泉上土堡团团包住。红4师及宁化新编独立第7师在延祥设伏阻敌增援。9日,敌52师156旅旅长张兴隆率309团从清流嵩溪增援泉上第307团,进入泉上东南延祥石狮岭红军伏击圈。红4师与宁化新编独立第7师立即向敌发起攻击,经一小时激战,全歼敌309团400多人,毙敌张兴隆旅长及以下100多人,俘敌卢胜斌团长以下300多人,缴获步枪400多支、轻机枪4挺。紧接着,红4师乘胜进占嵩溪;红5师13团乘胜东进占领归化县城。10日,红34师进占清流西南的雾阁等地。12日,红4师占领嵩口坪,切断了清流县城敌军的给养运输线。14日,清流县城守敌弃城退往永安,红军占领清流。至此,东方军完全切断了永安、清流、连城方向敌人与泉上土堡的联系和军援,使泉上土堡守敌完全孤立无援,为攻克土堡创造了有利条件。与此同时,担任泉上土堡主攻任务的红5师15团,在几次强攻不成后,采取挖地道爆破强攻的战术,经十多天的艰苦作业,将一条宽约4.5尺、高6尺、长数十丈的地道直通土堡围墙底部。19日拂晓,东方军用3个装满土硝的棺材将土堡围墙炸开了一个大缺口,攻击部队迅速冲进土堡与敌巷战,全歼守敌,毙敌程泗海团长及以下300多人,俘敌宁化新旧县长及以下900多人,缴获步枪700余支、轻机枪3挺、驳壳枪60只、迫击炮2门、银元万余元。东方军泉上土堡系列战的胜利,赤化了宁化、清流、归化全境。

7月下旬,东方军奉命南下夺取连城。27日,东方军主力绕道南下长汀钟屋村。29日,东方军司令部在钟屋村下达攻击朋口的命令。30、31日,攻占莒溪、朋口。8月2日拂晓,连城守敌第78师师长区寿年畏惧被歼,率部弃城向永安撤退,东方军迅速占领连城,并向永安方向追歼逃敌。3日,东方军在追歼途中,在连城姑田和永安小陶再歼敌约1个团,残敌逃入永安城。

8月16日,东方军红4师、红5师和红19师离开连城,北上沙县、将乐、顺昌等地执行入闽作战第二阶段任务。此时,东方军由于酷暑征战和缺粮,病员剧增。为此,中革军委命令驻黎川的红3军团第6师和驻泰宁的第21师的61团加入东方军,从北面南下,包围将乐县城;另以红5军团13师和红20师组成抚东支队,配合东方军作战。

8月21日,彭德怀、滕代远在归化发出消灭洋口、顺昌、将乐之敌的命令。23日,红6师及61团在闽赣军区司令萧劲光的指挥下,从泰宁攻占了将乐的万安镇,抄袭漠布,开始围攻将乐县城。8月24日,东方军在北上途中进占沙县的高桥、夏茂两镇,随即开始夺取顺昌县城的作战。25日,彭德怀率东方军政治部及红4师攻占顺昌的洋口。26日,东方军占领峡阳镇,开始进攻顺昌城。因将、顺两县城三面环水,城池坚固,敌凭险扼守,难以攻克。8月底,东方军对两城由强攻改为围困,集中主力攻打延平城。31日,红4师、红5师开始从东西两面包围延平城。彭德怀、邓萍详细分析了延平的地形、敌情,决定"围城打援",求歼援敌于运动中。9月3日上午,东方军先在尤溪夏道击溃由福州增援延平的敌第19路军补充师谭启秀部的前锋部队1个团,歼敌1个营,余敌向水口镇方向逃窜。红军乘胜追击,又在尤溪水口击溃该敌2个营。9月17日,敌补充师5个团夹江而上增援延平,敌驻沙县的61师派第366团,由沙县青州取道芹山向西芹前进策应补充师。东方军决定首先消灭这股敌人,命令以红5师第13、14团,红21师第61团,红6师第17团由西芹出发向马铺、青州敌人进攻。担任前卫的红5师第13团行军至芹山,与敌第61师第366团遭遇,经2个多小时的白刃激战,将在第19路军中号称"铁军"的366团歼灭。之后,因第19路军与蒋介石的矛盾日益尖锐,决定把"反共抗日"的方针改变为"联共反蒋抗日",并派代表陈公培到延平向东方军领导人转达谈判意愿。经电请中央后,东方军领导与19路军代表在王台谈判,请

19路军再派代表到瑞金与中共中央谈判。王台谈判后双方很快停止敌对行动。这时，蒋介石发动对中央苏区的第五次"围剿"，东方军奉命回师江西参加第五次反"围剿"作战。9月29日，东方军命令部队向泰宁集结待命。10月4日集结完毕，5日从泰宁向黎川进发，结束入闽作战任务。

彭德怀率部北上黎川参加第五次反"围剿"作战后，红3军团奉命与敌进行了一系列艰苦战斗，但因中央"左"倾领导的错误指挥，未能收复黎川和阻敌前进。12月15日晚，红3军团撤入建宁，彭德怀随军团司令部移驻建宁县城。12月24日，彭德怀、滕代远遵照中革军委指示，在建宁命令军团所属各部于27日集结于广昌头陂地区，准备开往永丰地区。

这时，发动"福建事变"的第19路军抵挡不住蒋介石的进攻，相继放弃顺昌、将乐，使红军防守闽西苏区的第34师受到蒋军威胁。为掩护红34师和保卫福建苏区，乘蒋介石进攻19路军之机扩大苏区并吸收被蒋军打垮的19路军士兵到红军中来，12月29日，中革军委决定红3军团再向东南方的沙县等闽中地区进军。

1934年1月2日，中革军委下达指示，决定以红3军团第4、5、6师，红7军团第19师和红34师重组东方军再次入闽，令红3军团由赣入闽向沙县移动，协同红7军团进攻闽敌卢兴邦部及占领沙县。同日22时，彭德怀命令红3军团各部从头陂一带移师白水镇以东地区待命。4日，红3军团分2个纵队分别从广昌的白水、营前出发。5日进抵宁化安远，6日至泉上、泉下，8日抵达归化。红7军团第19师也于4日从泰宁向将乐、沙县进发，于8日到达沙县城外。8日下午，彭德怀在归化发布《三军团向沙县前进的命令》。此时，归彭德怀统一指挥的红9军团也已到达将乐地区，与红3军团共同策应红7军团。

8日夜，红7军团对沙县城守敌发起进攻。至9日连续组织几次冲击均未奏效。10日，红3军团到达沙县富口、夏茂地区，彭德怀在富口发布《三军团进攻沙县之命令》。同日，红7军团以一部监视沙县城之敌，主力经玉口、高砂、七都(今南阳)向尤溪县城挺进。11日，红3军团第4师到达沙县东北之际口、下杰、桦溪地区；第5师和军团司令部到达沙县西北之丰溪附近；第6师主力集结于富口。

12日，红3军团开始进攻沙县城，第5师担任主攻，第6师担任助攻，第4师置于沙县东北的青州，阻击延平来援之敌。是日晨7时起，红5师对沙县城连续强攻3次，因城高墙厚，敌以优势火力压制，而红军刚匍匐进攻出发阵地，攻城器材不足，都未能奏效，乃于10时停止攻击。是日晚，部队开始在沙县城的东门、西门、北门三处挖坑道，准备爆破城墙。

14日，红3军团司令部获悉延平敌约1个师，有增援沙县企图，并判断援敌15日抵达青州、芹山之线。据此，红3军团决定围城打援，以一部兵力围困县城之敌，并继续进行坑道作业；主力于15日置于青州、芹山地域，侧击延平援沙之敌而歼灭之。15日，红4师在青州击溃敌援军第4师后，乘势攻取了卢兴邦在尤溪漕头的兵工厂，并抵达尤溪县城与红19师包围尤溪县城。18日，红4师与红7军团第19师攻克尤溪县城，全歼尤溪县城守敌，并击溃敌新编第52师增援部队，为围歼沙县守敌创造了有利条件。

21日，为集中力量攻取沙县，红3军团主力从青州地区南移，准备再度攻城，并抽调身强力壮的战士组成突击队，配合师、军团的工兵连，加强坑道作业，于同日傍晚将坑道挖到城墙基。22日凌晨4时，担任主攻任务的红5师和红6师主力进入阵地，5时20分引爆沙县城墙根坑道内的炸药，由于炸点偏离原定目标，攻城受挫。彭德怀、杨尚昆决定继续进行坑道作业，准备再攻。

23日，情况突变，"福建事变"宣告失败，"福建人民政府"所属部队向蒋介石投降，蒋介石即把军事攻击重心转向中央苏区，令敌北路军第5纵队罗卓英部4个师及第79师集结黎川，准备进犯建宁。同日，中革军委指示不再进攻沙县，令红3、红7军团运回缴获的兵工厂器材，并令红3军团第4师以强行军于27日晚前到达泰宁，暂受红1军团指挥。彭德怀与杨尚昆经过认真分析研究，认为有把握攻下沙县城。经请示军委获准后，乃决定第4师和第6师的两个团继续围攻沙县城。

1月25日晨，红3军团部队对沙县城发起总攻，5时25分，爆破成功，西门城墙被炸开了一道20米长的豁口。第一梯队的红4师第10团首先攻入城内，紧接着第11团从右翼扩大战果，占领沙溪河岸上的炮楼；第二梯队的红6师第17团，登上西门城楼掩护后续部队入城。攻入城内的部队与敌开展巷战，经2个多小时的拼搏厮杀，至上午8时，全歼城内守敌，城外沙溪南岸碉堡内的敌人也全部投降，胜利攻克沙县城。

红军东方军攻克沙县县城后，东方军司令部移驻沙县城内兴国寺。26日，红4师由沙县北上开赴泰宁，暂归红1军团指挥，协同红1、红9军团保卫建宁、泰宁。2月10日彭德怀率红3军团第5、第6师撤离沙县城，开赴将乐、泰宁地区。后在南丰境内的三溪圩等地作战。

1934年3月中旬，国民党东路军汤恩伯第10纵队从将乐向泰宁进攻。18日，红1军团第1、第2两师，红3军团第4、第5两师及模范师两个团，红5军团第13师等红军主力奉命自南丰东援泰宁，但部队尚在途中，泰宁县城已于19日被敌攻占。这时，蒋介石令北路军和东路军加紧修筑黎川—泰宁封锁线。20日，敌北路军第3纵队的79师及6师17旅从南丰枫林圩经德胜关向新桥推进。23日，敌东路军从泰宁县城向北向新桥推进。为打破东、北两路敌军会师新桥构筑黎川—泰宁封锁线的计划，红1军团第1、第2两师，红3军团第4、第5两师及模范师两个团，红5军团13师等红军主力于21、22日在建宁、泰宁县的大田、峨嵋峰、平寮一带由红3军团军团长彭德怀与政治委员杨尚昆统一指挥作战。22日至27日,红军与敌北路军和东路军在泰宁新桥、大阳嶂地区作战。战斗期间,红3军团司令部驻扎在泰宁的帐干、新华庵一带。战斗结束后,红军撤回新华庵、大田、溪口一带休整,红3军团司令部撤到建宁县。

4月上旬,敌完成德胜关—泰宁碉堡封锁线及南(丰)白(舍)公路后,集中兵力向中央苏区的北大门广昌推进。4月5日,中革军委急令红1、红3军团和红5军团第13师速从建宁回师江西,保卫广昌。6日凌晨,彭德怀、杨尚昆率红3军团所属部队从建宁地区驻地出发开赴广昌,参加广昌保卫战,彭德怀和军团司令部亦随军前往广昌。广昌县城失守后,彭德怀率部在江西境内广昌以南、石城以北地区阻敌西进、南下。

1934年10月7日起,彭德怀率红3军团从石城撤退,向宁都、于都集中,准备战略转移。17日,彭德怀率红3军团在于都参加长征。

二、叶剑英在三明

1931年4月初,叶剑英从上海经广州、闽西到达江西,在中央苏区中革军委参谋部工作,参与了苏区中央局关于第二次反"围剿"战备的讨论与决策。5月,红一方面军总参谋长朱云卿病故后由叶剑英任红一方面军总参谋长,参与指挥了第二次反"围剿"战斗。5月28日,随方面军总部到达广昌,参加了总前委第三次会议,研究部署攻打建宁。29日,叶剑英和毛泽东等率方面军总部到达建宁里心,31日,红军攻克建宁县城。至此,红一方面军第二次反"围剿"五战五捷,粉碎了蒋介石对中央苏区的第二次"围剿"。红军攻克建宁后,红一方面军总部进驻建宁城北溪口天主堂,毛泽东和总前委在楼上,朱德、叶剑英和总司令部、参谋处在楼下。他们在这里指挥红军先向北发展,在闽赣边的建宁、黎川、泰宁等地扩大苏区,扩红筹款;6月20日至22日,总前委召开康都会议后,根据会议部署红军南下闽西北的宁化、清流、归化、将乐、沙县,在该地区加紧开展地方工作和筹集第三次反"围剿"作战经费,准备第三次反"围剿"。7月初,叶剑英参加红一方面军总部在建宁召开的军事会议,会议做出回师赣南打破第三次"围剿"的战略决策。6月初至7月上旬末,红军在闽赣边界和闽西北开辟了建(宁)黎(川)泰(宁)和宁(化)清(流)归(化)2块革命根据地,基本筹足了115万元的第三次反"围剿"作战经费,完成了第三次反"围剿"前的准备工作。7月10日前后,红一方面军所属各部从闽西北各自所在地出发,回师赣南参加第三次反"围剿",叶剑英随总部离开建宁。

1931年9月,红军第三次反"围剿"取得胜利。11月,叶剑英任中央革命军事委员会总参谋部部长(总参谋长)兼红一方面军总参谋长。1932年10月中旬,在江西广昌参与研究制定并组织实施红一方面军建(宁)黎(川)泰(宁)战役计划:以红1军团为中央纵队,消灭建宁里心之敌;红22军为右纵队,消灭泰宁、邵武之敌;红3军团为左纵队,消灭黎川之敌,总部随红1军团行动。18日,红1军团到达建宁城附近,下午向建宁城发起进攻,击溃守敌周志群部第2团,占领建宁城。随后,叶剑英、朱德、周恩来、王稼祥等领导人和中革军委、红军总部、总参谋部、总政治部进驻建宁。11月,叶剑英由建宁赴瑞金任红军学校校长等职。

1933年第四次反"围剿"前后,叶剑英常到建宁红军总部,与朱德、周恩来等一起指挥作战。3月,敌第52师卢兴邦部趁红军主力在苏区东北进行第四次反"围剿"之机,进占归化、清流两县县城及大部区域。3月下旬,为加强中央苏区东南区的防御,中革军委调集赣南红3师、福建军区独立第10师及瑞金红军学校学员,经会昌、瑞金到达宁化禾口,在禾口组成东南作战军,由叶剑英任总指挥。叶剑英随即率部进入清流、连城等地作战。在攻打清流县城战斗中,叶剑英、欧阳钦指挥东南作战军和宁清归地方武装宁南游击支队及宁北游击支队共4000多名战士分三路攻打清流守敌卢兴邦部,重创守城敌军,挫败敌妄图进一步进犯宁化等苏区的野心。

1933年夏,叶剑英再度任红一方面军参谋长。同年9月,第五次反"围剿"开始。11月,闽赣省机关、闽赣军区由黎川移驻建宁县城,叶剑英兼任闽赣军区司令员兼政治委员、红7军团政治委员,12月兼任新成立的建宁警备区司令员。军区司令部和叶剑英住城南南街弄丁家屋,警备区司令部则在原华美小学楼上。这时,第五次反"围剿"的战斗正在闽赣省紧张地进行着。叶剑英一面指挥部署闽赣红军和地方武装上前线配合主力红军作战,肃清苏区内部及周边的各类反动地主武装和刀团匪,保障各兵站、医院和交通线的安全;一面动员组织闽赣苏区人民参加红军、筹集军粮、慰劳红军,组织担架队、运输队上前线运送物资和伤兵员,开展各种形式的支前运动。1934年1月27日,叶剑英转达了少共中央给红45团的嘉奖电,表彰他们在守备建宁中的成绩和顽强英勇的精神。2月,在邱家隘战斗中,发动战场所在地的安寅区将上、安寅乡工农群众,一昼夜加工了2万余斤大米供给红军。

1934年3月,中央决定调叶剑英任福建军区司令员。临行前,叶剑英于3月2日致电朱德、周恩来、王稼祥,报告了彭湃、黎南、东方、泰宁、建宁等地的工作开展情况和战备情况。随后,从建宁转瑞金赴长汀,就任福建军区司令员,后又调中央军委工作。1934年10月参加长征。

三、陈毅在三明

1929年底,蒋介石调集闽粤赣三省部队对闽西苏区发动第二次"会剿"。1930年1月初,为粉碎敌人的第二次"三省会剿",红4军决定离开闽西转战赣南,由朱德率主力第1、3、4纵队先行向北线出击入赣,毛泽东率第2纵队暂留闽西阻击敌人以掩护主力转移,待主力转移后再向赣南转移。当时,陈毅任红4军前委委员、军政治部主任。1月3日,陈毅与朱德率红4军第1、3、4纵队,从古田出发转战赣南。9日,部队由连城的北团进入清流。之后,部队经清流的灵地、鳌峰山、锅蒙山,宁化的俞坊、马家、安乐、谢坊、丁坑口、鱼龙铺、宁化县城、武层、神坛坝、济村、龙头村,15日离开宁化县境进入江西广昌。

1931年7月初,红一方面军总前委书记毛泽东在建宁主持召开师以上干部军事会议和苏区负责人会议,总结第一、第二次反"围剿"胜利的成功经验,研究部署第三次反"围剿"的战略决策。时任中共赣南特委书记的陈毅参加了会议。会议期间,陈毅住在建宁城北溪口将军庙。

1932年10月,红一方面军建(宁)黎(川)泰(宁)战役恢复了建黎泰苏区,归江西省管辖。1933年4月初,江西军区司令员陈毅从江西广昌到建宁视察,发现建宁军分区在扩红工作中,将地方游击队全部调入独立师,地方不酌留基干继续建立部队,以致地方防卫实力空虚,屡受大刀会骚扰,到独立师后又因政治工作不够,发生大批兵员开小差等问题。针对存在的问题,陈毅部署了建宁军分区四项工作任务:一是继续成立游击队,专力消灭大刀会;二是扩大独立师,暂不集中地方武装到前方;三是建立赤少队;四是召开县军事会议,讨论研究建宁、广昌边界的巩固问题。11日,陈毅回广昌发电文向中央临时政府和红军总司令部汇报了建宁视察情况。鉴于中央正在筹建闽赣省,陈毅在报告中提出:黎川可另成立独立师及建(宁)黎(川)泰(宁)独立师,应努力扩大少先师,在边区剿匪运动中还可扩充部队,建议建宁军分区改省军区,李德胜可任军区参谋长,另派总指挥及师团工作人员等建议。13日陈毅重返建宁督促落实上述工作。闽赣省成立后,陈毅于5月6日电请中革军委将建宁军分区划入闽赣军区,理顺了建宁军分区的隶属关系。

四、林彪、聂荣臻在三明

1929年春,林彪随红4军主力转战赣南、闽西。4月,红4军在长汀整编后,任第一纵队纵队长。1930年1月3日,为打破敌人对闽西苏区的第二次闽粤赣三省"会剿",朱德率红4军第1、3、4纵队,先行离开闽西转战赣南。9日,部队由连城的北团进入清流。之后,部队经清流的灵地、鳌峰山、锅蒙山,宁化的俞坊、马家、安乐、谢坊、丁坑口、鱼龙铺、宁化县城、武层、神坛坝、济村、龙头村,于15日离开宁化县进入江西广昌。

1930年6月,红4军第三次由赣南进入闽西,在长汀与赣南红6军、闽西红12军整编成立红1军团。林彪任红1军团第4军军长。

1931年夏第二次反"围剿"胜利后,林彪率红4军以康都为中心,在南丰、黎川、建宁之间扩红筹款,创建根据地。6月下旬起,根据20—22日在康都召开的红一方面军总前委会议精神,林彪率红4军从江西南下,与红12军在宁化、清流、归化、沙县、永安等地加紧筹款扩红,创建了宁(化)清(流)归(化)苏区。7月10日前后。率红4军回师赣南参加第三次反"围剿"。

1931年12月。聂荣臻进入中央苏区,任红军总政治部副主任。1932年1月,中革军委决定重建红1军团指挥部。林彪任军团总指挥(后称军团长),聂荣臻任军团政治委员。之后。在中央苏区,林彪和聂荣臻始终是一对工作搭档,一个任军团长,一个任军团政治委员。

1932年10月中旬,红一方面军在江西广昌制定并实施建(宁)黎(川)泰(宁)战役计划。以红1军团为中央纵队,消灭建宁里心之敌,向建宁前进。10月16日,红一方面军在广昌兵分5路发起建黎泰战役,红1军团军团长林彪和军团政治委员聂荣臻率部从广昌头陂分两路向建宁开进,林彪率第4军经尖峰、客坊向建宁,聂荣臻率第3军和军团部经水南、里心向建宁。17日,红1军团进入建宁,红3军宿于桂阳,红4军宿于客坊。18日,红1军团到达建宁城附近,下午向建宁城发起进攻,击溃守敌周志群部第2团,占领建宁城。与此同时,红3军团占领黎川城。红22军于19日占领泰宁城,继而又占领邵武、光泽两城。21日,敌重兵向黎川反扑,红3军团主动撤出黎川城。23日,黎川城为敌所占。10月下旬起,红1军团离开建宁,协同红3军团在黎川附近作战,打击向黎川南部"进剿"之敌。11月3日,红1、红3军团重占黎川城,结束建黎泰战役。

1933年1月下旬,"福建事变"失败。敌北路军第5纵队罗卓英部4个师及第79师从黎川向建宁进犯。红1军团从中央根据地北线永丰地区调到建宁参加建宁保卫战,在建宁西北一线防守。当时,中央临时负责人博古、第三共产国际派来的"军事顾问"李德,执行"左"倾冒险主义的军事路线,实行阵地战、堡垒战,"御敌于国门之外"的战术,导致红军第五次反"围剿"节节失利。1934年1月26日,敌突破红15师、13师防守的保卫建宁的北线第一道防线——邱家隘防线。27日起,红1、红5、红9军团在该线对敌组织数次攻击,与敌争夺诸隘口。1月27日午后4时,红1军团一部从溪口圩方向进攻寨头隘,发起多次攻击,至天黑未能攻克,退回溪口圩。2月1日,红1军团第1师(师长李聚奎、政委蔡书彬)、第2师(师长陈光、政委刘亚楼)和红5、红9军团各一部攻打平寮,以密集梯队向敌阵地冲锋,后因敌机猛烈轰炸,红军冲锋梯队无法后继,红军伤亡惨重,被迫向平寮东南方向撤退,平寮村被敌军炮火彻底摧毁成为废墟。2月1日傍晚,敌第5、第94、第98师分别从邱家隘、黄家隘向三岬嶂推进。红1军团第一师第1团团长杨得志奉命阻击,于1日夜抢先进入阵地。2日晨,敌向红1团阵地发起进攻,红1团以1个团的兵力,挡住了敌3个师的数次进攻。坚持至3日,并在红1师第2、第3团和红2师4团的增援下,将敌打退,并追击到邱家隘、黄家隘。山岬嶂战斗后,敌人西调江西广昌方向,并构筑黎川至南丰与黎川至泰宁封锁线,敌我双方形成对峙状态。2月14日,林彪和聂荣臻向中革军委提出"关于用运动战消灭敌人的建议",陈述了红1军团当时在建宁西北的守备阵地纵横有数十里,防线太宽,兵力薄弱,弹药缺乏,工事不坚固;处处设防,处处薄弱,突破之后,工事往往反被敌利用,建议今后不要处处修工事,力求在运动战中消灭敌人。建议未被接受。

1934年3月中旬,国民党东路军汤恩伯第10纵队从将乐向泰宁进攻,泰宁县城已于19日被敌攻占。这时,蒋介石令北路军和东路军加紧修筑黎川、泰宁封锁线。20日,敌北路军第3纵队的79师及6师17旅从南丰枫林圩经德胜关向新桥推进。23日,敌东路军从泰宁县城向北向新桥推进。为打破东、北两路敌军会师新桥构筑黎川、泰宁封锁线的计划,红1军团第1、第2师参加了22—27日在泰宁新桥地区的阻击作战。

1934年4月初,敌完成德胜关、泰宁碉堡封锁线及南(丰)白(舍)公路后,集中兵力向中央苏区的北大门广昌推进。5日,红1军团奉中革军委命令,由建宁奔赴广昌参加广昌保卫战。28日,广昌失守。29日,红1军团又奉命东援建宁。5月上旬,参加广昌战斗的敌北路军周浑元第8纵队等第5、13、28、96、98师,返回建宁北面黎川县的樟村、横村,经邱家隘向建宁前进。5月9日,敌攻陷建宁县城北面第二道防线将军殿,红军被迫退守第三道防线驻扎马寨。5月15日。林彪和聂荣臻统一指挥红1军团、红9军团的第3师、红5军团和红7军团之一部,以及红21师等红军,在驻马寨开展阻击战,从上午8时打到下午6时,除驻马寨主阵地外,各阵地被敌所占。之后,敌军停止进攻,构筑工事。深夜,红军留一部迷惑敌人,主力向建宁西南方向转移。16日,驻马寨为敌所占,建宁县城也被敌东路军汤恩伯第10纵队占领。建宁县城失守后,红1军团由建宁西部撤入江西。红1军团在建宁作战期间,林彪、聂荣臻将军团指挥部设在建宁城西北15里左右的枧头新街仁德里。

1934年7月,红军北上抗日先遣队(红7军团)在红9军团的护送下,突破敌封锁线,经永安、大田、尤溪,渡过闽江,震惊了国民党当局。8月1日,蒋介石和东路军总司令蒋鼎文急忙重新部署东线进剿计划,命令原驻连城、朋口、莒溪的第3师、第9师、第83师急速开抵小陶。在永安马洪与连城一线构筑碉堡,逐步向西推进。8月3日,为切断敌人西进路线,迟滞敌人向中央苏区核心区域的进攻,并接应红9军团返回中央苏区腹地,林彪、聂荣臻奉命率红1军团和红15师(少共国际师)从江西开赴小陶地区作战。8日,红1军团与红15师在小陶、洪田附近汇合,隐蔽集结于洪田、小陶以东之高地,林彪、聂荣臻将红1军团指挥部设在洪田的马洪村安顺堂,在此指挥红1军团和红15师在小陶地区的阻击战。12日至22日,红军在矮岭、白粉山、衙岭一线与敌展开激烈战斗并占领洪田马洪渡口,掩护红9军团转运资财。23日,红军完成阻击任务,全部撤出洪田、小陶地区,向中央苏区腹地转移。

五、刘伯承在三明

1932年1月,刘伯承进入中央苏区,任红军学校校长兼政治委员。同年6月,兼任瑞金卫戍司令。10月,任中央革命军事委员会总参谋长。10月中旬,参加红一方面军总部在广昌召开的军事会议,与红一方面军代总政委周恩来、总司令朱德共同研究制定了《红一方面军战役计划》。16日,红一方面军按计划从广昌兵分五路向建宁、黎川并进,发起建(宁)黎(川)泰(宁)战役,18日击溃建宁守敌周志群第2团,占领建宁县城,刘伯承与朱德、周恩来、王稼祥等领导人和中革军委、红一方面军总司令部、总参谋部、总政治部进驻建宁。同日,红3军团击溃黎川守敌许克祥部,进占黎川县城。次日,红22军击溃泰宁守敌周志群两个团,夺取泰宁县城。红一方面军两天攻克三个县城,取得了中央苏区北线大捷。随后红一方面军和红22军乘胜追击,连克邵武、光泽、将乐、顺昌等地。11月,在建宁接任叶剑英的红一方面军总参谋长职务。之后参与指挥了金(溪)资(溪)战役和第四次反"围剿"作战,攻克金溪、资溪、贵溪等县城,在闽赣边界和信(江)抚(河)间开辟了大片新苏区,粉碎了敌人的第四次"围剿",巩固了中央苏区东北翼,实现了中央苏区与闽北、赣东北苏区连成一片,为建立中央苏区闽赣省奠定了基础。

六、罗荣桓在三明

1929年3月,红4军首次由赣入闽。4月,红4军在长汀将所属各团改编为3个纵队,罗荣桓任第3纵队9支队党代表。5月,红4军第二次入闽。8月,为粉碎蒋介石对闽西苏区和红军的第一次"三省会剿",朱德率领红4军第2、第3纵队出击闽中。20日,部队经漳平县境的厚德进入大田县的武陵安。21日经大石、福塘到达大田城郊玉田。在攻打县城受挫后,转返石牌隔老街和老厝坪宿营。因闽中群众基础不好,加之红军因暑热和长途行军,军中疾病流行,红4军决定返回闽西。22日红4军离开玉田经半岭到达屏山村,23日向洞口一带进发,24日离开大田县境折到永春一都的福鼎村。30日再克漳平,9月6日攻占龙岩,在白沙与第1、第4纵队会合。罗荣桓参加这次出击闽中的军事行动。

1929年底,蒋介石对闽西根据地发动第二次"会剿"。1930年1月初,红4军决定离开闽西,重返赣西南,由朱德率主力第1、第3、第4纵队先行向北线出击入赣,毛泽东率第2纵队断后,掩护主力转移。这时,毛泽东改组了第2纵队的领导机构,调罗荣桓任纵队政治委员。1月7日,第2纵队完成阻击任务,在毛泽东的率领下离开古田向赣南转移。14日,第2纵队由连城县姑田进入清流县,后经清流县的余家畲、梦溪、吴坊、桥头、沙芜塘、余朋、芹溪、林畲、归化县的盖竹洋、张地、张良、雷西、盖洋、村头,宁化县的青瑶、罗坊坝、泉上、泉下、豪亨、庙前、大岭,17日到达宁化的水茜。18日,从水茜分2路向江西进发,一路上毛泽东率领红4军第2纵队,经安寨、大洋、岩前、安远、肖坊、营上、吴家,19日进入江西广昌县。另一路经建宁县的半寮、洋坑、龙头、伊家湾、笔架、高岭、山下、中畲,1月下旬进入广昌。

1930年6月,红4军第三次由赣南进入闽西,并在长汀与赣南红6军、闽西红12军整编成立红1军团,罗荣桓代理红4军政治委员。8月,红1军团与红3军团在湖南浏阳县永和市会师后,红1、红3军团合编成立红一方面军,罗荣桓任红4军政治委员。

1931年5月,罗荣桓与林彪率红4军参加第二次反"围剿"。5月27日,红军攻克广昌城。28日,在广昌参加红一方面军总前委第三次会议,参与研究攻打建宁计划。

1932年1月,重建红1军团指挥部,林彪任红一军团军团长,罗荣桓任军团政治部主任兼红4军政治委员。

1932年10月,罗荣桓参与指挥了建黎泰战役的建宁战斗。10月16日,罗荣桓和军团长林彪、军团政治委员聂荣臻率红1军团从广昌头陂分两路向建宁开进,17日红1军团进入建宁,18日到达建宁城附近。18日下午,红1军团向建宁城发起进攻,击溃守敌周志群部第2团,占领建宁城。与此同时,红3军团占领黎川城。红22军于19日占领泰宁城,继而又占领邵武、光泽二城。21日,敌重兵向黎川反扑,红3军团主动撤出黎川城。23日,黎川城为敌所占。10月下旬起,红1军团离开建宁,协同红3军团在黎川附近作战,打击向黎川南部"进剿"之敌。11月3日,红1、红3军团重占黎川城,结束建黎泰战役。之后,又参与了金(溪)资(溪)战役和第四次反"围剿"战斗。

1933年4月,罗荣桓调任江西军区政治部主任。后又调任中央革命军事委员会总政治部巡视员、动员部部长。7月,兼任总政治部扩大红军突击队总队长。1934年9月任红8军团政治部主任。1934年10月参加长征。

第七章　三明红色文化旧址

三明是著名的革命老区，全域属原中央苏区范围。中央红军自1929年进入三明地区，驻扎时间长达5年，留下红色文化遗址遗迹353处。目前，全市列入文物保护范围的红色文化遗址共有229处，其中全国重点文物保护单位1处、省级文物保护单位31处、县（区）级文物保护单位127处、第三次全国不可移动文物普查文物登记点70处。每一处遗址的背后都有一个个英雄的背影，都有一段可歌可泣、感人肺腑、催人奋进的英雄故事。

一、建宁县

建宁县位于福建省西北部，地处海峡西岸经济区，闽西北、武夷山麓中段。建宁是"中国建莲之乡""中国黄花梨之乡""中国无患子之乡"和省杂交水稻育种基地县，福建省的母亲河闽江的发源地，中央苏区县之一，享受西部地区政策优惠待遇。

土地革命时期，建宁是中央苏区重点县之一，是中央苏区重要的东北门户和红军出击闽中、闽北、赣东北的前进基地，中央苏区的5次反"围剿"均与建宁有关，建宁在中央苏区的创建发展和历次反"围剿"战斗中都发挥了独特而重要的作用，是第二次反"围剿"的完胜之地、第三次反"围剿"的准备决策之地、第四次反"围剿"的指挥中心和前进基地与战略后方、第五次反"围剿"的重要防线和战场。红一方面军领导机关两次进驻建宁，并在此组建了红一方面军无线电总队和红1、红3军团山炮连，毛泽东、朱德、周恩来、彭德怀等一大批我党我军的革命领袖和高级将领都在这里留下了奋斗的足迹，中央主力红军红第1、3、5、7、9军团都在这里战斗过。红一方面军领导机关（总前委、总司令部、总政治部）两度进驻建宁县城，在建宁县城形成了2处旧址：红一方面军总前委、总司令部旧址暨毛泽东朱德旧居和红一方面军总政治部旧址暨周恩来旧居。

中央苏区反"围剿"纪念园位于建宁县城区北部建宁县溪口镇溪口社区溪口街49号。

1959年7月,建宁将红一方面军总司令部、总前委旧址暨毛泽东、朱德旧居辟为"建宁革命纪念馆"。1977年,修复了红一方面军总政治部旧址暨周恩来旧居。2006年,建宁县委、县政府以红一方面军领导机关两处旧址为核心,兴建全国首座"中央苏区反'围剿'纪念园"。纪念园占地4.5万平方米,2008年8月建成开园。园内纪念设施包括红一方面军领导机关旧址、中央苏区反"围剿"陈列馆、建宁民俗陈列馆、大型群雕"红军颂"。

中央苏区反"围剿"纪念园

红一方面军总政治部旧址暨周恩来旧居位于建宁县濉溪镇新生社区民主街12号,位于建宁县政府大院北侧与中山北路9号荷花大酒店南侧的结合部,原为旧县衙后院。

1932年10月,红一方面军在朱德、周恩来的指挥下,趁国民党第四次"围剿"部署未完成之际发起建黎泰战役,于18、19两日连克建宁、黎川、泰宁三座县城,恢复和巩固了建黎泰苏区。18日攻克建宁后,周恩来、朱德、王稼祥率红一方面军总政治部、总司令部、中革军委进驻建宁,将总政治部设于旧县衙后院,周恩来也住在这里从事革命实践活动长达一年多。楼上大厅为会议室,楼上东侧前部大间为周恩来办公室兼卧室。在1932年10月到1933年底的一年多时间里,周恩来虽不时到前方指挥红军作战,但红一方面军总政治部基本都设在这里。

红一方面军总政治部旧址暨周恩来旧居

周恩来在这里指挥红一方面军恢复巩固了以建宁为中心的建黎泰苏区,在中国土地革命战争中具有十分重大的意义。建黎泰苏区作为中央苏区的东北门户和联结闽浙赣苏区的交通枢纽,作为中央红军向闽北、闽中方向发展的前进基地和战略补给后方,在第四次反"围剿"、红军东方军入闽作战、第五次反"围剿"中发挥了特殊作用。

第七章　三明红色文化旧址

该旧址坐北朝南,是一座带回廊的两层木构的白灰墙楼房,俗称"小白楼",由长廊、前后庭院、后厅、前厅等组成,建筑面积403.85平方米,院落占地面积832.75平方米。

红一方面军总政治部旧址暨周恩来旧居于1985年10月被福建省人民政府公布为省级文物保护单位。

红一方面军总前委、总司令部旧址暨毛泽东、朱德旧居

2006年5月,被国务院公布为全国重点文物保护单位。2009年5月,被中共中央宣传部公布为全国爱国主义教育示范基地。

红一方面军总前委、总司令部旧址暨毛泽东、朱德旧居位于建宁县溪口镇溪口社区溪口街49号。

1931年5月16日至31日,毛泽东、朱德率领红一方面军采取"诱敌深入,避强打弱,在运动战中歼灭敌人"的方针,自江西富田一路向东横扫700里至福建建宁,取得白云山战斗、白沙战斗、中村战斗、广昌战斗、建宁战斗的胜利。五战五捷,歼敌3万余人,缴获枪械2万余支,痛快淋漓地粉碎了国民党的第二次"围剿"。

1931年5月31日,毛泽东、朱德率领红一方面军歼灭建宁守敌刘和鼎56师7000余人,解放了建宁城,彻底粉碎了蒋介石发动的第二次"围剿"。当晚,朱德总司令、毛泽东总政委率领红一方面军总司令部、总前委进驻溪口天主教堂。他们在这里开展了许多重要的革命活动,开辟了建(宁)黎(川)泰(宁)革命根据地;毛泽东满怀豪情地写下了《渔家傲·反第二次大"围剿"》,真实反映了工农红军"七百里驱十五日,赣水苍茫闽山碧,横扫千军如卷席"的辉煌胜利;毛泽东在这里多次主持了总前委会议,并分别给闽赣边界工作委员会、红12军、红35军军委签发了三封重要指示信;毛泽东还在此总结了前两次反"围剿"的胜利经验,制定了第三次反"围剿"的战略决策——千里挥师赣南,亲笔起草了反第三次大"围剿"的动员手令。7月11日,毛泽东、朱德率红一方面军总前委、总司令部撤离建宁,挥师赣南参加第三次反"围剿"。

1932年10月16日,红一方面军在代总政委周恩来、总司令朱德领导下从广昌发起建(宁)黎(川)泰(宁)战役,于18、19两日连克建宁、黎川、泰宁三座县城。10月18日攻克建宁县城后,周恩来、朱德、王稼祥率红一方面军总政治部、总司令部、中革军委进驻于此。不久,为方便工作,周恩来和总政治部、王稼祥和中革军委移驻建宁城内,

161

朱德和总司令部仍驻扎于此。

红一方面军总前委、总司令部旧址暨毛泽东、朱德旧居原为天主教堂。20世纪20年代末由德国传教士购民房改建而成。旧址为砖木结构,坐西朝东,分前后两部分,前部为两层楼房,后部为礼堂。礼堂北侧有1个防空洞和1口水井,总占地面积1500平方米。

红一方面军总前委、总司令部旧址暨毛泽东、朱德旧居于1985年10月被福建省人民政府公布为福建省文物保护单位。2006年5月被国务院公布为全国重点文物保护单位。1997年6月,被中共福建省委、省人民政府公布为福建省爱国主义教育基地。2009年5月,被中共中央宣传部公布为全国爱国主义教育示范基地。2009年9月,被中共福建省委党史研究室公布为福建省党史教育基地。

中央苏区反"围剿"陈列馆占地面积1000平方米,建筑面积为3000平方米,陈展面积2000平方米,展线350米,展出革命文物114件、图片348张。陈列展共分七大部分:闽山赣水红一角、前头捉了张辉瓒、横扫千军如卷席、千里挥师歼顽敌、四破铁围奇中奇、残阳如血染征程、苏区精神永传扬。大型群雕"红军颂"分五个主题:浴血奋战,攻城克坚;前赴后继,勇战顽敌;高瞻远瞩,运筹帷幄;发展生产,踊跃支前;战略转移,送别红军。陈列馆全面再现了中央苏区军民反"围剿"战争的壮阔历史画卷,以及英勇顽强的战斗精神。

中央苏区反"围剿"陈列馆大型群雕红军颂

中央苏区反"围剿"纪念馆于2009年5月被中共中央宣传部公布为全国爱国主义教育示范基地。2009年9月,被中共福建省委党史研究室公布为福建省党史教育基地。2007年11月,被福建省人民政府公布为福建省国防教育基地。2011年1月,被中共福建省纪律检查委员会和福建省监察厅公布为福建省廉政教育基地。

二、宁化县

宁化县，地处福建省西部、武夷山脉东麓，为闽赣两省交界县之一，紧邻江西石城、广昌县。宁化县是第二次国内革命战争时期21个原中央苏区重点县，是中央红军长征4个起点县之一，被誉为"苏区乌克兰"。

宁化革命纪念馆

宁化革命纪念园坐落于城区的北山公园内，面积5万平方米，它集古宁化微缩风景和革命历史文物于一体。园区内包括宁化革命纪念馆、革命烈士纪念碑、毛泽东《如梦令》铜像、《军号嘹亮》主题雕塑、宁化博物馆等馆所，所陈设和展列的大量革命历史文物和革命遗迹，充分展示宁化是中央苏区县、红军长征起点县、中央苏区"乌克兰"、"扩红模范区乡"等史实。庄严雄伟的革命烈士纪念碑，无声地诉说着当时宁化13万人口就有13777人参加红军、6600人为革命牺牲的壮烈故事；革命纪念馆内陈列着的国家一级文物——全国唯一保存完好的红军"军号谱"，以及梭镖长矛、土枪土炮、号角大刀等其他革命文物，还介绍了众多革命烈士的英勇事迹；宁化博物馆的件件文物，无不反映宁化客家祖地的文明古老和极深的文化底蕴。还有明代"鲤鱼跳龙门"壁雕、古宁化微缩景观寿宁屋桥等。园区内湖光山色，树影婆娑，融古代建筑与现代园林于一体，风采别具，它是人们接受爱国主义教育和革命传统教育的基地。

该园于2002年被命名为省级爱国主义教育基地，2004年被命名为省级国防教育基地，2008年被中央列入全

宁化革命纪念园——《军号嘹亮》主题雕塑

陈塘红军医院旧址外景

国百个红色旅游景区名录。

第三次反"围剿"战役胜利后，宁化苏区成为中央苏区的重要组成部分，也是中央苏区的战略大后方。1932年春至1934年冬，中央及地方红军驻宁化部队，在其境内设立了中央红色医院第四医院及其分院、野战（临时）医院、诊疗所等20多所医疗机构。各医院(所)克服缺医少药、医疗条件差等困难，救治了大量红军、游击队伤病员，为保障红军、游击队战斗力做出了重要贡献，有力地支援了革命战争。

红军后方医院旧址群主要包括城关红军医院旧址、陈塘红军医院旧址、红军独立第7师救护所旧址、石下红军医院旧址、沙罗坝红军医院旧址、巫坊红军医院旧址及宁化红军医院纪念园等。

宁化县第一次工农兵代表大会暨中共宁化县委、县苏维埃政府旧址刘氏家庙位于宁化县淮土乡淮阳村南大街97—102号。

第三次反"围剿"战役胜利后，宁化成为中央苏区的重要组成部分。为巩固宁化苏区，实行工农武装割据，在党的统一领导下，加快了宁化建党建政步伐。1931年10月，中共宁清归工委从曹坊上曹迁驻淮阳刘氏家庙，筹备召开宁化县第一次工农兵代表大会。

1931年11月中共闽粤赣省委委员、闽西苏维埃政府主席张鼎丞亲率工作团进驻宁化淮阳，指导建党建政和建立地方武装工作。在张鼎丞同志的亲自指导下，宁化县第一次工农兵代表大会在宁化县淮阳区淮阳乡（今淮土乡淮阳村）刘氏家庙顺利召开，张鼎丞同志在会上做了重要讲话。出席这次大会的代表100多人(其中妇女代表2人)，大会选出执行委员30多人，主席团成员15人，大会选举曹正刚为宁化县苏维埃政府主席，张恩崇、张邦富为副主席，下设军事部、财政部、土地部、劳动部、文化部、粮食部、裁判部、内务部、保卫局等工

宁化红军医院旧址——谢氏祖祠

作部门,中共宁化县委、少共宁化县委一并成立。宁化红色政权的建立,标志宁化苏区进入全盛发展时期,开始了宁化苏区红色执政的预演。至此,党对宁化苏区的工农武装割据局面正式形成。

宁化县第一次工农兵代表大会暨中共宁化县委、县苏维埃政府旧址原为刘氏家庙,占地面积

宁化县第一次工农兵代表大会暨中共宁化县委、县苏维埃政府旧址

1342平方米,是清朝后期所建客家古建筑,为带封火墙硬山顶砖木结构,围墙局部损坏改为砖混结构,整体建筑保存较好。2008年内设《淮土革命历史陈列室》,陈列淮土革命历史。上厅右壁挂有1幅会场场景油画。

宁化县第一次工农兵代表大会暨中共宁化县委、县苏维埃政府旧址刘氏家庙于2001年12月被宁化县人民政府公布为宁化县文物保护单位;2009年12月,被福建省人民政府公布为福建省级文物保护单位。

三、永安市

永安市位于闽中偏西,东靠大田县,西邻连城县,南毗漳平市,北与明溪县、三元区接壤,曾获"中国魅力城市""中国优秀旅游城市""国家园林城市""国家科技进步先进市""全国双拥模范城市""全国绿色小康县"等称号,2015年被列为第二批国家新型城镇化综合试点地区。

土地革命时期,永安为红4军"筹款区域",被苏区中央局称为"根据地",被共产国际远东局指定为红3军团"作战基地"。

永安是闽西革命根据地的一部分,是中央革命根据地的重要组成部分。永安抗战文化是中国东南抗战文化的一面旗帜,是中国抗战文化四大中心地之一。

永安小陶革命旧址群位于永安市小陶镇,距县城50公里。小陶在福建革命斗争中留下了光辉壮丽的篇章。从1929年8月起,红军就在小陶进行长达数年的革命斗争。红军深入发动群众,成立了永安市乡村第一个党支部,建设苏维埃政权。特别值得一书的是北上抗日先遣队与护送的红9军团在此会合,掀起了小陶革命斗争的红色

浪潮;三年游击战争期间,以方方领导的红9团在艰难困苦的环境下,采取灵活机动的战略战术,在小陶坚持战斗,最终取得三年游击战争的胜利。小陶是闽西北为数不多的红旗不倒的革命根据地。

永安小陶革命旧址有:宁西区、张家山乡苏维埃政府旧址,闽西南军政委员会主席张鼎丞旧居,红军练兵场遗址,红军联络站旧址;小陶村树荆堂北上抗日先遣队指挥部旧址,石峰村北上抗日先遣队旧址,红9军团指挥部旧址;白粉山、衙岭、矮岭战场遗址;石峰村红1军团红2师驻地旧址,红军医院旧址等,同时还有大量的红军标语。

宁西区、张家山乡苏维埃政府旧址

闽西南军政委员会主席张鼎丞旧居

永安抗战文化旧址群大部分集中在吉山村,吉山是福建省首批历史文化名乡,它位于永安城区西南郊5公里处。小村依山傍水,树木葱郁,景色宜人。吉山历史上经济繁荣,文风鼎盛,400多人的小村兴盛时建有9个书院,清代先后出了192个秀才、举人、进士。一色的青砖瓦房,高大敞亮;一色的鹅卵石甬道,曲折幽静。

抗日战争期间,在这片宁静的土地上,曾经活跃着大批文化名人,团结在中国共产党抗日民族统一战线大旗下,以笔作枪,开展轰轰烈烈的抗战进步文化活动,为推动抗日救亡运动、繁荣东南文化做出了重大贡献,其历史地位和影响在当时的国统区仅次于重庆和桂林。目前,这里保存下来的抗战文化遗址有40多处,除中国国民党直属台湾党部旧址与省立师范学校、省政府办公厅旧址

永安红军一军团二师驻地旧址——瓦窑头厝

不在吉山外,其余都集中在吉山村,如羊枣被捕处、省主席公馆、省教育厅办公处(刘家祠堂)、省高等法院及最高法院闽浙赣分庭、省立永安中学校址(东方月)等,成为弥足珍贵的历史见证。

2005年,中共永安市委、永安市人民政府投资30多万元将吉山挹秀楼开辟成永安抗战文化名人馆,以图片、文字和实物的形式介绍了在抗日战争时期为永安的抗战事业做出贡献的45位名人,还整修了22座抗战遗址及古民居。

红军北上抗日先遣队指挥部旧址——树荆堂

文庙始建于明景泰六年(1455年),清代以前的400多年间是祭拜孔子的圣殿,也是全县唯一的官办儒学。民国初期,永安县第一所新式国民教育学校诞生在这里。抗战初期,福建省立师范学校将文庙作为校址。1939年5月,永安城内遭日机第3次轰炸,学校搬迁大湖。随之,福建省国民政府办公厅、省民政厅、福建省政干团、福建省水利处、三

红9军团指挥部旧址

青团福建分团部等省直单位相继进驻文庙办公，直至抗战胜利迁回福州。期间，永安文庙始终作为省政府的政治中心。1949年新中国成立后至70年代初，文庙一直是永安专署、永安县人民政府所在地。

永安抗战文化遗迹

文庙占地面积10000平方米，建筑面积2300平方米。文庙内现设永安抗战文化陈列馆和永安儒家文化陈列馆两个基本陈列。文庙于1985年12月被永安市人民政府公布为永安市文物保护单位。2005年5月，被福建省人民政府公布为福建省文物保护单位。2005年6月，被中共三明市委、市人民政府公布为三明市爱国主义教育基地。2005年6月，被中共永安市委、永安市人民政府公布为永安市爱国主义教育基地。2007年11月被福建省人民政府公布为福建省国防教育基地。2009年9月，被中共福建省委党史研究室公布为福建省党史教育基地。

1941年2月，以台胞为主的"台湾革命同盟会"成立，吸纳和联合多个台胞团体。不久又更名为"台湾党部筹备处"，部址初设香港，后移广东。1943年春，为加强工作，国民党中央直属台湾党部正式成立，翁俊明为主任委员，林忠、丘念台、郭天乙、谢东闵等5人为委员，党部设福建漳州，派员驻台湾岛内，负责督导，并在东南要港设立交通联络站，为岛内外工作联系之枢纽。同年11月，为了便于进一步开展工作，台湾党部迁址战时省会所在地永安文龙村的复兴堡内。直到1945年10月抗战胜利，该党部在复兴堡工作、生活整两年。1945年11月2日，台湾党部全体人员赴台工作。

复兴堡建于清中晚期，坐西朝东，占地面积1979平方米，建筑面积1467.86平方米。堡高8米，墙厚1.7米，土木结构，内回廊宽1米，绕堡一周，中轴线两侧各建有一座一进三路建筑。

中国国民党直属台湾党部旧址复兴堡于2009年11月被福建省人民政府公布为福建省文物保护单位。

土地革命战争时期，中央红军曾多次进入洪田开展革命活动，并在此驻扎。1934年8月，为迟滞国民党军队向中央苏区核心区域的进攻，红1军团奉命实行东线防御作战——小陶战斗。8月6日，红15师(即少共国际师)由石城、宁化、清流到永安安

中国国民党直属台湾党部旧址复兴堡

砂,旋抵洪田苦竹,所部分别向大炼、上吉运动;8日,红1军团主力由四堡经嵩口坪进入现永安罗坊、小陶石峰、小磉、苦竹、大寨,红1师迅速占领小陶与洪田交界的石莲山及周围高地;10日,红2师主力由石峰进入洪砂。红15师(即少共国际师)指挥部设于此,并留有大量的红军标语,后山还有战壕遗址。

少共国际师指挥部旧址逢源堂原为洪田马洪上坪自然村廖氏祖房,修建于同治十年(1871年),属闽西风格,为三堂六厅,两书院,四横厢,两大坪。大屋坐西向东,总建筑面积达5亩。

少共国际师指挥部旧址逢源堂于2011年10月被永安市人民政府公布为市级文物保护单位。

土地革命战争时期,红军曾几度进入青水畲族乡开展革命活动,并留有大量的红军标语。1934年7月,按照中革军委决定,由红7军团改编的以寻淮洲、乐少华、粟裕率领的红军北上抗日先遣队共6000余人,在红9军团4000余人的护送下,经小陶、洪田、西洋等地,于7月20日进入青水境内驻扎并

少共国际师指挥部旧址逢源堂

开展革命活动,宣传北上抗日,开展打土豪、分田地活动,掀起了红色革命斗争浪潮,而后挥师北上。7月29日,红9军团又一次进驻青水6天。

青水畲族乡红军驻扎旧址主要有光前堂、兴灵宫、东发堂、龙昌坊、龙长坊、龙德堂、福临堡、鸾凤坊等处。

龙长坊——红军驻扎旧址

福临堡——红军驻扎旧址

四、明溪县

明溪县史称归化,1933年更名明溪,位于福建省西北部、武夷山东麓,东邻三明市三元、梅列区和沙县,南毗永安,西接清流、宁化,北界将乐、泰宁、建宁。为中央苏区县。有君子峰国家级自然保护区,生态系统复杂多样,生物多样性丰富。

1931年6月20日至22日,红4军总前委先后召开扩大会议、常委会和第九次会议,研究有关军需方面工作,要求红军主力部队向闽西北移动,迅速分散筹款110万元,指示"红4军(缺一师)取道沙县分散筹款,然后分兵归化、永安两县筹款,数额40

万元"。按照部署,红4军以明溪、清流和连城3县为工作区进行筹款。下旬,红4军13师进入明溪西南的胡坊、冯厝、柏亨、福西、下汴、余坊、岩前和沙溪等地开展筹款活动,同时发动群众,开展"不完粮,不完土豪的债"的抗租抗高利贷斗争,并指导当地党组织建立政权工作。期间,红4军13师宋任穷部39团将团部设在胡坊老街苏家大院。

红4军13师39团团部驻地苏家大院,坐南朝北,平面呈长方形,由北向南依次为围墙、院坪、上厅、花台等组成的砖木结构清代建筑。通面阔18.45米,通进深18.6米,占地面积约325平方米。主体建筑上厅面阔三间,进深七柱,穿斗式木结构,悬山顶。下厅面阔三间,进深三柱。地面均由青砖、石板条铺筑。左边有列护厝,有过水亭与主屋相连。

红4军13师39团团部旧址苏家大院

红军战地医院旧址位于明溪县城关乡坪埠村西北处。

1930—1934年冬,红军在明溪县开展革命斗争,设立多处红军医院。1931年1月,红军新编第7师后勤部医院设在枫溪村杨公庙,备有简易的病床。7月,红4军和红3军团在雪峰谢厝湾祠堂设立红军临时医院,伤病员100余人。1932年12月,红军在城西陈家大厝(今陈家巷内)设红军医院。1933年夏,红军在城西曾家(今县宾馆)设一所医院,有医务人员30多人,病床20余张,当年冬,医院随军撤离。1933年8月,红军东方军在儒学街李家大厝、东门城内杨家大厝、西门外蔡家大厝设红军临时医院,有伤病员300余人。1934年年初,红军东方军经县城、夏阳到沙县攻打国民党第52师卢兴邦部时,设立了滴水岩、城西李家大厝(今农业银行处)、陈家大厝等临时医院,有伤病员250余人。1月25日,红军在沙县俘获敌军伤病员540人,送明溪治疗。同年10月,闽赣省机关和军区在枫溪乡杨公庙设红军临时医院,伤病员约120人。主力红军转移后,红军医院随军撤离。

红军医院一面承担军队中的治病、治伤工作,还兼负宣传工作,以"救死扶伤"为宗旨,免费为地方群众治病,开展卫生防疫运动,每周大扫除一次,要求厅堂睡觉的地方不要放灰粪,公共场地、水沟轮流扫除、疏通。

红军战地医院旧址为坐北朝南、占地面积5000平方米的石灰岩溶洞。洞内外有石刻30余处。洞口峭壁顶端有明代名人摩崖石刻"玉虚洞天""奇境天开""玉宇天浆"等大字。

为了纪念红军战地医院所做出的历史贡献,中共明溪县委、明溪县人民政府在滴水岩树立石碑,铭文"红军战地医院"。

红军战地医院旧址于1987年4月被明溪县人民政府公布为文物保护单位。1995年11月被中共明溪县委、县人民政府公布为明溪县爱国主义教育基地。

滴水岩

五、清流县

清流县位于福建西部,武夷山南侧,东接永安市、明溪县,西连宁化县东部,南与连城、长汀县接壤,北与宁化县南部、明溪县相邻。全县已初步形成"一湖"(九龙湖)、"一洞"(九龙洞)、"二泉"(温泉、冷泉)、"三山"(大丰山、灵台山、北斗山)、"四景"(毛泽东旧居、景秀园林、玄武岩、赖坊古民居)的温泉生态旅游格局。

清流苏区始建于1930年。是年1月,朱毛红军首次进入清流,播撒革命火种。3

月,闽西第一次工农兵代表大会召开,推动了清流革命斗争的发展。5月,王仰颜率领汀东游击队长途奔袭清流,首次解放清流县城,并在城关驻扎三日,宣传发动群众,进一步扩大了红军的影响。直到1934年底,清流先后进驻众多红军部队。为了宣传苏区政策及政治主张、唤醒民众、鼓舞红军战士斗志,红军各部在清流城内书写了大量的宣传标语。

清流红军标语是清流县革命斗争的历史见证,它真实地记录了清流县1930—1934年间工农红军的革命活动,反映了那一特定历史时期的时代风貌。清流县境内发现的红军标语旧(遗)址共13处,标语113条,漫画1幅。分布在清流城关(龙津)及嵩溪、林畲、里田、长校、田源、赖坊等7个乡镇。

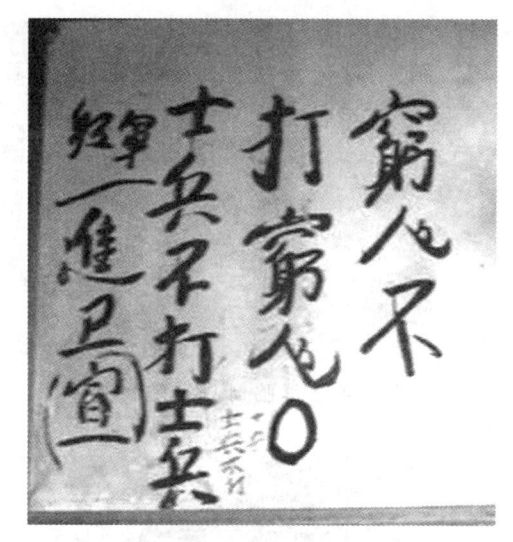

红军标语

林畲革命旧址群散布于清流县林畲乡。

1930年1月,古田会议胜利召开之后不久,为打破国民党反动派对闽西苏区的第二次三省"会剿",毛泽东和朱德率领红4军4个主力纵队从闽西古田出发,分路途经连城、清流、归化、宁化等县,挥师赣南,转战江西。毛泽东和总前委率红4军第2纵队,转道清流,来到林畲,夜宿林畲。嗣后,1931年6月中下旬红4军第11师曾士峨、罗瑞卿部先后解放了林畲、蛟石等地区,帮助建立起林畲、孙坊、石下等乡苏维埃政权,还在此创办了工农夜校,传授革命道理,以唤醒工农群众。1933年7月底红军东方军彭德怀、滕代远部和福建军区独立第7师等部也在这一地区活动、驻防,并在此开办了红军医院。红军队伍的多次进入、驻扎,在林畲留下了大量的革命遗址。现林畲主要革命遗址有红军临时战地医院、红军工农夜校旧址、红军井、红军桥、毛泽东旧居、革命烈士墓等。

朱德旧居豫章公庙位于清流县里田乡里田村。

1930年1月,古田会议胜利召开之后不久,为打破国民党反动派对闽西苏区的第二次三省"会剿",毛泽东和朱德率领红4军从闽西古田出发,分路途经连城、清流、归化、宁化等县。其中朱德于1月9日率红4军第1、3、4纵队由连城北团进入清流的李家寮,翻越鳌峰山后,经嶂下、留坑、江坊、长校等地抵达里田,当夜宿营于里田村。朱德就住在豫章公庙内。这天晚上,朱德还在庙里主持召开了军事会议,研究制定奇袭妄图凭险阻止红军前进的锅蒙山守敌方案。翌日凌晨,趁天色未明之际,朱德指挥红

林畲乡红军临时战地医院　　清流县林畲乡毛泽东旧居"诒燕第"

清流县林畲乡红军井　　朱德旧居豫章公庙

军将士按既定方案向锅蒙山守敌马鸿兴部发起猛攻,经数小时激战,红军取得战斗胜利,共歼敌600余人,并缴获大量枪支弹药。战后,红军马不停蹄地向宁化挺进,并一鼓作气攻占了宁化县城。

朱德旧居豫章公庙,始建于宋仁宗年间。明万历年间扩建后改称为"豫章公庙"。历史上曾屡经兴废,几毁几建。又因地处山凹,故俗称"凹头庙"。现保存完好。

罗炳辉旧居位于清流县里田乡里田村罗氏家庙。

1930年6月至1931年1月间,罗炳辉曾多次率领红12军进入清流里田、田口、长校一带活动,并先后帮助建立起荷坑、下谢、长校、江坊、黄石坑等乡苏维埃政权和里田区苏维埃政权。在此期间,他曾多次入驻里田罗氏家庙,并在此领导开展对敌斗争和帮助地方建党、建政及分田分地工作。1931年2月,红军取得第一次反"围剿"斗争胜利后,罗炳辉再次率部进入宁化西南部,并分兵直入清流、归化。在清流期间,他仍居罗氏家庙。

罗炳辉旧居原为里田罗氏家庙,清乾隆四十九年(1784)建,坐西北朝东南。前坪广,门楼高大,由上、下二厅组成,为单进砖木结构建筑,面阔3间,进深6柱,面积

罗炳辉旧居

399.64平方米。该遗址保存较好。

罗炳辉旧居于2009年11月被福建省人民政府公布为福建省文物保护单位。

六、大田县

大田,别称"岩城",位于福建省中部,戴云山脉西侧,周边与德化、永春、漳平、永安、三元、沙县、尤溪相毗邻。大田县矿产资源得天独厚,被誉为"闽中宝库"。

1942年2月,根据中共福建省委的指示,大田党组织在大田武陵西河祠召开会议,将中共大田县委改建为中共闽中工委,书记林大蕃(兼组织部部长),宣传部部长张羽,青年部部长林志群,统战部部长肖冠槐,武装部部长林达光。中共闽中工委隶属中共福建省委,下辖大(田)永(安)宁(洋)边委,大(田)漳(平)边委,大(田)永(春)德(化)边委,大田城关、汤泉两个直属区委。西河祠是闽中工委成立地点和主要活动地点,多次举行重要会议,领导革命活动。

在闽中工委领导下,大田党组织和游击队发展较快,党员数达142名,游击队员80多名。活动范围也相应扩大到漳平、宁洋、永安、南平、尤溪、德化、永春等县边境地区,并建立了4块游击根据地。

中共闽中工委会址于1998年重修,现保存完好。该会址为清代建筑,二进重檐歇山式结构,坐东北朝西南。由围墙、内空坪、下堂、中天井、正堂及两侧厢房组成;正堂面阔3间,进深7柱;总占地面积604平方米。会址内现设有中共闽中工委活动图片展及内容简介,并有专人管理。

中共闽中工委会址全景

中共闽中工委会址于1991年1月被大田县人民政府公布为大田县文物保护单位;2004年9月,被中共大田县委、县人民政府公布为大田县爱国主义教育基地;2005年7月,被中共三明市委、三明市人民政府公布为三明市爱国主义教育基地;2007年12月,被福建省人民政府公布为福建省国防教育基地。

红4军指挥部旧址暨大田中央苏区陈列馆位于大田县均溪镇玉田村36号。

土地革命战争时期,毛泽东、朱德率领红4军入闽,开辟闽西革命根据地,建立各级苏维埃政权,革命烈火很快烧至大田。1929年8月,为粉碎国民党军对闽西进行的第一次"三省会剿",红4军前敌委员会决定分兵两路,一路留在闽西坚持斗争,另一路由朱德率领红4军第2、第3纵队和军部,进击漳平,转至闽中外线,向敌人兵力薄弱的方向发展,以分散和转移敌军"会剿"闽西的力量。20日,朱德率领红4军第2、第3纵队和前委机关从漳平县境内的厚德进入大田县,开展武装斗争,拓展苏维埃区域。

红4军指挥部旧址暨大田中央苏区陈列馆

1929年8月21日,朱德率领红4军第2、第3纵队3000多人进驻玉田乡,当时部队驻扎在范氏祖祠一带。红4军指挥部旧址设在玉田官厅,当年朱德就在此部署攻打大田县城三个制高点霞山、白岩山、马路岭炮楼的战斗。

红4军指挥部旧址原名为玉田官厅,清朝初年兴建,蜂巢形,木质结构,四扇,厅内有进步台阶。抗日战争时期,集美职业学校内迁大田,官厅是该校的教室,现集美大学陈嘉庚纪念馆内展有官厅照片。

七、尤溪县

尤溪县地处"海西"中心腹地,是四市(三明、福州、泉州、南平)六县(大田、沙县、德化、永泰、闽清、延平区)交接毗邻之地,是三明的东大门,是南宋著名理学家、教育家朱熹的诞生地,是福建省首个获得联合国地名专家组命名的"千年古县"。

尤溪县坂面镇京口村有座旧式民居,前有溪流,背靠山岗,四周绿树婆娑,大门东侧立着一块石碑,上面写着"闽赣省苏维埃政府旧址"。闽赣省苏维埃政府旧址就位于此——尤溪县坂面镇京口村后溪2号。

红军主力长征后,闽赣省面临强敌围攻、斗争环境愈来愈恶化的形势。宁化失守,沙溪战斗失利,红军损失很大。为了从组织和斗争方式上适应游击战争的需要,中共闽赣省委、闽赣省苏维埃政府、闽赣省军区机关共600多人,于1935年4月整体从宁化迁移至尤溪,住在尤溪县坂面镇京口村。闽赣省机关设在京口村后溪自然村,时任省委书记钟循仁、省苏维埃主席杨道明等在此继续领导闽赣省委、省苏维埃政府、省军区和尤溪人民开展革命斗争,使闽赣省的工作得到正常运转,使尤溪的红色政权得到恢复和巩固。

1935年5月,由于国民党反动势力的反扑,国民党第52师包围了闽赣省机关所在地京口村。闽赣省机关600多人在京口村草洋岬与国民党第52师展开激战,由于敌我力量悬殊,战斗失利,大部分同志牺牲了,一部分同志被捕,包括闽赣省委委员方志纯。闽赣省机关突围后,退至尤溪、永泰、德化、仙游交界的紫山。

闽赣省苏维埃政府旧址原为坂面镇京口村张氏民居,这座建筑坐南朝北,始建于民国十六年(1927年),为宅第类木构建筑。民居平面布局呈长方形,通面阔35米,通进深约40米,总建筑面积约1440平方米。走近看,在中轴线上,由北向南依次由前坪、山门、天井、厢房、中堂、上堂、两边护厝以及前后围墙、门前的半月池等附属建筑组成,主体建筑正堂为穿斗式单檐悬山顶木结构。

闽赣省苏维埃政府旧址于2007年3月被尤溪县人民政府公布为尤溪县文物保护单位。2007年10月,被尤溪县委宣传部公布为尤溪县爱国主义教育基地。2007年7月,尤溪县人民政府立碑纪念。

红3军团政治部旧址萧氏大院位于尤溪县梅仙镇梅营村烤坑4号。

1934年1月中旬,红军东方军第二次入闽作战,奉命攻打尤溪县城期间,红军东方军红3军团政治部设在梅营村烤坑4号萧氏大院内,在该民房墙上留下上百幅宣传标语,如"土豪的谷子不要钱发给贫苦工农!""活捉土皇帝卢兴邦消灭地主武装!""红军是工人农民自己的武装,欢迎劳苦工农群众自动来当红军!"等,宣传标语落款均为红军政(宣)、红军乙卫宣。

红3军团政治部旧址原为梅营村萧氏大院,

红三军团政治部旧址

建于清同治年间,坐北朝南,平面呈长方形,通面阔150米,通进深80米。占地面积约1200平方米。中轴线上由南向北依次建有空坪、下堂、天井、上堂以及左边有两幢、右边有三幢横厝。主体建筑上堂单檐悬山顶,面阔5间,进深7柱,为穿斗式结构。下堂悬山顶面阔5间,进深5柱,为穿斗式结构。

红3军团政治部旧址萧氏大院于2007年3月被尤溪县人民政府公布为尤溪县文物保护单位,2007年10月被尤溪县委宣传部公布为尤溪县爱国主义教育基地,2007年7月尤溪县政府立碑纪念。

八、沙县

沙县位于福建省中部,沙县小吃遍及天下。沙县既是苏区也是老区,20世纪30年代,彭德怀、滕代远、杨尚昆等老一辈无产阶级革命家曾率领红军东方军两进沙县,创建沙县苏区。解放战争时期,沙县是闽西北革命斗争的活动中心和主要根据地。

红军东方军司令部旧址兴国寺位于虬城东部,沙溪河畔,坐落于沙县一中校园内。兴国寺始建于唐中和二年(882年),迄今已1100多年,原名中兴寺,宋太平兴国三年(978年),赐额兴国寺。千余年来,其间兴废重修多次。清嘉庆十三年(1808年),该寺毁于火。破壁残垣,风雨沧桑,兴国寺委于蔓草荒烟之中。光绪十四年(1888年),兴国寺重建,改为虬溪试院。民国二年(1913年)改为县立第一高等小学校舍。1951年,沙县一中迁址于此。

1934年1月,红军东方军在司令员彭德怀、政委杨尚昆的率领下,历时半个月之久,攻克了沙县县城。1月25日,红军东方军司令部设在沙县兴国寺。大殿为作战指挥厅,彭德怀、杨尚昆等住在左右厢房。

抗日战争爆发后,省立福州中学、省立医学院等6所学校及其他单位内迁沙县。其中省立福州中学于1938年2月迁址至兴国寺,1939年8月分设省立初级、高级中学。省立高级中学的党员积极开展活动,1940年11月,上级党组织将省立医学院和省立高级中学的党员组合成立沙县工作委员会。1941年,党组织派中共党员陈振先进入省立高级中学就读,组织开展学生运动,出版《文艺专刊》等进步刊物,发动学潮,组织100名学生参加艺术剧团第二大队,深入乡镇宣传演出,掀起抗日救亡运动。1946年春,沙县师范移至兴国寺。1947年3月,徐仁忠在沙县师范发展林伦榕等人入党,成立了沙师党小组。1947年6月,城工部党员何有礼在同在兴国寺办学的沙师附属小学建立了党支部。

红军东方军司令部旧址兴国寺

红军东方军司令部旧址兴国寺现存主殿是单檐悬山式九开间建筑,为福建省内所罕见。木构梁架,雕铭剔透;色彩纷呈,作法规整;布局合理,为典型的宫殿式建筑。大殿面阔九间,大殿中部立封闭式隔断。分前后室。前室进深4间,后室进深3间。大殿总面积588平方米。当年彭德怀拴战马的寺东面的橄榄树,现在长得粗壮茂盛,年年硕果累累。兴国寺曾有一座石碑,为嘉庆十三年(1808年)知县孙大焜所镌立,碑高一米余,上书"寓轩故居"。现只剩断揭残碑,由县博物馆收藏。

红军东方军司令部旧址兴国寺于1984年8月被沙县人民政府公布为沙县文物保护单位;2005年5月,被福建省人民政府公布为福建省文物保护单位;2005年6月,被中共三明市委、市人民政府公布为三明市爱国主义教育基地。

文昌宫位于夏茂东侧山尾仑山麓,茂溪之滨。始建于明代,旨在兴文尚德,激励后人夺取文魁。清嘉庆二十一年(1816年)重修。宫内以碧霄殿和天章阁为主体,碧霄殿为宫殿式,天章阁为宝塔式。天章阁为六角楼阁,分三层厝瓦落水,尤以最高层厝瓦落水度为陡。天章阁造型别致,比碧霄殿高出三分之二。一高一低,错落有致,融为一体。楼阁各翘角形似鸟翼伸展。登上楼廊,四周美景尽收眼底,游人络绎不绝。古时曾为上司官吏到夏茂的寓所。文人骚客登临此地留下不少诗篇。

1927年秋至1928年春,夏茂先后有两批青年学生赴省城福州读书,接受了马克思主义思想教育,部分进步学生官锦铨、姜源舜等在福州先后加入中国共产党。他们利用寒暑假返乡时积极开展革命活动,以夏茂文昌宫、神农祠为秘密聚会地点,组织青年学生、教师、农民举行会议,宣传革命道理,传播马克思主义,并发展洪基等人加入中国共产党。1928年夏,在夏茂建立隶属于中共福建临时省委的沙县地方党组织——中共沙县特别支部,使沙县成为福建省最早建立党组织的县份之一。文昌宫是中共沙县特别支部活动的主要场所。

文昌宫

中共沙县特别支部成立后,积极发动农民群众,建立联系点,负责恢复沙县党组织的联系和打通由沙县到建宁、泰宁苏区的地下交通线,建立由福州到闽北的交通站,配合红军工作,打土豪分田地,筹粮筹款,扩大武装,组织了震撼地方当局的抗卢斗争。1933年8月23日,彭德怀司令员、滕代远政委率领中央主力红军东方军第一次解放夏茂,1934年1月,彭德怀、杨尚昆率领红3军团再次进入夏茂,此地是红军活动的重要基地。

1949年新中国成立前,碧霄殿塑有文昌帝君神像,天章阁塑有魁星像。每年春秋二季本地有功名的文人如举人、贡生、秀才等依例参与祭祀,平时则为文人讲学咏游之所。

历史上文昌宫几经翻修。2002年在碧霄殿东侧新建凌云阁,分几部分介绍了夏茂的人文历史,陈列夏茂著名人物如张廷发将军、厦门大学邓子基教授、省社科院严正院长等人照片和生平介绍及夏茂改革开放建设情况。

文昌宫于1990年被沙县人民政府公布为沙县文物保护单位。

九、将乐县

将乐县位于福建省西北部，是福建省最早建县的七个古县之一。"程门立雪"的典故代代相传。擂茶、龙池砚、西山纸堪称"将乐三绝"。玉华洞有"闽山第一洞"之美誉，素称"八闽四大景观之一"。

红一方面军第1师司令部暨温坊乡苏维埃政府旧址原为温坊村汤氏祖厝，始建于清康熙末年，属清代民居。其建筑坐东南向西北，平面呈拱向长方形，占地面积992.2平方米；由花坛、照壁、天井、门楼、门厅、正堂、神龛及左右护厝组成。主体建筑面阔5间，进深5柱，穿斗式木构架、悬山顶，加前后檐廊，前廊卷棚顶，中间设神龛，左右上方为附设龛。下堂廊二侧辟券仅边门与左右间房相通。该旧址石门框、门厅及正厅两侧墙面上，至今尚遗留多处红军标语。大门石门框上的标语内容为"建立农民工人的政权□□……，要杀尽国民党□□……"；厅堂右侧墙上标语内容为"1、打倒帝国主义；2、打土豪、分田地；3、红军是工农的军队；4、解除□□农□……；5、消灭军阀……；6、共产党是无产阶级政党；7、国民党是资产阶级政党；8、消灭保卫匪团；9、红军反对拉伕子；10、建立苏维埃政府，中国红军第一方面第1师2团第4连士兵宣"。

汤氏祖厝于2009年11月被福建省人民政府公布为福建省文物保护单位。

将乐中央苏区县纪念馆位于将乐县城关滨河北路32号。

将乐红一方面军第1师司令部暨温坊乡苏维埃政府旧址

土地革命战争时期,将乐是中央苏区的重要组成部分。老一辈无产阶级革命家朱德、彭德怀等曾经在将乐战斗和生活过。中国工农红军1、3、5、7、9军团以及红军东方军等部队指战员都曾经纵横驰骋在这块红色土地上。在艰苦卓绝的斗争中,工农红军在这里建立苏维埃政权,组织发动将乐人民打土豪、分田地,参军参战,建立地方武装,为红军筹粮捐款。将乐人民从人力、物力和财力上为红军反"围剿"和实现战略大转移提供了强有力的后勤保障,为中国革命的胜利做出了重大贡献,付出过巨大牺牲。将乐县是1933年6月至1934年2月中央主力红军东方军开辟的新苏区。2008年,中共将乐县委、将乐县人民政府为进一步宣传将乐苏区革命斗争历史,弘扬苏区精神,修建了"将乐·原中央苏区县纪念馆",并于当年9月18日正式对外开放。

将乐中央苏区县纪念馆占地面积200平方米,共设"光照千秋""苏区创建""红色政权""支前运动""分田分地""情系苏区""科学发展""大事纪略"8个主题板块,每个主题板块下设若干小板块,展出实物200余件,图片300多张。

将乐中央苏区县纪念馆于2011年3月被中共将乐县委办公室、将乐县人民政府办公室公布为将乐县爱国主义教育基地。

十、泰宁县

泰宁县位于福建省西北部,武夷山脉中段的支脉杉岭东南,居两省三地市交界处,北靠邵武,东连将乐,南邻明溪,西接建宁,西北紧贴江西黎川。境内存有红军街、东方军司令部、大洋嶂阻击战旧址等革命历史遗迹,2004年被列入全国"百个红色经典旅游景区"。泰宁旅游为福建十大旅游品牌之一,大金湖和世界地质公园名闻天下。

泰宁红军街位于泰宁县城岭上街。

泰宁红军街

1933年8月中旬,彭德怀、滕代远率领的红军东方军由连城北上到达泰宁,准备实施第二阶段作战计划。与此同时,朱德总司令和周恩来代总政委率领的红一方面军指挥部(总部)也从江西东移,经建宁抵达泰宁,在此指挥红军东方军和红一方面军在江西抚河以东地域的战斗。总部机关设在岭上街的陈家大院里。随总部前来的还有总参谋长叶剑英、总政治部主任杨尚昆、国家政治保卫局分局局长李克农、卫生部部长彭真、警卫连指导员康克清等。

红军总部设在泰宁期间，除了指挥红军东方军攻打洋口、峡阳、沙县，围困顺昌、南平，取得节节胜利外，红军还积极开展宣传，巩固红色政权，领导当地群众恢复和发展生产，开办一批军需民用工厂，创办中央苏区银行、红色饭店、红色消费合作社、红军医院、业余学校等，农业粮食生产获得大丰收，使泰宁苏区的经济和社会事业迅速发展起来，成为闽赣省及建宁警备区的物资供应中心和经济建设重点地区。从1933年8月至1934年2月，朱德、周恩来每次来到泰宁都居住在陈家大院红军总部，周恩来总政委住在前厅左侧前厅房，朱德总司令住中厅左侧前厅房。岭上街两旁的民居也曾驻扎大批的红军官兵。

中国工农红军总部旧址

泰宁解放后，为了纪念那段革命斗争历史，当地政府把岭上街命名为"红军街"，并投入资金进行修缮维护。街上完好地保留了土地革命战争时期中国工农红军总部旧址，街道两侧砖墙上清晰可见当年红军留下的标语和巨幅文告，红军当年使用过的水井依然完好，水质清纯甘甜。

泰宁红军街于2005年5月被福建省人民政府公布为福建省文物保护单位并被列入全国百个红色旅游经典景区，2005年6月，被中共三明市委、市人民政府公布为三明市爱国主义教育基地。2010年9月，被中共福建省委党史研究室公布为福建省党史教育基地。

红军东方军司令部旧址位于泰宁县城水南金富街罗汉寺内。

1933年8月18日，红军东方军自连城北上进驻泰宁期间，准备实施第二阶段作战计划。红军东方军司令部就设在泰宁城区金富街的罗汉寺内。与此同时，朱德总司令和周恩来总政委率领的红一方面军司令部（总部）也从江西东移，经建宁抵达泰宁。此时，为加强东线战场的力量，红一方面军总部抽调驻黎川的红6师和驻泰宁的红21师61团编入红军东方军系列。8月23日，61团离开泰宁，会同红6师在闽赣军区司令员萧劲光的指挥下，攻占将乐的万安进而围困将乐县城。红军东方军主力则攻克洋口、峡阳、沙县，包围顺昌、延平，取得节节胜利。红军东方军首次入闽作战，共歼敌8

红军东方军司令部旧址罗汉寺

个团,俘敌7800多人,缴获枪支7500余支,以及大量物资,并在苏区筹款百万,使泰宁与闽北苏区连成一片巩固的红色区域。从此,泰宁由苏区东线敌我双方拉锯争夺的前沿阵地转变成战略后方。当时,红军东方军打胜仗所缴获的大量物资都集中到泰宁,泰宁成为闽赣省及建宁警备区的物资供应中心和经济建设的重点地区。

红军东方军司令部旧址罗汉寺建于五代年间,距今已有1000余年历史,通过陆续扩建,现占地1590平方米。观音阁坐南朝北,悬山顶,穿斗式木结构,一进通面阔16.3米,总进深18.15米,建筑面积296平方米。

2000年10月,红军东方军司令部旧址被泰宁县人民政府公布为泰宁县文物保护单位。

十一、梅列区

梅列区位于三明市西北部,东北与沙县接壤,西北与明溪县毗邻,南连三元区。梅列区是三明市委、市政府、市人大和市政协所在地,是三明市核心区域。

红19师强渡沙溪河战斗遗址位于梅列区列西街道列西村的梅列门右侧。

1934年5月27日,红7军团19师在师长周建屏、政委吕振球指挥下,参加建宁保卫战,建宁失守后,5月25日,红19师从建宁的石山经塔下山、黄舟堡转战宁化、归化(明溪),奔袭百余里,到达梅列区城列西(今市区),此时,南有国民党军陈明仁第80师驻莘口的

红19师强渡沙溪河战斗遗址

239旅,北有驻沙县境内的238旅一部,有受到南北夹击之虞。为了跳出困境,返回中央苏区主战场,红19师需强渡沙溪河。当时,沙溪河对岸列东一带已有敌80师两个营和反动民团把守。红19师在当地群众的支持下,筹集40多条船,兵分列西、翁墩、白沙、长安(现火车站)四路,强攻沙溪东岸。在红军的强大攻势下,敌人溃败,分两路往城关、徐碧方向仓皇逃窜。此时,驻扎在沙县的国民党第80师238旅工兵、炮兵两个营的兵力,全副武装赶来增援。在徐碧,红军与赶来增援的敌人又展开了激烈的战斗,红军占领高岩甫山头(今六路市体育馆)有利地形,把敌人打得落花流水,连同往徐碧逃窜的敌人,除少数从河里游窜溜走外,大部分被红军歼灭。

这次强渡沙溪河战斗是第五次反"围剿"期间中央苏区红军在东线的一个重大胜利,中央苏区机关报《红色中华》做了报道:"两营人(一个炮兵营,一个工兵营)被我全部消灭,计缴步枪三四百支,轻机枪五架,子弹九万余发,俘敌连长以上官兵三百余名,敌伤亡和落水溺死的在三百以上,残敌向沙县逃窜"。

红军强渡沙溪河战斗纪念碑分为底座和碑身两部分,底座高60厘米,宽2.68米,碑身高1.4米,宽1.96米。纪念碑面板材质为台湾红花岗岩。

十二、三元区

三元区位于三明市区西南部,东与梅列区相连,西与永安市毗连,南与大田县交界,北与明溪县接壤。三元区有格氏栲自然保护区,有被称作南方"周口店"的岩前万寿岩18万年前古人类生活文化遗址。

忠山乡农会旧址先贤祠位于三元区忠山村西南部。

1934年4月,红7军团在经历了明溪铜铁岭战斗后,由明溪南下经三元岩前、忠山过贡川,并以忠山、贡川等为后方基地,攻打永安县城。在此期间,红7军团军团部和政治部一度设在忠山村中路陈家大院旁民房,红军住进先贤祠等祠庙里。红军大部队走后,留下一小分队,驻扎在忠山村,连部设在楚三公祠。

这支红军小分队在这里担任向东警卫的任务,并在忠山村做宣传、打土豪,很快把群众发动起来,组建了农会。农会组织起来后,多次在先贤祠内开会,在前大坪召开群众大会、发放打土豪的粮食和猪肉给群众,动员青年参加红军,组建忠山赤卫队,开展分田地运动,协助红军消灭星桥一带的大刀会组织,并和贡川农工会联络起来,组织群众为攻打永安县城积极支前,胜利后运送战利品到中央苏区。红7军团这支小部队离开后,由红军独立第9团指导农会工作,直到1934年底。

忠山乡农会旧址先贤祠,现保存完好。该建筑坐东朝西,占地面积700余平方米,建筑面积500余平方米；由前大坪、下堂、回廊、天井、边厢及上堂几部分组成。山门为歇山顶，上堂为悬山顶木石结构；上堂面阔5间，进深3间，石基、砖铺地面，具有元代建筑的特点。

十三、首批12个中央红军村

1. 梅列区陈大镇碧溪村

梅列区陈大镇碧溪村是陈大镇最大的行政村，位于明溪、沙县、三明的交界处，属边老少乡村，辖村头、村尾、神坑、池下等四个自然村。在土地革命时期作为苏区地下交通线，是苏区明溪与沙县间的交通要道。

1931年，中共沙县特别支部创立人之一马凤城到梅列区域秘密开展工作。马凤城在富口、荷山以及梅列区域内的砂蕉、碧溪等村从事秘密革命活动，发展党员，成立了碧溪党支部。1934年1月，红军东方军解放沙县期间，东方军曾驻扎在沙县荷山村一带，东方军派出工作队深入到梅列区域的砂蕉、碧溪，帮助当地党组织成立了碧溪乡农会苏维埃政府。为支援红军攻打沙县，乡碧溪农会积极配合红军工作团发动党员、群众帮助红军筹款、筹粮，采摘大量草药，运送到荷山红军医院救治红军伤员。红军还在碧

洋溪村农会旧址

把门石战斗遗址 　　红军路

溪村前往荷山村的"把门石"一带,与反动大刀会20多人打了一场仗,击毙1人,俘虏5人,其余逃跑。工作团因为护送粮草并未追击。这批粮草药在红军攻打沙县期间,发挥了重要作用。1934年5月27日,为支持配合中央苏区第五次反"围剿",红7军团从明溪方向进击到梅列区域的砂蕉和碧溪,红军驻扎碧溪期间,碧溪村民为红军勇敢带路,组织村民救护队,为红军煮饭、抬送伤员,为红军夺取战斗胜利做出了重要贡献。

碧溪村现存革命遗址有碧溪村农会旧址、红军路、把门石战斗遗址。

2. 三元区岩前镇忠山村

三元区岩前镇忠山村位于三明市三元区,地处永安、大田、三元、归化四县交界地带。

忠山村是粟裕、寻淮洲、方方等老一辈无产阶级革命家领导和创建的红色苏区。1934年4月,寻淮洲、粟裕率领红7军团解放忠山村,建立忠山红色根据地。红军以忠山为后方基地,攻打永安县城,解放了永安,并派出红军和赤卫队到星桥消灭反动组织大刀会,使忠山红色根据地得到巩固和发展。5月,在红军的帮助下,建立忠山乡党支部和忠山乡农会苏维埃政府,组织政权系列归属党政军合一的红9团军政委员会。忠山党支部和农会发动群众,开展轰轰烈烈的土地革命,以计口分田的办法分田分地。有多名青年参军参战,开展了打土豪、筹粮筹款、购买苏维埃战争和建设公债券,支援红军和中央革命根据地建设。

许瑞芳故居　　　　　　忠山红军战地医院旧址

忠山乡农会旧址　　　　红7军团团部旧址

忠山村红色革命遗址不仅保持完整,而且形成系列,共有忠山乡农会旧址、三元早期共产党员许瑞芳故居、红7军军团部、红军战地医院等。留有多条红军标语,并保留有借谷证、公债券、红军和赤卫队武器等为数不少革命文物,经宣传和保护、开发和利用,可打造历史文化和红色旅游示范基地。

3. 永安市洪田镇马洪村

永安市洪田镇马洪村位于三明市永安西南,距城区26公里,隶属洪田镇。

土地革命战争时期,多支红军部队进入该村开展革命活动,播撒革命火种,是小陶战斗红1军团、少共国际师指挥部所在地。1934年7月,红军北上抗日先遣队突破敌封锁线,挥师北上,这一"东线行动",使国民党当局大为震惊,国民党"东路军剿共指挥部"急调敌精锐部队第3师、第9师、第83师主力,布防于小陶地区的湖口、小陶、桐林、坚村等地沿公路一线及大陶洋一带,以"堡垒主义"的战略逐步向西推进。1934年8月,为迟滞国民党军队向中央苏区核心区域的进攻,红1军团奉命实行东线防御作战——小陶战斗。红1军团率1师、2师、红15师(少共国际师)在小陶矮岭、白粉山、衙岭一线进行阻击,并占领洪田马洪渡口,掩护红9军团转运资财。该村曾建立古马乡苏维埃政府,开展打土豪、分田地斗争。土地革命战争时期,该村积极组织参军参战,筹

少共国际师指挥部旧址　　　　红军医院——作求堂

红军渡口——允定渡　　　　小陶战役红军指挥部旧址

粮筹款;成立赤卫队、儿童团,为红军带路、站岗、放哨;建立红色农会、反帝拥苏同盟会、互济会,为中国革命事业做出了重大贡献。

马洪村现有丰富革命遗址遗存,如红军指挥部旧址、少共国际师指挥部旧址、红军渡口、红军井、红军战壕、红军医院、红军学堂旧址等。革命文物有马灯、匕首、大刀等。在4座廖家古宅,存有300多条红军标语及漫画、留言条,标语密度高、时间跨度长、落款番号多、规格高,堪称"苏维埃时期红军标语博物馆"。

4. 明溪县夏阳乡御帘村

明溪县夏阳乡御帘村位于三明市明溪县东北部,距县城55公里,隶属夏阳乡。

1934年1月初,彭德怀、杨尚昆率领的红军东方军第二次入闽作战。1月4日,红3军团所属的4、5、6师数万人从江西白水镇出发,绕宁化泉上云集归化城关,并分驻龙湖、旦上、御帘、夏阳等地。御帘自西到归化城关50里,东到沙县夏茂50里,为明溪连接沙县的交通要道,起着连接归化和沙县的枢纽作用,也是东方军指挥解放沙县的战略要地,临时司令部设于御帘张氏大祖屋。东方军在御帘期间,召开群众大会,广泛宣传攻打沙县的主张和重要意义,并帮助地方建立了苏维埃政权,组织了赤卫队、贫农团等组织,村民张文峰为御帘乡工农革委会主席,张桂全(炉仔)为贫农团主席。御帘子女踊跃参军参战,协助红军做好伙食、洗刷等后勤服务。1月25日,东方军在彭德怀、

红军东方军司令部旧址　　红军东方军御帘战壕

红军东方军御帘战地医院　　戴连发烈士墓

杨尚昆亲自部署和指挥下一举攻克沙县城。破城后,军委动员部发出调集3800名运输员到沙县挑运战利品的通知,御帘村动员组织了300多人前往搬运战利品,有力地支援了红军。

御帘村现保存较完好的遗址有红军东方军司令部旧址、戴连发烈士墓等。

5. 清流县林畲乡林畲村

林畲村位于清流县东北部,和明溪县、宁化县及清流县的嵩溪镇接壤,是林畲乡政府所在地。

土地革命战争时期,毛泽东、罗瑞卿等老一辈无产阶级革命家曾在这里指挥战斗,建立苏维埃政权,且政权存续时间较长。1932年,清流的红色区域迅速扩大,红色政权建设亦同步快速发展。6月,中共闽粤赣省委为了加强对宁化、清流、归化三县党组织的领导和强化对各县政治、经济、军事力量的统一指挥,决定成立中共宁清归中心县委,清流设城郊、城北、嵩溪、嵩口、安乐五个区委和李坊乡支部,林畲属嵩溪区。1933年8至9月,宁清归军分区武装向清流的嵩口、田口一带游击,先后恢复围埔、廖屋坪、赖坊等乡政权。10月,红军大批部队进入清流的嵩溪、林畲一带,帮助嵩溪苏维埃政府建立伍家坊、陈段、麦园洞、曾坊等乡政权。这一时期,清流的苏维埃政权不仅得到全面

毛泽东旧居

毛泽东旧居内红军标语

红军工农夜校旧址

红军医院

恢复,而且有了更大规模的巩固和发展。1934年后,清流苏区虽然一直处在反"围剿"斗争前线,但苏维埃政权却始终巩固。林畲村是中央红军的重要物资补给和兵员补充基地,革命历史文化较为厚重。

境内现存大量革命遗址及文物,其中保存完好的革命遗址有毛泽东旧居、红军工农夜校旧址、红军医院。革命文物有红军标语、红军所赠的苏制茶炊、铜盆和苏维埃钱币。

6. 宁化县石壁镇石壁村

宁化县石壁镇石壁村位于三明市宁化县石壁镇西部,距县城20公里,地处闽赣边界、武夷山东麓。

土地革命战争时期,在党的领导下,石壁村掀起了轰轰烈烈的土地革命运动。红12军、东方军、独立第7师等英勇红军部队曾在这里驻防宿营,受反动派奴役的劳苦大众曾在这里与红军一道反抗国民党统治,共同演绎了风展红旗的绚丽画卷。古田会议结束后,毛泽东、朱德率红4军千里回师赣南,于1930年1月上中旬途经宁化,明确指示宁化地下党组织要迅速发动工农武装暴动。1930年6月24日晚,禾口党支部在禾口发动农民武装暴动。暴动成功后,成立西乡(禾口)革命委员会临时红色政权。石壁村参加禾口农民武装暴动的农会会员和地下党员编入禾口中队。第三次反"围剿"战役胜利后,宁化全面开展建党建政工作。1932年1月下旬,中共禾口区工委改为中共禾口区委。8月,从禾口区划出一部设立石壁区,辖石壁等9个乡,成立中共石壁乡党支部、乡苏维埃政府。石壁乡红色政权成立后,开展了轰轰烈烈的土地革命运动,组织动员广大群众打土豪分田地、发展经济、参军参战、支援前线,为石壁苏区的巩固和发展做出了重要贡献。土地革命战争时期,石壁村先后有数百人参加革命,经历次战争,大部壮烈牺牲,仅中华人民共和国成立后列入国家民政部在册烈士的就有90人,其中师级干部1人、县团级干部1人,是三明市革命烈士最多的村。

石壁村现存丰富的革命遗址遗存,如红军独立第7师第2团宿营地旧址、救护所旧址、指战员使用过的水缸、石壁红军烈士纪念碑、宁化红军医院纪念园等。

石壁红军烈士纪念碑　　红军独立第7师2团驻地旧址　　宁化红军医院纪念园

7. 大田县均溪镇玉田村

大田县均溪镇玉田村位于三明市大田县城西南侧，均溪河西岸，隶属均溪镇。

1929年8月21日，朱德率领红4军第2、第3纵队3000多人进驻玉田乡，当时部队驻扎在范氏祖祠一带，指挥部设在玉田村官厅。随之建立玉田乡苏维埃政府，范文慰任主席，同时组建了农会、赤卫队、儿童团等组织。在乡苏维埃政府的领导下，玉田村开展了轰轰烈烈的打土豪、分田地等运动，以计口分田的办法，对土地进行分配，并造册登记。得到土地的农民，革命热情十分高涨，积极支援红军，为红军送粮食。红军驻扎在玉田村期间，军民关系十分密切。1934年7月21日，由红7军团改组的抗日先遣队6000余人，在军团长寻淮洲、政委乐少华、参谋长粟裕、政治部主任刘英率领下，攻占了大田县城，缴获步枪10余支，无线电台和电话各1部，食盐万余斤。大田是中国工农红军北上抗日先遣队攻占的第一座县城。当年驻扎在玉田村的红军最多时达万余人。

玉田村曾一度成为中央主力红军(红4军、红7军团、红9军团)，闽赣省军区12团、17团、18团指挥作战、安营扎寨、后方建设的重要阵地。勤劳勇敢的玉田人民为革命做出了积极贡献，值得后人永远怀念。

玉田村现存丰富的革命遗址及革命文物，如中国工农红军第4军指挥部旧址、朱德率红4军攻打县城战斗遗址、玉田乡苏维埃政府旧址、红军井、大田县革命烈士陵园等。革命文物有玉田乡苏维埃政府印章、红军饭票等。

大田县革命烈士陵园　　红军第4军指挥部旧址

玉田乡苏维埃政府旧址　　红4军战斗遗址——霞山

8. 尤溪县坂面镇京口村

尤溪县坂面镇地处尤溪县西南部,是两市(三明、泉州)三县(尤溪、大田、德化)的交接地带,也是闽心地标所在地。是20世纪30年代中央苏区宁化、清流、归化、沙县的东线门户,是福州连接闽西北苏区的重要交通要道。

第四次反"围剿"胜利后,鉴于闽北、信抚、建(宁)黎(川)泰(宁)3块根据地已连接起来,中央决定建立闽赣省。1933年5月,在江西黎川湖坊成立闽赣省革命委员会,邵式平任主席。12月,撤销闽赣省革命委员会,在建宁成立以邵式平为主席的闽赣省苏维埃政府。之后,红军经过一年奋战,未能打破敌人的第五次"围剿",被迫放弃中央根据地,开始实施战略转移,进行长征。红军主力长征后,闽赣省苏维埃政府面临强敌围攻、斗争环境愈来愈恶化的形势。根据中央"关于在中央苏区及其邻近苏区坚持游击战争的基本原则",为了从组织和斗争方式上适应游击战争的环境,闽赣省委、省苏维埃政府、省军区机关共600多人改编为闽赣省新编第1团,从宁化迁移至尤溪,驻扎在尤溪坂面京口村后溪自然村,省苏维埃政府办公地点设在张兴隆厝,继续领导闽赣省工作。

1935年5月间,国民党第52师包围了闽赣省机关所在京口村,在京口草洋岬展开激战。由于敌我力量悬殊,战斗失利,闽赣省机关大部分同志牺牲了,一部分同志被

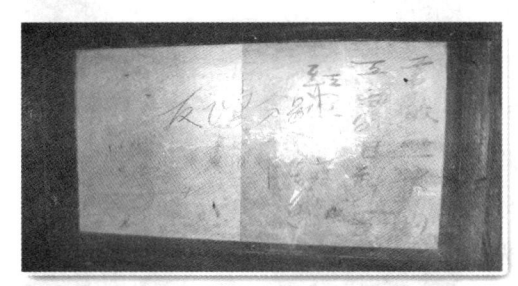

京口村闽赣省苏维埃政府旧址内墙红军标语

坂面镇京口村闽赣省苏维埃政府旧址

捕。苏维埃主席杨道明带领部分闽赣省机关的同志突围后,闽赣省委机关离开京口,转移到尤溪中仙、台溪一带。从此,闽赣省苏维埃政府的工作从明处转入暗处,从集中转向分散,从正面作战转为游击战争。

尤溪县坂面镇现存革命旧址一处:闽赣省苏维埃政府旧址。该旧址围墙内壁和房间墙壁上至今还留有当年红军书写的标语数幅。

9. 沙县夏茂镇东街村

东街村位于夏茂集镇所在地,属夏茂镇的第一大村,距沙县县城38公里。

夏茂地处与沙县毗邻的将乐、顺昌、归化等各县的要冲,既是扼守中央苏区的南大门,又是开展东线战局的战略要地。在沙县苏区的创建、发展过程中,起着重要作用,占有特殊的地位。

土地革命战争时期,夏茂是沙县地方党组织的活动中心,1928年,在夏茂建立了三明区域内第一个党支部——中共沙县特别支部。沙县特支成立后,他们利用各种条件,传播革命思想,积极开展党的工作,并打通由沙县经夏茂到建宁、泰宁苏区的地下交通线,建立由福州到闽北的交通站。

1933到1934年间,红军东方军两度攻占夏茂。红军在夏茂进行了土改分田,调动广大农民革命的积极性,许多劳苦民众积极报名参加红军,东方军帮助沙县组建了拥有500多人的地方武装,群众踊跃报名,仅夏茂地区就有200多青壮年参加。不久,东方军又将夏茂地区的地方武装组建为闽中独立营,闽中独立营随着解放区域的扩大,活动到将乐、顺昌等地,扩大为闽中独立团。当年,15岁的张廷发就报名参加了红军,从此踏上了光辉的革命道路。张廷发将军在70多年的革命生涯中,功勋卓著,1955年被授予空军少将军衔,曾获三级八一勋章、二级独立自由勋章、一级解放勋章,1988年被授予中国人民解放军一级红星功勋荣誉章。

夏茂现存革命历史旧遗有文昌宫、革命烈士纪念碑。

沙县夏茂镇革命烈士纪念碑

10. 将乐县南口乡温坊村

温坊村与南口、松岭两村毗邻,是当年通往明溪、白莲等地的重要通道。

1931—1934年,红一方面军第1师和东方军所属部队曾三次进驻温坊村。红军在村里召开群众大会,宣传革命思想,教唱《红军歌》,并将闻讯而逃的汤邦荣(曾任民国邵武、顺昌县县长,将乐县议长)、汤永年(曾任清流、沙县县长,福建省参议员)父子家的谷仓库房打开,没收其衣物、房产、银圆等财物分给贫苦群众。红1师司令部就设在汤氏祖厝,师长李实行、政委吴溉之及警卫班均居住其中。师部无线电台设在紧邻的汤氏宗祠,红军战士散居在毗邻宗祠的真武庙及谢厝、下坊等民居内。红军还在村头葫芦门及池湖溪桥、后门山凹等四围设立哨所。红军组织群众成立了温坊乡苏维埃政府,汤俊禄、汤邦生、汤韶期分别担任财政、土地委员和文书。同时成立了游击队,肖应隆任队长。期间,余潘香、肖石仔等该村青年参加了红军。红军撤离温坊时,汤氏祖厝成为温坊乡苏维埃政府办公处。该旧址石门框、门厅及正厅两侧墙面上,至今尚遗留多处红军标语。

温坊红军村旧址有红一方面军第1师司令部暨温坊乡苏维埃政府旧址、红一方面军第1师无线电台驻地旧址、红军驻地旧址温坊真武庙和红军哨所旧址。

红一方面军第1师无线电台驻地旧址汤氏宗祠全景

红一师哨所旧址葫芦门

11. 泰宁县新桥乡大源村

大源村位于泰宁县新桥乡西北部,平均海拔800余米,是泰宁境内海拔最高的行政村。地处闽赣两省交界处,东邻邵武,西毗建宁,北倚江西黎川,是千百年来出闽入赣的重要门户和商旅通道。

大源村是泰宁县最早建立红色政权的乡村之一。1931年6月红3军团第6师第一次解放泰宁时,大源就成立了红色政权——乡革命委员会。在红军工作团帮助下,大源乡革命委员会积极开展打土豪、分田地,为红军筹款筹粮等活动。当时,有十几位青年报名参加了红军队伍。1932年10月16日,朱德、周恩来等率领红一方面军发起建(宁)黎(川)泰(宁)战役,在分兵5路中,其中1路途经大源村向泰宁县城进发。1933年5月,中央苏区成立了闽赣省。大源乡在红军工作团的协助下开始第二次分田运动,把被夺走的土地再夺回来。在"扩红"热潮中,大源乡有许多青年踊跃报名参加红军,为即将到来的第五次反"围剿"斗争补充了有生力量。1934年3月22日,第五次反"围剿"重要战役之一新桥反击战正式打响,大源村成为前沿阵地。红5军团第13师指挥部就设在大源村。在此战役中,大源村民积极配合红军作战,为红军带路、放哨、洗衣、做饭、看护伤病员,为革命事业做出了巨大贡献。

大源村革命旧址主要有:古驿道和古桥梁——红军往来闽赣两省重要通道,乡革命委员会(苏维埃政府)遗址,巫寮隘(茶花隘)、盐隘等新桥反击战遗址,红13师战地指挥部,红38团驻扎地,红军标语等。

古驿道

大源乡革命委员会暨
红13师指挥部旧址

大源古桥梁——红军往来
闽赣两省重要通道旧址

12. 建宁县溪口镇溪口村

建宁县溪口镇溪口村,位于建宁县城北郊,是土地革命时期的革命老区村和红军村。

1931年夏第二次反"围剿"建宁战役中,溪口村是建宁城战斗的重要战场。1931年夏和1932年10月,红军两次解放建宁,曾两度在此设置溪口乡,建立乡苏维埃政府。溪口村先后成为红一方面军总部(总前委、总司令部)暨中国工农红军总司令部驻地,红一方面军无线电总队和红1、红3军团山炮连的创建地，红军军事训练基地，先后开办了红军后方第五医院、粮食合作社、列宁小学等，毛泽东、朱德、叶剑英、陈毅等一大批我党、我军的革命领袖和高级将领在此从事革命实践活动。溪口村在土地革命时期，两度设立溪口乡，1931年夏隶属于城市中心区；1932年10月后隶属于城市区，下辖长塘、溪口2个村。当时的溪口乡在各级党和苏维埃政府的领导下，开展了打土豪、斗地主、分田地、参军扩红、筹粮筹款、拥军支前等工作，两度分配了土地，并进行了必要和可能的经济和文教卫生事业建设，在花墩桥街开办了列宁小学和粮食合作社。据1979年县民政部门普查，今溪口村有登记在册的土地革命时期革命烈士14名。

溪口村现存革命旧址有：红一方面军总前委、总司令部暨中国工农红军总司令部旧址（毛泽东、朱德旧居），红军后方第五医院旧址、苏维埃粮食合作社旧址、列宁小学遗址，毛泽东开展社会调查和红军开展革命宣传的活动地花墩桥，青云岭街上的红一方面军无线电部队队部遗址杨家屋、红一方面军总部电台遗址青云阁，将军庙——李富春、陈毅旧居，凉伞坑的百尺台红军训练基地，第二次反"围剿"建宁战斗战场遗迹百尺台、青云岭、塔下山等。

红一方面军领导机关总前委总司令部旧址暨毛泽东朱德旧居

将军庙——陈毅旧居

红军后方第五医院旧址

花墩桥

十四、第二批13个中央红军村

1. 建宁县客坊乡水尾村

水尾村位于建宁县西南边境,是建宁县客坊乡下辖的建制村,距建宁县城70公里,四面群山环抱,村中地势平坦,素有"高山小平原"之称。

土地革命战争时期,水尾村是中央苏区的重要据点,曾两度建立乡级红色革命政权,被誉为建宁苏区红色小后方。1931年夏,中央苏区第二次反"围剿"胜利后,水尾村建立乡革命政权,隶属黄泥铺中心区。1932年中央红军第二次解放建宁时,在水尾村建立水尾乡革命政权,隶属建宁县客坊区,并设立红色交通站点。1934年5月,红军主

闽赣基干游击队司令部旧址

红军医院远景　　红军兵工厂旧址

力撤离建宁,中共建宁县委、县苏维埃政府和县游击队转移到水尾村,并创办了红军兵工厂、被服厂、医院和苏区银行。1934年11月,建宁县游击队在这里与广昌独立团、广北游击队、宁化游击队合编为闽赣基干游击队,这里成为闽赣基干游击队司令部驻扎地。闽赣基干游击队坚持三年游击战争后,于1938年1月改编为新4军第3支队,奔赴北上抗日的前线。据1979年建宁县民政部门普查,水尾村登记在册的土地革命战争时期革命烈士4名。

该村先后被公布为三明市历史文化名村、市爱国主义教育基地、县文物保护单位。现保留革命遗址6处:闽赣基干游击队司令部、红军医院、红军兵工厂、苏区银行、苏维埃政府旧址、红军被服厂旧址。

2. 建宁县黄埠乡桂阳村

桂阳村位于建宁县西部与江西省广昌县交界处,是建宁县黄埠乡下辖的建制村,距黄埠乡政府20公里。

1931年1月,红一方面军粉碎敌人第一次"围剿"后,红军进入建宁桂阳等乡村,发动群众打土豪、筹款、扩红,并建立桂阳游击队。第二次反"围剿"期间,红军在桂阳游击队协助和引导下,攻克建宁城,取得第二次反"围剿"最后一仗的胜利。随后,红军在建黎泰、宁清归和沙顺将等地区建立地方党团、政权和开展筹粮筹款等工作,准备第三次反"围剿"。期间,建宁建立了县革命委员会和5个中心区苏维埃政府,其中桂阳中心区苏维埃政府驻桂阳村夏氏家庙。7月,桂阳游击队编入中国工农红军南(丰)广(昌)建(宁)独立团第3连,掩护主力红军"千里回师"赣南。不久,独立团转向宁化、长汀、瑞金等地,在外围协同主力红军作战。同年底,南广建独立团在瑞金撤销建制,部队编入红12军独立团。据民政部门普查,桂阳村登记在册的土地革命战争时期烈士有10名。

该村现存的革命旧址有桂阳游击队旧址、桂阳中心区苏维埃政府旧址、桂阳游击队成立大会旧址、红一方面军总部来往于建宁与广昌行军过境旧址船顶隘古道及其凉亭超然亭等,均为县级文物保护单位。

桂阳游击队旧址张王庙

3. 宁化县曹坊镇下曹村

下曹村地处宁化县南部，距县城40公里，省道205线穿村而过，为宁化通往长汀的必经之路。

1929年春，根据中共福建临时省委指示，中共长汀临时县委派徐赤生回宁化秘密开展革命活动。随后，宁化地下党在下曹村发展秘密农会会员和地下党员。1930年6月22日晚，曹坊党支部在曹坊发动农民武装暴动，成立南乡（曹坊）革命委员会临时红色政权。次年7月，红12军挺进宁化开辟闽西北革命根据地，成立了首批曹坊区等三个区苏维埃政府，辖下曹等13个乡，相继成立乡苏维埃政府。1932年1月下旬，中共曹坊区工委改为中共曹坊区委，成立中共下曹乡党支部。下曹乡红色政权成立后，开展了轰轰烈烈的土地革命运动，组织动员广大群众打土豪分田地、发展经济、参军参战、支援前线，使宁化及下曹村发展为巩固的革命根据地，成为中央苏区鼎盛时期的重要组成部分。

1933年5月，红3、红9军团、少共国际师从中央苏区东北一线向南退守宁化一线，其中红9军团后方机关驻防宁化曹坊上曹、下曹及滑石一带。1934年7月6日，红军北上抗日先遣队由瑞金出发北上，经长汀进入宁化，在曹坊的上曹、下曹宿营，红军抗日先遣队司令部驻下曹安俊公厅厦，一部宿营下曹敬湖公祠内。1934年8月下旬，红1军团曾集结于宁化曹坊的上曹、下曹、滑石一带，密切注视敌东路军的行动，后向松毛岭方向东进。1934年10月上旬，红9军团后方机关经长汀、瑞金向于都方向集结开始长征。

该村建筑群被列入第八批省级文物保护单位，是宁化县唯一的省级历史文化名

宁化县红军北上抗日先遣队司令部旧址（安俊公厅厦）　　宁化县红军北上抗日先遣队司令部旧址内壁的红军标语

村。现存革命遗址4处：红军北上抗日先遣队司令部旧址（安俊公厅厦），红军北上抗日先遣队宿营地旧址（敬湖公祠），红1军团、红9军团军需仓库旧址（立人公厅厦），红1军团驻地旧址（安祥公厅厦）。

4. 宁化县淮土镇凤山村

凤山村（原凤凰山村）地处宁化县淮土镇西部，与石城县接壤，是淮土镇第二个中心集镇村。

1929年3月，毛泽东、朱德率领红4军从赣南入闽时途经凤凰山。1931年，罗炳辉、谭震林率领红12军进驻宁化开辟革命根据地，红12军101团进驻淮土，分别到凤凰山等地开展革命活动。同年10月9日，红4军第10师29团团长彭雄、团政委唐由率领部队进驻淮阳，其中一连驻凤凰山。在红军的

凤凰山乡革命委员会旧址

指导和帮助下，凤凰山开展建党建政、建立地方武装、分田分地工作，先后建立了凤凰山革命委员会和乡苏维埃政府，组建凤凰山游击队。此后，凤凰山乡在党和政府的领导下，开展了轰轰烈烈的土地革命运动，打土豪分田地、发展经济、参军参战、支援前线。凤凰山乡党团支部全体党团员集体加入红军，这些先进事迹受到中华苏维埃中央政府机关报《红色中华》的登报赞扬。长征出发前夕，红3军团第4师及军团医院驻凤凰山待命，就地进行休整和补给。10月6日至8日，驻宁化淮阳、隘门的中央主力红军奉命在淮土凤凰山集中，从凤凰山向于都方向集结，开始长征。

该村现存革命遗址有红军街、朱德演讲旧址、凤凰山革命委员会旧址、凤凰山乡苏维埃政府旧址、避雨亭、红4军第10师29团旧址、红军井、列宁小学、红军看病所、红3军团第4师师部遗址（松竹居门楼）等。

凤凰山红军街

5. 清流县里田乡里田村

里田村是里田乡政府所在地,全村由寨下、童坊、长坑及主村等4个自然村组成。

里田村是清流最早建立区苏维埃政权和发动武装暴动的区域。1930年夏,继宁化东南五乡成功暴动之后,红色浪潮席卷里田乡境内,里田乡多地成功举行农民武装暴动,并组织了赤卫队、游击队。此后,红军部队多次进出里田,在红军的支持下,里田村开展了轰轰烈烈的土地革命,打土豪、分田地,全村90%以上的农民分得了土地,里村民为红军提供物资、购买债券,积极支前。

土地革命战争时期,里田是革命领袖率领中央红军活动的主要区域,1931年1月,朱德率红四军第1、3、4纵队途经清流进抵锅蒙山下,与国民党保卫团马鸿兴部发生激战。红军共歼敌600余众,史称"锅蒙山战斗",被载入《中央革命根据地辞典》。1930年6月至1931年1月间,罗炳辉曾多次率领红12军进入清流里田、田口、长校一带活动,多次入驻里田罗氏家庙。红军东方军入闽作战也曾在此恢复了红色政权;1934年7月,抗日先遣队北上抗日途中,也曾在罗氏祠堂驻扎,并留存标语共有5版16条。1934年8月底,红1军团一万余人曾驻扎于清流县里田和宁化县曹坊、滑石一带。10月中旬,主力红军出发长征。

里田村现保存有锅蒙山战斗遗址、朱德旧居、罗炳辉旧居和罗氏祠堂红军标语等4处遗址,且革命遗址得到修缮。该村具有较好的新农村建设基础,乡村特色游也具备一定的基础。

6. 明溪县胡坊镇胡坊村

胡坊村是胡坊镇镇政府所在地,是永宁高速通明溪连接线沿线村之一。

1931年至1934年,中国工农红军多次到达胡坊,在此宣传革命道理,组织人民开展土地斗争,发展地方武装,建立革命政权。

1931年6月下旬,红4军13师遵照总前委的部署"……红4军取道沙县分散筹款,然后分兵归化、永安两县筹款,数额40万元",进入明溪西南的胡坊等地开展筹款活动,同时发动群众开展"不完粮,不完土豪的债"的抗租抗高利贷斗争,并指导当地党组织建立政权工作。期间,红4军13师宋任穷部39团将团部设在胡坊老街苏家大厝。胡坊村群众在党组织和苏维埃政府的领导下,成立工农革命委员会、赤卫队、少共团、广大群众参加打土豪、分田地活动,积极参军参战,踊跃支前。苏家大厝是当年红4军宋任穷部与萧劲光部的驻地,也是苏维埃胡坊工农革命委员会旧址。

现保存较好遗址有红4军13师39团部旧址苏家大厝,2016年12月被列为县级文物保护单位,2017年6月经过省级文物保护单位验收。胡坊村旅游资源丰富,除苏家大厝等革命遗址外,还有李家大院、广西会馆、道南书院古民居,其中苏家大厝、李家大院仍保留有很多红军标语等革命遗迹。

7. 泰宁县大田乡大田村

大田村位于泰宁县大田乡,泰建205省道旁,村落依山傍水,气候温和,是大田乡集镇所在地。

1931年6月,红军解放了泰宁县城,大田区革命委员会由此建立,还建立了游击队、赤卫军等群众武装,大田区成为泰宁县最早建立红色政权的区域之一。1933年2月,红军在第四次反"围剿"战争中,中共泰宁县委、县革委会机关撤退到大田区坚持敌后游击斗争,打击敌人有生力量,大田区是泰宁最后一块完整红色区域。大田村作为泰宁县红色政权的中心和开展革命活动的基地长达4个多月,期间建立了大田乡党支部,开展打土豪、分田地,扩红筹款,大田区是泰宁县开展土地革命斗争最活跃的地区。9月底,大田区革命委员会改为大田区苏维埃政府。第五次反"围剿"失利后,大田是红军主力纵横闽赣苏区的战略通道和军队驻扎、休整、补充兵员地。

该村先后被授予"全国创建精神文明先进单位""全国民主法制示范村""全省先进基层党组织"和"省级文明村"等荣誉称号。大田村蚯蚓灯以丰富多彩的表演形式,被列入市级非物质文化遗产名录。村内现存革命遗址遗迹有中共泰宁县委、县革委会机关驻扎地遗址,大田区革命委员会(苏维埃政府)旧址,新华庵红军驻扎休整地遗址,高传遴烈士墓。

大田区委、区革委会旧址　　　　大田区委、区革委会旧址内景

8. 将乐县白莲镇墈厚村

墈厚村位于将乐县白莲镇南部,与明溪县夏阳乡交界,距将乐县城 44 公里,海拔 600 米,属高山行政村。

土地革命战争时期,墈厚村是红 7 军团第 19 师的重要活动区域,曾两度在该村驻扎。1933 年 9 月底,红 7 军团 19 师进驻将乐县墈厚村,红军协助建立苏维埃政权和农民赤卫队组织,组织开展了打土豪、焚契约、分田地和扩红运动。在荣光公祠的右侧墙面上,至今仍留存着当年红军用白石粉刷写的大幅标语:"没收豪绅地主的财产和土地分给工农群众——红军宣"。1934 年 3 月底,红 7 军团 19 师再次进驻墈厚村,他们在村子附近的铁岭等地修建了战壕等工事,伺机阻击前往归化支援的敌军。红 7 军团团长寻淮洲、政委乐少华将战斗指挥部设在荣光公祠。在村民们的大力支持下,此次战斗红军取得重大胜利,破坏了国民党企图实施东方封锁线的计划,《红色中华》第 172 期对这一战斗进行了报道。红 7 军团也因此受到中革军委的表彰。寻淮洲、乐少华被授予二等奖章。

该村被公布为三明市"红色文化村落",现存有革命遗址 3 处:铜铁岭战斗指挥部旧址、红军堡、铁岭战壕旧址。其中红军堡列入省文物保护单位。存有农民赤卫队使用的梭镖、大刀、长矛等革命文物若干件。

红军铜铁岭战斗指挥部旧址荣光公祠　　　红军堡外景

9. 沙县富口镇荷山村

荷山村地处沙县富口镇西北部高山地带,离集镇所在地 20 公里,距县城 34 公里,是连接沙县、明溪、将乐三县的重要交通枢纽。

早在 1929 年夏,中共沙县特别支部就在荷山村建立了联络点。第二次反"围剿"战争胜利后,红 3 军团政治部率领工作团 20 余人到沙县开展筹款工作,其活动范围包括荷山村。红军工作团在沙县筹集了大量钱款和军需补给,动员了一批青年加入红军,创建了荷山等红色区域。1934年1月10日,为进攻沙县县城,彭德怀司令员、杨尚昆政委等率领主力红3军团驻扎荷山村,并在荷山的司令部下达了《三军团进攻沙县之命令》。红军东方军在荷山期间,支持沙县特别支部建立荷山区苏维埃政权,并建立了农会、赤卫队、儿童团等组织。当年荷山村人口400余人,参加赤卫队、儿童团的近70人,多人参加红军,其中3人阵亡,1人失踪。荷山村是中央红军东方军的一个主要兵站,亦是连接闽西、闽中苏区的战略要地。1934年1月,中央红军东方军攻占尤溪卢兴邦兵工厂后所得战利品及伤员均经荷山送往苏区后方。

该村现存革命遗址8处:红军东方军司令部暨红军通讯部旧址、红军通讯站遗址、红军医院遗址、红军造币所旧址、红军亭、红军井、枫树峡红军墓、后登山红军墓。

红军通讯站遗址

红军东方军司令部暨红军
通讯部旧址(新庵庙)

沙县红军亭

红军造币所旧址(修葺前)

沙县红军井

沙县红军医院遗址

10. 永安市小陶镇吴地村

吴地村位于永安市西南部,距小陶镇26公里,距市区64公里,与漳平市、连城县、龙岩市新罗区接壤,是全国革命老区村。

1929年8月,朱德率领红4军出击闽中解放宁洋县城后,吴地人民受到极大鼓舞,积极开展打土豪、分田地运动。1934年4月,红军独立第9团解放永安县城,成立了永安县革命委员会,5月9日,红9团主动撤出永安县城,开始向张家山、大小吴地、赤水和下石寮一带运动,消灭了这一带的保安大队和大刀会徒,破袭宁漳公路,配合中央苏区的反"围剿"斗争。在两个月内,以吴地村为中心,建立了地跨龙岩、连城、宁洋、永安,纵横300余里和人户四五万的岩连宁边区革命根据地,先后成立了岩连宁边区特委和岩连宁边区革命委员会以及宁西区苏维埃政府,大小吴地、张家山等乡苏维埃政府,还建立了永安农村第一个农村党支部——张家山党支部,组建了岩连宁边区游击队、张家山赤卫队和农民协会。当地农民分得了田地,发展生产,支援前线,踊跃参加游击队、赤卫队、少先队、妇联等组织,开展军训,站岗放哨,监视敌人,巩固苏维埃政权。主力红军长征后,岩连宁游击队开始艰苦卓绝的三年游击战争。

该村现保留革命遗址有:宁西区、张家山乡苏维埃政府旧址(张家山党支部旧址),张鼎丞旧居,红军练兵场遗址,红军联络站旧址等,同时还有大量的红军标语。

宁西区、张家山乡苏维埃政府旧址(刘家祖祠)　　红军标语

11. 永安市小陶镇石峰村

石峰村位于永安市西南部,距小陶镇 10 公里,距市区 55 公里,土地革命战争时期,石峰为中央苏区北线的重要战略通道,是红军北上抗日先遣队和红 1 军团第 1 师、第 2 师的重要活动地。

红军临时医院旧址(吴氏祠堂)

早在 1933 年夏,中国工农红军福建军区独立第 9 团就曾来到石峰村开展游击战争。1934 年 7 月 9 日,为掩护、护送北上抗日先遣队北上,红 9 军团先头部队进入小陶镇西北面的石峰、垇头、牛益坑一带,并在石峰村设立指挥部。7 月 15 日,红 9 军团先头部队与红 7 军团主力会师,并在石峰等地驻扎。同年 8 月,为迟滞国民党军队向中央苏区核心区域的进攻,红 1 军团 1 师、2 师及红 15 师共同在石峰一线构筑工事,与敌在衙岭、白粉山等地进行了英勇顽强的中央苏区保卫战——小陶战斗。期间,红 1 军团 2 师在石峰村驻扎,并设置了红军的指挥所、红军医院等。红军带领当地群众开展轰轰烈烈的打土豪、分田地运动。

该村现存大量的革命遗址和标语。其中革命遗址有红 9 军团指挥部旧址,红军北上抗日先遣队旧址,红军白粉山、衙岭战斗遗址,红 1 军团 2 师驻地旧址,红军临时医院旧址等。保存完好的红军标语有 80 余条,红军漫画 1 幅。

红军北上抗日先遣队旧址(管培德老厝) 　　红 1 军团 2 师驻地旧址(瓦窑头厝) 　　红 9 军团指挥部旧址(管辉彩老厝)

12. 大田县武陵乡百束村

百束村位于大田县武陵乡西南部,是革命老区基点村。

1929 年 8 月 19 日,朱德率领红 4 军第 2、第 3 纵队和前委机关,进驻大田县谢武乡,开展武装斗争,拓展苏维埃区域。红军在百束村林笏隆家设立红军总部,并恢复了与厦门党组织失去联系的大田党组织。在红 4 军帮助下,谢武乡苏维埃政府成立,组建了赤卫队、贫农团、儿童团等群众团体,发动群众开展打土豪、分浮财、焚烧地契债约、分配土地、筹集经费、扩大红军和革命根据地的工作。在赤色热潮中，百束村农民子弟踊跃参加红军。在新民主主义革命时期，全村共有烈士12名，其中"一门三英烈"广为传颂，英烈们为闽西北地区的抗日救亡和反顽斗争做出了牺牲与贡献。

该村是三明市政府公布的首批"红色历史文化名村"，村内现存革命遗址有中共武陵小学党支部遗址（武陵鸿图街）、朱德旧居暨谢武乡苏维埃政府旧址、红4军驻扎地旧址、红军标语群、武陵乡革命烈士陵园、林笏隆烈士故居、林鸿图烈士故居（桃溪村）和一些革命文物。

林笏隆烈士故居——述祖堂

红4军前委机关3纵队驻地旧址、林志群故居

红4军前委机关3纵队驻地旧址、林志群故居全景

红军标语

13. 尤溪县梅仙镇梅营村

梅营村位于尤溪河下游，与梅仙镇政府隔水相望，距县城13公里，福银高速公路尤溪连接线贯穿全境。

梅营村是红军东方军的主要作战区域，1933年7月和1934年1月，中央红军东方军两次入闽，进入尤溪作战，摧毁国民党第52师卢兴邦兵工厂。梅营村民和县里其他群众一道，将缴获的战利品运往瑞金。东方军在尤溪期间，支持成立梅仙区苏维埃政权，同时建立了航运工会、农会、赤卫队、儿童团等组织。在区苏维埃政府的领导下，梅营村开展了轰轰烈烈的打土豪、分田地运动。得到土地的农民，革命热情十分高涨，积极支援红军,军民关系十分密切。此外,梅营村是北上抗日先遣队的主要驻扎点。1934年7月,北上抗日先遣队分两路进入尤溪,在坂面镇蒋坑会师,随后到达梅仙休整。红军在梅仙期间,刷写了大量的宣传标语,至今,在10多座民房的墙上仍留有"只有苏维埃才能救中国"等80多幅,其中肖祥堂厝的42幅依然字迹清晰,保存完好。红军在梅仙期间还帮助建立贫农团和自卫队,群众积极响应,送子、送郎参军,跟随红军北上抗日。

该村先后荣获"省级文明村""省园林式村庄""市级文明村""小康示范村"和县"先进基层党组织"称号。现存革命遗址有红3军团政治部旧址、红军驻地肖祥堂厝旧址。

红军驻地旧址(肖祥堂厝)

参考文献

[1] 中共中央党史研究室.中国共产党历史(上下册)[M].北京:中共党史出版社,2011.

[2] 中共三明市委党史研究室.中国共产党三明历史[M].北京:中共党史出版社,2013.

[3] 中共三明市委党史研究室.中国共产党三明历史概览[M].北京:中共党史出版社,2013.

[4] 刘润为.红色文化与中国梦[N].人民日报,2013-11-14.

参考文献

[1] 中国地质调查局, 中国海洋地质志·上册 [M]. 北京: 中央文史出版社, 2014.

[2] 中华人民共和国地质矿产部. 海洋地质学 [M]. 北京: 地质出版社, 2012.

[3] 海洋. 海洋地质学 [M]. 中国地学会三项方案实施方案. 北京: 中央文史出版社, 2014.

中科院海洋研究所科研处编. 人民日报, 2014-11-14.